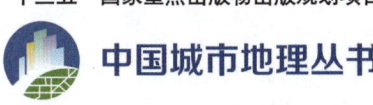

"十三五"国家重点出版物出版规划项目

中国城市地理丛书

⑥

中国城市经济空间

孙斌栋　汪明峰　张文新　吕拉昌 等／著

科学出版社
北京

内 容 简 介

城市作为经济发展的主要空间载体,对于经济水平提升做出了重要贡献。同时,经济发展也引起了城市空间的巨大变化。本书立足于城市地理学的分析思维,并融合了城乡规划和经济学的分析方法,重点就中国城市经济空间的形成与演变、特大城市经济空间的多中心化、开发区转型与产业空间重构、崛起中全球城市的制造业企业部门布局、生产性服务业空间格局、商业空间格局与演变、互联网与新零售空间、创新产业空间 8 个主题展开论述,力图展示我国城市经济空间的历史发展脉络,剖析当前我国城市经济空间突出特点,揭示城市空间与经济发展互动规律,并对未来发展趋势进行展望,对于构建中国城市经济空间理论和指导中国城市经济空间规划具有重要参考价值。

本书可供城市地理学、区域经济学等领域的科研和管理人员参考使用。

图书在版编目（CIP）数据

中国城市经济空间/孙斌栋等著. —北京:科学出版社,2021.1
（中国城市地理丛书）
"十三五"国家重点出版物出版规划项目　国家出版基金项目
ISBN 978-7-03-059405-1

Ⅰ.①中⋯　Ⅱ.①孙⋯　Ⅲ.①城市经济–研究–中国　Ⅳ.①F299.2

中国版本图书馆CIP数据核字（2018）第252573号

责任编辑:朱海燕　丁传标　文　杨/责任校对:樊雅琼
责任印制:肖　兴/封面设计:黄华斌

科 学 出 版 社 出版
北京东黄城根北街16号
邮政编码:100717
http://www.sciencep.com

北京九天鸿程印刷有限责任公司 印刷
科学出版社发行　各地新华书店经销

*

2021年1月第 一 版　开本:787×1092　1/16
2021年1月第一次印刷　印张:13 1/2
字数:276 000

定价:**128.00元**
（如有印装质量问题,我社负责调换）

"中国城市地理丛书"编辑委员会

主　　编　顾朝林

副 主 编　柴彦威　周春山　方创琳

委　　员　（以姓氏汉语拼音为序）

　　　　　柴彦威　方创琳　冯　健　高晓路

　　　　　顾朝林　何深静　李王鸣　李志刚

　　　　　刘云刚　宁越敏　孙斌栋　王　德

　　　　　于涛方　张小雷　张小林　甄　峰

　　　　　周春山　周尚意

学术秘书　于涛方

丛 书 序 一

中国进入城市化时代,城市已成为社会经济发展的策源地和主战场。改革开放40多年来,城市地理学作为中国地理学的新兴分支学科,从无到有、从弱到强,学术影响力从国内到国际,相关的城市研究成果记录了这几十年来中国城市发展、城市化进程、社会发展和经济增长的点点滴滴,城市地理学科的成长壮大也见证了中国改革开放以来科学技术迅速发展的概貌。欣闻科学出版社获得2018年度国家出版基金全额资助出版"中国城市地理丛书",这是继"中国自然地理丛书""中国人文地理丛书""中国自然地理系列专著"之后,科学出版社推出的又一套地理学大型丛书,反映了改革开放以来中国人文地理学和城市地理学的重要进展和方向,是中国地理学事业发展的重要事件。

城市地理学,主要研究城市形成、发展、空间演化的基本规律。20世纪60年代,随着系统科学和数量地理的引入,西方发达国家城市地理学进入兴盛时期,著名的中心地理论、城市化、城市社会极化等理论推动了人文地理学的社会转型和文化转型研究。中国城市历史悠久,但因长期处在农耕社会,发展缓慢,直到1978年以后的改革开放带动的经济持续高速发展才使其进入快速发展时期。经过40多年的发展,中国的城镇化水平从16%提升到60.6%,城市数量也从220个左右增长到672个,小城镇更是从3000多个增加到12000个左右,经济特区、经济技术开发区、高新技术开发区和新城新区这些新生事物,都为中国城市地理工作者提供了广阔的研究空间和研究素材，社会主义城市化、城镇体系、城市群、都市圈、城市社会区等研究，既为国家经济社会发展提供了研究成果和科技支撑，也在国际地理学界标贴了中国城市地理研究的特色和印记。可以说，中国城市地理学，应国家改革开放而生，随国家繁荣富强而壮，成为中国地理学最重要的研究领域之一。

科学出版社本期出版的"中国城市地理丛书"第一辑共9册，分别是：《中国城市地理基础》（张小雷等）、《中国城镇化》（顾朝林）、《中国新城》（周春山）、《中国村镇》（张小林等）、《中国城市空间结构》（柴彦威等）、《中国城市经济空间》（孙斌栋等）、《中国城市社会空间》（李志刚等）、《中国城市生活空间》（冯健等）和《中国城市问题》（高晓路等）。从编写队伍可以看出，"中国城市地理丛书"各分册作者都是中国改革开放以来培养的城市地理学家，在相关的研究领域均做出了国内外城市地理学界公认的成绩，是中国城市地理学研究队伍的中坚力量；从"中国城市地理丛书"选题看，既包括了国家层面的城市地理研究，也涵盖了城市分部门的专业研究，可以说反映了城市地理学者最近相关研究的最好成果；从"中国城市地理丛书"组织和出版看，也是科学性、系统性、可读性、创新性的有机融合。

值此新中国成立70周年之际，出版"中国城市地理丛书"可喜可贺！是为序。

傅伯杰

中国科学院院士
原中国地理学会理事长
国际地理联合会（IGU）副主席
2019年8月

丛书序二

城市是人类文明发展的高度结晶和传承的载体，是经济社会发展的中心。城市是一种人地关系地域综合体，是人流、物流、能量流高度交融和相互作用的场所。城市是地理科学研究的永恒主题和重要方向。城镇化的发展一如既往，将是中国未来20年经济社会发展的重要引擎。

改革开放以来，中国城市地理学者积极参与国家经济和社会发展的研究工作，开展了城镇化、城镇体系、城市空间结构、开发区和城市经济区的研究，在国际和国内发表了一系列高水平学术论文，城市地理学科也从无到有到强，迅速发展壮大起来。然而，进入21世纪以来，尤其自2008年世界金融危机以来，中国经济发展进入新常态，但资源、环境、生态、社会的压力却与日俱增，迫切需要中国城市地理学者加快总结城市地理研究的成果，响应新时代背景下的国家战略需求，特别是国家推进新型城镇化进程的巨大科学需求。因此，出版"中国城市地理丛书"对当下城镇化进程具有重要科学价值，对推动国家经济社会持续健康发展，具有重大的理论意义和现实应用价值。

丛书主编顾朝林教授是中国人文地理学的第一位国家杰出青年基金获得者、首届中国科学院青年科学家奖获得者，是世界知名的地理学家和中国城市地理研究的学术带头人。顾朝林教授曾经主持翻译的《城市化》被评为优秀引进版图书，并被指定为干部读物，销售30000多册。参与该丛书的柴彦威、方创琳、周春山等教授也都是中国知名的城市地理研究学者。因此，该丛书作者阵容强大，可保障该丛书将是一套高质量、高水平的著作。

该丛书均基于各分册作者团队有代表性的科研成果凝练而成，此次推出的 9 个分册自成体系，覆盖了城市地理研究的关键科学问题，并与中国的实际需要相契合，具有很高的科学性、原创性、可读性。

相信该丛书的出版必将会对中国城市地理研究，乃至世界城市地理研究产生重大影响。

中国科学院院士
2019 年 10 月

丛 书 前 言

中国是世界上城市形成和发展历史最久、数量最多、发育水平最高的国家之一。中国城市作为国家政治、经济、社会、环境的空间载体,也成为东方人类社会制度、世界观、价值观彰显的璀璨文化明珠,尤其是1978年以来的改革开放给中国城市发展注入了无尽的活力,中国城市也作为中国经济发展的"发动机"引导和推动着经济、社会、科技、文化等不断向前发展,特别是2015年以来党中央、国务院推进"一带一路(国家级顶层合作倡议)"、"京津冀协调发展"、"长江经济带和长江三角洲区域一体化"和"京津冀城市群"、"粤港澳大湾区"等建设,中国城市发展的影响力开始走向世界,也衍生为成就"中国梦"的华丽篇章。

城市地理学长期以来是中国城市研究的主体学科,城市地理学者尽管人数不多,但一直都在中国城市研究的学科前沿,尤其是改革开放以来,在宋家泰、严重敏、杨吾扬、许学强等城市地理学家的带领下,不断向中国城市研究的深度和广度进军,为国家经济发展和城市建设贡献了巨大的力量,得到了国际同行专家的羡慕和赞誉,成为名副其实"将研究成果写在中国大地"蓬勃发展、欣欣向荣的基础应用学科。

2012年党的十八大提出全面建成小康社会的奋斗目标,将城镇化作为国家发展的新战略,中国已经开始进入从农业大国向城市化、工业化、现代化国家转型发展的新阶段。2019年中国城镇化水平达到了60.6%,这也就是说中国已经有超过一半的人口到城市居住。本丛书本着总结过去、面向未来的学科发展指导思想,以"科学性、系统性、可读性、创新性"为宗旨,面对需要解决的中国城市发展需求和城市发展问题,荟萃全国最优秀的城市地理学者结集出版"中国城市地理丛书",第一期推出《中国城市地理基础》、《中国城镇化》、《中国新城》、《中国村镇》、《中国城市空间结构》、《中国城市经济空间》、《中国城市社会空间》、《中国城市生活空间》和《中国城市问题》共9册。

"中国城市地理丛书"是中国地理学会和科学出版社联合推出继"中国自然地理丛书"(共13册)、"中国人文地理丛书"(共13册)、"中国自然地理系列专著"(共10册)之后中国地理学研究的第四套大型丛书,得到傅伯杰院士、周成虎院士的鼎力支持,科学出版社李锋总编辑、彭斌总经理也对丛书组织和出版工作给予大力支持,朱海燕分社长为丛书组织、编写和编辑倾注了大量心血,赵峰分社长协调丛书编辑组落实具体出版工作,特此鸣谢。

"中国城市地理丛书"编辑委员会
2020年8月于北京

前　　言

改革开放以来，中国经济发展取得了举世瞩目的成就。城市作为经济发展的主要空间载体，对于经济水平的提升做出了重要贡献。同时，经济发展也引起了城市空间的巨大变化。计划经济体制安排下的经济格局被打破，市场机制在经济和产业布局中起到了基础性的配置作用，工业化、城市化、全球化都在城市空间中留下了深深的烙印。一方面，城市经济空间结构越来越符合市场经济下的地租曲线规律，制造业向郊区分散，金融业总部在中央商务区（central business district，CBD）集聚，商业布局的中心地结构明显，时尚消费空间林立，创新空间涌现；另一方面，城市经济空间也呈现了中国自身的特色，各种开发区涌现，成为经济增长的引擎，政府作用明显，制造业价值链布局深受体制影响。分析这些城市经济空间特点，挖掘内在发展规律，将有助于深刻认识中国城市经济空间演化机理，为中国城市经济发展战略和城乡规划制定提供重要的理论支撑。

当前，中国经济发展正进入新常态，经济发展将"从高速增长转为中高速增长""经济结构不断优化升级"，经济发展动力"从要素驱动、投资驱动转向创新驱动"。认识新常态，适应新常态，引领新常态，是当前和今后一个时期中国经济发展的大逻辑。随着中国经济发展进入新常态，中国城市发展将面临新的局面、新的挑战和新的压力，集约高效、智慧城市、创新创业和以人为本将成为中国城市经济发展的主要趋势，并将深刻影响城市经济空间的发展和变化，催生城市经济空间的重组和新型城市经济空间出现。未雨绸缪，超前研判这些变化趋势，将有助于及早应对，化被动为主动，实现城市经济空间持续、健康、高效发展，推进新型城镇化顺利实施。

城市经济空间内容很多，本书则立足于城市地理学的分析思维，并融合了城乡规划和经济学的分析方法，重点就中国城市经济空间的形成与演变、特大城市经济空间的多中心化、开发区转型与产业空间重构、崛起中全球城市的制造业企业部门布局、生产性服务业空间格局、商业空间格局与演变、互联网与新零售空间、创新产业空间八个主题展开论述，力图展示中国城市经济空间的历史发展脉络，剖析当前中国城市经济空间突出特点，揭示城市空间与经济发展互动规律，并展望未来发展趋势，相信对构建中国城市经济空间理论和指导中国城市经济空间规划具有重要参考价值。

全书由孙斌栋、汪明峰、张文新、吕拉昌为主撰写。孙斌栋负责全书统筹设计和统稿，以及第一章、第二章、第四章的撰写；汪明峰负责撰写第三章和第七章，张文新负责撰写第五章和第六章，吕拉昌负责撰写第八章。参加各章撰写的其他作者还包括：胥建华（第一章），魏旭红（第二章），李煜和陶英胜（第三章），张婷麟（第四章），徐冉和朱丹彤（第五章），林清和刘忠梅（第六章），孙莹和马同翠（第七章），孙飞翔、苗潇艺、郑涛、匡贞胜和钱肖颖（第八章）。

本书写作得到了顾朝林教授和柴彦威教授的指导，科学出版社朱海燕、赵峰的关心，在此表示感谢。本书部分内容来自著者们的科研成果，它们得到了国家自然科学基金（41471139，41371175，41471136）、教育部人文社会科学重点研究基地基金（16JJD790012）、上海哲学社会科学规划课题（2014BCK003）的资助，在此一并致谢。

著　者
2020 年 8 月

目 录

丛书序一
丛书序二
丛书前言
前言

第一章　中国城市经济空间的形成与演变

第一节　传统中国城市经济空间　　　　　　　　　　　　　　　　1
　一、古代的中国城市经济空间　　　　　　　　　　　　　　　　1
　二、近代中国城市工业的兴起与商业发展　　　　　　　　　　　3
第二节　计划经济时期的工业化与城市经济空间　　　　　　　　　4
　一、资本主义工商业的社会主义改造　　　　　　　　　　　　　4
　二、苏联援建与大型工业区建设　　　　　　　　　　　　　　　5
　三、国家工业体系建设与工业城市功能强化　　　　　　　　　　6
　四、城市消费经济空间的衰退与萎缩　　　　　　　　　　　　　6
第三节　改革开放以来的城市经济空间　　　　　　　　　　　　　6
　一、面向国际市场的新制造业空间　　　　　　　　　　　　　　7
　二、生产性服务业空间发展和城市消费功能的回归　　　　　　　9
　三、城市经济空间整体上按市场规律集聚与分散　　　　　　　　12
　四、塑造城市经济空间的动力机制多元化　　　　　　　　　　　14
　五、以网络消费为特征的新消费空间兴起　　　　　　　　　　　16
　六、创新产业空间发展风起云涌　　　　　　　　　　　　　　　18
　七、房地产大盘和教育产业化空间发展迅速　　　　　　　　　　19
　八、郊区大农业空间日益多样化　　　　　　　　　　　　　　　21
第四节　中国城市经济空间的新趋势　　　　　　　　　　　　　　22

一、存量空间优化　22
　　二、智慧空间增长　23
　　三、人文空间回归　24
　　四、养老空间显现　24

第二章　特大城市经济空间的多中心化

第一节　中国城市经济空间的集聚与分散　26
　　一、东部城市就业规模普遍高于中西部城市　26
　　二、大城市的分散与中小城市的集聚　27
　　三、服务业的集聚与工业的分散　29

第二节　特大城市经济空间的多中心化趋势　32
　　一、经济空间的分散化　33
　　二、就业副中心的形成　34
　　三、经济空间的多中心化　34
　　四、产业与空间演化差异性　38

第三节　多中心城市经济空间结构的形成机制　38
　　一、市场机制主导作用　39
　　二、规划政策作用有限　41
　　三、人口与就业的互动　42

第四节　多中心城市经济空间结构的绩效　43
　　一、多中心城市经济空间的经济绩效　44
　　二、多中心城市经济空间的交通绩效　45
　　三、多中心城市经济空间的生态绩效　46
　　四、多中心城市经济空间对地价的影响　48

第三章　开发区转型与产业空间重构

第一节　开发区建设历程与产业集聚　49
　　一、开发区建设历程　49
　　二、开发区产业集聚　52

第二节　开发区转型的路径与实践　55
　　一、创新创业与产业升级　56

目录

　　二、生态文明与绿色发展　　60
　　三、制度创新与深化开放　　62
　　四、新区开发与产城融合　　64
　第三节　产业升级与开发区转型：上海案例　　66
　　一、开发区发展历程　　66
　　二、产业升级与开发区转型　　71
　　三、开发区建设重塑城市空间结构　　75

第四章　崛起中全球城市制造业企业部门布局

　第一节　北京制造业企业部门布局　　79
　　一、主要制造业　　79
　　二、城市圈层的划分　　80
　　三、企业部门布局特点　　81
　第二节　上海制造业企业部门布局　　83
　　一、主要制造业　　83
　　二、城市圈层的划分　　83
　　三、企业部门布局特点　　84
　第三节　与发达国家全球城市的比较　　86
　　一、发达国家全球城市制造业企业部门布局　　86
　　二、中外比较和启示　　90

第五章　生产性服务业空间格局

　第一节　生产性服务业发展态势　　95
　　一、生产性服务业不断壮大　　95
　　二、生产性服务业创新促进了新技术的发展　　96
　　三、生产性服务业和制造业融合发展态势明显　　96
　　四、生产性服务业集聚效应明显　　96
　　五、生产性服务业在中国国民经济中的地位逐步上升　　96
　第二节　生产性服务业的空间格局　　97
　　一、总体空间格局　　97
　　二、不同类型生产性服务业空间格局　　102

第三节　影响生产性服务业空间格局的主要因素　108
    一、区位和交通条件　108
    二、地价和租金　109
    三、产业基础　109
    四、集聚与扩散机制　109
    五、政府政策　110
第四节　生产性服务业中央集聚区 CBD　111
    一、中国城市 CBD 发展历程　111
    二、中国城市 CBD 的空间格局　112
    三、中国城市 CBD 的发展对策　115

第六章　商业空间格局与演变

第一节　中国城市商业空间格局的演变　118
    一、20 世纪 50~70 年代的城市商业空间格局　119
    二、20 世纪 80 年代的城市商业空间格局　119
    三、20 世纪 90 年代的城市商业空间格局　119
    四、2000 年以来的城市商业空间格局　119
第二节　中国城市商业空间格局特点及其影响因素　120
    一、商业分布的总体空间格局　120
    二、主要商业业态的空间格局　124
    三、商业空间格局的影响因素　129
第三节　案例分析：北京市商业中心地等级体系空间演变　131
    一、北京市商业中心地等级体系空间演变特征　131
    二、基于中心地理论的北京市商业空间结构分析　135

第七章　互联网与新零售空间

第一节　电子商务对城市零售空间体系的影响　140
    一、中国电子商务的发展　140
    二、互联网技术影响下的零售业组织变革　141
    三、网络零售企业的空间组织及其影响因素　142
第二节　网上购物行为的空间特征及其影响　144

一、网上购物行为的空间特征	144
二、网络消费与城市商业空间组织	147
第三节　互联网时代的城市商业中心空间演变	150
一、网上购物对商业中心体系的影响	150
二、互联网时代的商业中心空间演变	155

第八章　创新产业空间

第一节　城市创新·创意·创业发展态势	160
一、创新主体多元化	161
二、创新网络成为创新的重要方式	161
三、服务业创新迅速增加	162
四、创新动力由"供给驱动"向"需求驱动"转变	162
五、创新空间载体呈现产业集群化特征	163
六、创新创业环境持续优化	164
第二节　创客空间	164
一、创客空间的含义	164
二、创客空间的形成	165
三、中国城市创客空间的分布：以北京众创空间为例	167
第三节　文化创意产业空间	170
一、中国文化创意产业的形成与发展	170
二、中国城市文化创意产业的空间特征：以北京为例	173
第四节　高新技术产业空间	175
一、中国城市高新技术产业空间的特点	175
二、中国城市高新技术产业空间分布特征：以上海为例	177

参考文献
索引

第一章 中国城市经济空间的形成与演变

中国城市发展大致可分为三个阶段，即1949年新中国成立以前的传统时期、1949~1978年的计划经济时期，以及1978年以后的改革开放时期。相应的中国城市经济空间也呈现出不同的发展特征。

第一节 传统中国城市经济空间

中国古代城市的经济业态以手工业和商业为主，城市空间形态历经了集市、商业街和商业中心的演变，城市的消费属性逐渐增强。1840年鸦片战争以后，近代工业开始兴起，在少数城市中逐渐发展起来。工业由于在国民经济中的比重很低，整体上对城市空间结构没有产生多大的影响。与此同时，城市商业获得进一步发展，成为近代城市发展的首要推动力。

一、古代的中国城市经济空间

（一）手工业和商业构成了主要的城市经济业态

在原始社会解体并向奴隶社会过渡时期，城市伴随着私有制和阶级的产生而出现。手工业及商业发展到一定程度从一般的村落居民点中分化出来，构成了城市形成的经济基础。如山东济南城子崖古城遗址作为一处新石器时代晚期龙山文化遗存，具有早期城市的雏形，出土文物中有大量陶器，包括最具有代表性的蛋壳黑陶杯，说明当时的手工业已经脱离了简单的家庭作坊，进入大规模集中制作的阶段。

因而，城市属于社会经济范畴，与单纯防御作用的城（濠）墙在概念上是有区别的。由于私有制的产生，就需要有城郭沟池来保护私有财产。虽然城郭沟池的形式不同，但在性质上都是防卫性的。有了剩余产品及私有财产就需要交换，交易的数量及范围越来越大，就产生了固定的交换场所，这就是"市"或"市井"，也就是最初的城

中国城市经济空间

型居民点(董鉴泓,2004)。由于生产的不断发展,手工业及商业从农业畜牧业中区分离出来。这种生产与生活方式的变化也使居民点产生了分化,出现了以商业手工业为主的城市和以农业为主的乡村。在一般的居民点中,具有商业交换职能而设市的居民点分化出来,被称为城市。

(二)"面朝后市"是城市经济空间的主要格局

《周礼·考工记》记述了一套营建国都的规制:"匠人营国,方九里,旁三门。国中九经九纬,经涂九轨,左祖右社,面朝后市,市朝一夫"。"面朝后市"是中国古代首都的一般布局,以皇宫为中心,前面设"朝",即"朝廷",后面设"市",即市场。

市的空间格局经历了从定期交易地点到固定商市,再到商业街或商业区的演变过程。起初,商品的交换种类不多,数量不大,所谓的"市"只是在城中某一地点定期交易。随着生产的发展及社会分工的不断加强,交易商品种类逐渐繁多,数量也不断增大,逐渐出现固定的商市。封建社会,统治者为了便于进行征税、管理,通常在城市内设立若干处市。如汉长安记载有九市,隋唐长安城中有东、西两市,洛阳城中有三个集中的市(图1.1)。宋以后,商市的分布突破了严格控制的集中市肆的方式,而是沿一些街道分布,形成繁华的商业街(董鉴泓,2004)。明清时期,城乡物资交流进一步密切,往往在城外发展形成商业繁盛的关厢地区。

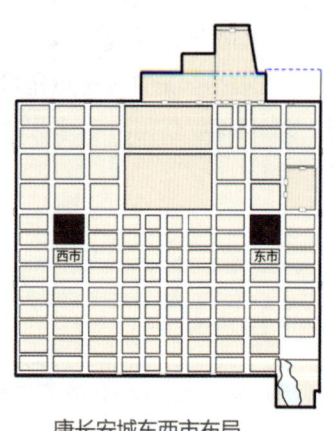
唐长安城东西市布局

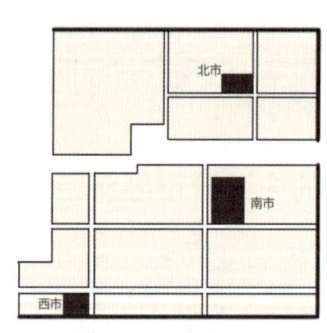
隋唐东都洛阳设三个集中市

图1.1 古代城市中市的布局

资料来源:根据董鉴泓(2004)图8-4-2和图8-4-3修绘

(三)城市消费中心的繁荣

古代中国的城市,绝大部分是地主封建统治阶级以及商人、手工业者的聚居地,城市的消费性质占主导地位,城市消费日趋繁荣。与此同时,市的功能也经历了从商品交换功能到"前店后坊",再到城市商业中心的演变过程。

由于商业、手工业的日趋发达,集市内一般按不同行业分为若干肆,茶米盐市、骡马大市等成为体现城市消费功能繁荣的代表性标志。如汉长安城记载有马、牛、羊集中买卖,唐长安东市分为220行,有锡行、珠宝行、大衣行等。宋代东京城虽然各行业没有完全按照街道集中,但不同街道、行业分布都有所侧重,如银楼等集中在宣德门东的潘楼街。明清一些城市中手工业作坊及商店按街道集中的情况也很普遍,如棉花街、打金街、缸瓦街、猪羊市等(董鉴泓,2004)。

早期的市主要是商品交换功能,隋唐长安的市中已有商业与手工业作坊相结合的情况,一般前为店,后为作坊。随着城市的商旅活动不断增加,商业街靠近道路交叉口的地段由于交通方便、人流集中而具有更大的营利性,商业店铺及其他服务设施如饭店、茶楼酒肆等都集中于此,形成城市商业中心,商业街或市逐渐成为城市生活的中心所在。如北京的天桥、南京夫子庙、上海城隍庙、苏州玄妙观等(董鉴泓,2004)。

二、近代中国城市工业的兴起与商业发展

1840年鸦片战争后,中国被迫对外开放,外国资本输入。部分城市产生了较大变化或新兴发展,如青岛、哈尔滨、上海、天津、唐山、郑州、石家庄等。还有部分城市仅发生了局部的变化,如西安、成都、南京、济南等。随着近代中国城市工业兴起,商业也得到了发展。

(一)近代工业得到发展

近代城市工业的空间布局,总的说来有两种情况(董鉴泓,2004)。一种情况是离开旧城形成新的城市或独立的工业镇。离开旧城形成新的城市主要是因为开发新矿山而形成新的城镇,如河北唐山、山西大同、河南焦作、山东枣庄、辽宁抚顺等;或者在大城市外围独立设厂,如北京近代新建的几个较大型的工业企业——长辛店机车厂、清河制呢厂等。另外一种情况是在旧城内或近郊分散建设工业。有些在工业较多的大城市中形成工厂较集中的工业区;或者分散在市内建设,这种情况在近代城市中最为普遍,中国近代工业多为小型、分散及轻工业类型,受用地、货运方面限制较少,可以在市内分散建设;或者在旧城城郊分散设厂,这种情况主要由于新建较大规模的工厂,特别是需要与铁路与水运取得较直接联系的工厂,多在城市近郊设厂。

近代城市工业的发展,促使城市内部空间呈现出工业区集中成片或散布、工业区与居住区混杂、城市内部交通混乱等特点。如唐山市作为新兴的工矿城市,自1877年开平煤矿开办以来开始发展,最初在煤矿区附近形成广东街,建有技工及高级员司住宅,沿街则为商业及服务性建筑。由于工矿及交通业的迅速发展,人口快速增加,城市围绕矿场向外扩展,在矿场工厂附近,原有几个自然村扩大相连形成城市。后来由于土地紧

张,城市开始越过铁路向东部的自然村发展。由此,随着德胜窑业厂、唐山钢厂、启新水泥厂、开滦唐山矿、铁路工厂等大量工厂的开办,唐山市区逐渐形成了街市包围矿区、铁路分割市区、煤矿和工厂的煤烟笼罩大部分市区的格局(董鉴泓,2004)。

(二)商业是推动近代城市发展的主要动力

中国近代工业虽然获得了一定发展,但相对于商业和贸易来说处于附属地位,因而对城市发展的推动作用仍远不及商业和贸易。统计表明,产业结构中商业资本大大强于工业资本,商业的发展成为近代城市发展的首要推动力(董鉴泓,2004)。近代商业城市多位于沿海、沿江及铁路、公路沿线的水陆交通要道,如上海、天津发展成为商业重镇,近代上海是一个以港促商、以商兴市的特大工商业城市,进出口贸易在城市的经济发展中有相当重要的地位,城市商业的发展也异常迅速。商业依赖于城市的发展,而城市的发展也要以商业为条件。商品经济活跃带动了该地区金融、工业、交通运输以及城市公用事业的发展。以天津市为例,近代天津的商业空间结构发生了根本性演变,租界区逐渐取代老城区的传统商业区成为新的商业中心,一直延续到新中国成立。开埠之前,天津府城由城内衙署区和城外中心商业区构成,铺户主要集中在城内和城外的北门外、东门外运河和海河沿岸,城外的北门外大街(北大关)凭借着运河优势成为传统天津城市的商业中心。随着19世纪中叶开埠以及租界的出现,租界凭借便利的交通、良好的商业环境和治安环境、较高的消费能力等因素,逐渐取代北门外大街传统商业区成为新的商业中心,租界区商店林立,拥有现代化的购物商场,以及戏院、影院、茶社等娱乐设施(王静,2010)。

第二节 计划经济时期的工业化与城市经济空间

1949年新中国成立后的计划经济时期,城市经济空间内涵发生了变化,消费城市转变为生产城市和工业城市。首先,随着国民经济的恢复和发展,国家发展战略重心从农村转向城市,大量农村人口进入城市定居和就业,城市建设由此全面展开。其次,资本主义工商业的社会主义改造为国营企业的扩张创造了制度条件,以苏联援建工程为中心进行的大规模经济建设使新中国迅速建成了一批核心工业城市和重要的配套工业城市,完整的国家工业体系基本形成,大型工业区建设在城市内全面展开。随着城市生产空间的功能增强,原有的城市消费经济空间出现衰退与萎缩。

一、资本主义工商业的社会主义改造

中国对资本主义工商业的社会主义改造分为两个步骤:第一步是把工商企业资本主义所有转变为国家资本主义所有,第二步是进一步转变为社会主义所有(黄如桐,

1994)。从 1953 年开始到 1956 年底，基本上完成了对资本主义所有制的社会主义改造。社会主义改造是生产关系方面由私有制到公有制的一场深刻的变革，中国的经济成分由多种经济成分并存的新民主主义经济转变为基本上由国营经济和合作经济组成的单一的社会主义公有制经济。资本主义工商业的社会主义改造为国营企业的扩张创造了制度条件，通过建立新型的社会主义生产关系来发展生产力，社会主义制度的确立促进了中国的工业化建设。

二、苏联援建与大型工业区建设

计划经济时期尤其是"一五"时期，苏联工业援建工业项目布点于多个城市，促进了多类型工业城市的蓬勃发展，对中国城市经济空间结构也带来重大影响。

首先，工业项目在重点城市郊区成组布局，促进了郊区工业区的形成。中国在第一个五年计划（1953~1957 年）期间的建设方针是优先发展重工业，重点以苏联援助的 156 个重点工程为中心进行大规模工业建设，使新中国迅速建成了一批核心工业城市、重要的配套工业城市以及初步形成了多类型的工业城市群体（李百浩等，2006）。为了发挥投资的规模效益、集聚效益，相当一部分大企业经过联合选厂、成组布局，工业项目与城市建设相协调，成为综合配套的大型工业区（图 1.2）。

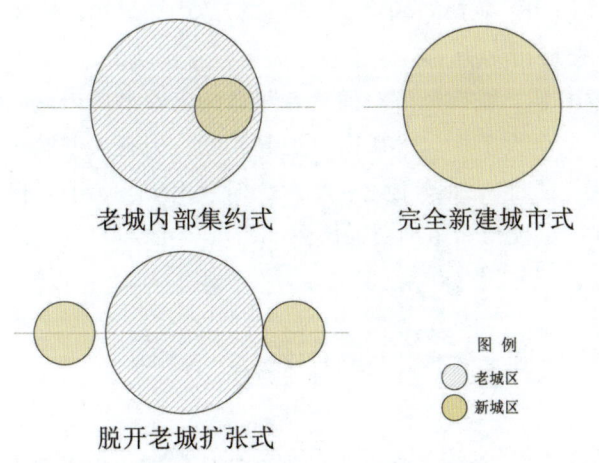

图 1.2　新兴工业城市的三种空间布局

资料来源：根据李百浩等（2006）图 2 修绘

其次，城市内部空间结构也深受苏联规划模式影响，表现为过度强调生产空间，空间营造方面强调对称、均衡、轴线和围合，形成了以单位大院为基质的均质细胞状的城市空间结构（赵晨等，2013）。苏联城市规划理论以生产为导向，认为所有的社会主义城市都是工业城市，在此思想的指导下，中国的城市空间被截然划分为生产空间、消费空间两类，城市中的各种生活、消费空间被极度地压缩。

三、国家工业体系建设与工业城市功能强化

经过"一五"计划，基本建成了完整的国家工业体系。与此同时，为充分发挥地方的积极性与主动性，1958年中央政府提出以省为中心建立比较独立的地方工业体系。重工业优先发展战略不仅初步奠定了社会主义工业化的基础，而且为工业城市的发展提供了新的发展空间和动力支持，既加速了中国的城市化进程，也极大地改变了中国城市的职能结构、规模结构、类型结构和区域结构，形成了城市发展的新模式（周明长，2005）。新中国城市普遍转入了"消费城市—生产城市—工业城市"的发展轨道，涌现了一大批工业、矿业、工矿城市，如鞍山、包头、武汉等钢铁工业城市，吉林、太原、兰州等化工城市，大同、阜新、鸡西等煤炭工业城市。生产和工业成为城市经济空间的主要特征。

四、城市消费经济空间的衰退与萎缩

新中国成立后，采取变消费性城市为生产性城市的政策来恢复和发展工业生产，1949年《人民日报》专门发布《把消费城市变成生产城市》的社论。这些导向的确定，实际上把城市发展和工业生产组织等同起来，城市被明确指定需要承担更多的工业生产职能，生活功能则被置于为生产提供必要的、基本的配套地位（赵晨等，2013）。

随着城市生产功能和工业功能的强化，许多行政中心城市已经发展成为多功能的综合性工业城市，其余城市多为工矿或工业型城市，商业城市、金融城市、旅游城市、科技城市的发展严重不足。城市经济空间具有明显的工业型城市化的特点，不少三线城市的发展都是围绕一个大工厂、大矿山发展起来的，先有大型国有企业，然后才有城市。城市功能偏集于工业，强调工业生产，压缩城市生活、消费投入，城市的人居环境建设往往比较滞后，使得城市消费经济空间出现一定程度的衰退与萎缩。

第三节　改革开放以来的城市经济空间

1978年改革开放以后，中国社会主义市场经济体制逐步建立和完善，市场化、工业化、全球化推动城市化进入了持续稳定的快速发展阶段。伴随着规模日盛的城市化过程，带来了人口、资本、产业的集聚，大部分城市开始了大规划、大建设的快速扩张。与此同时，城市经济空间发生了重大变化，表现为城市逐步建立了外向型经济体系，制造业大量吸引外来资本和技术，发展了经济特区、经济技术开发区和高新区；生产性服务业获得空前发展，高端生产性服务业在中央商务区集聚；城市消费功能回归，多层次商业体系形成，以网络消费为特征的新消费空间兴起；城市整体空间按市场规律经历了集聚与分散；创客、创新、创意空间，以及房地产大盘和教育产业化空间开始涌现；郊区大农业化空间日益多样化。

一、面向国际市场的新制造业空间

（一）外向化制造业生产促进了开发区快速发展

1978年中国改革开放以来，率先在深圳、珠海、汕头、厦门设立经济特区，并于1984年开放14个沿海城市，兴办新的经济技术开发区，从而开启了开发区的建设发展之旅。当时设立的国家级开发区的主要功能是发展工业、吸引外资，所给予的扶持政策也主要是对工业而言，对开发区功能定位进行指导的发展方针是"三为主"原则，即"以发展工业为主，以利用外资为主，以出口创汇为主"。开发区的最初作用主要是吸引外资和先进的技术，弥补当时中国发展的"两大缺口"——技术和资本。开发区自身产业不断升级，高技术产业化、服务业化包括生产性服务业成为开发区新的产业特征。如果说，改革开放之初的开发区是对外开放的试验区，到了20世纪90年代，沿海地区的开发区已经成为外向型经济的领头羊，并逐渐融入全球经济的生产空间，成为全球生产网络中的重要节点。

经过几十年的发展，中国开发区取得了巨大的成就：一是开发区成为中国发展外向型经济的前沿阵地、先进制造业基地、高新技术产业基地等。二是开发区建设极大地推动了中国城市化进程，在很大程度上提高了城市产业结构水平，促进了城市产业结构调整、升级的进程，对于中国经济发展亦做出了巨大贡献。如国家级开发区早已成为国民经济增长的有力推手，以及中国增加税收收入的一个重要来源（顾朝林等，2008）。此外，国家级开发区也成为中国实施重要国家战略及对外合作的重要推手。三是开发区与母城在功能、经济、发展空间上的联系越来越紧密，成为中国城市空间中最具活力和吸引力的区域，对城市的经济、功能分区以及空间重构等产生了重要而积极的影响，一些具有综合功能的大型开发区逐渐成长为城市乃至整个区域内新的增长极，也逐渐成为大城市郊区化的重要空间载体，促进了全国范围内的新兴城市和城市新区的产生与发展。

开发区的成功产生了巨大的示范效应。20世纪90年代初和21世纪初全国各地掀起了开发区建设的"热潮"，不同级别的开发区遍地开花。随着中国加入WTO对外开放程度越来越高，开发区原有的政策优势慢慢消失，各地开发区之间的竞争日益激烈，导致开发区的"圈地热"，空间开发粗放。因此，国家在1993年和2003年相继出台有关政策，对开发区进行清理整顿，并在新的城乡规划法中将开发区用地纳入到城市总体规划中。随着开发区原有的政策优势逐步丧失，开发区的功能定位需重新考量。开发区与所处的城市在各个方面均产生了千丝万缕的联系，已无法与母城割裂开来孤立发展。城市的扩展和内部空间结构的优化，必须考虑开发区的影响，开发区已成为城市功能组织的一个重要组成部分。而开发区的"二次创业"及功能重塑也必须符合城市发展的整体要求，以便在功能和空间上与所处的城市实现良好的整合。因此，如何处理好开发区与城市发展之间的关系成为中国未来城市化进程中必然要面对的问题，成为在新的国际环境和经济形势下开发区如何实现"二次创业"完成功能转型的关键。

（二）开发区建设重塑城市空间结构

开发区加速了城市空间的外部扩张和内部重组。伴随着开发区建设和城市化进程的不断加快，人口和产业容量迅速膨胀，城市空间也不断加速向外扩展。以上海为例，1986年第一个开发区即虹桥经济技术开发区的面积仅为 0.6 km²，到 2014 年年底仅市级以上开发区规划面积就已达 567 km²。上海市城镇用地面积在 1990 年到 2013 年间，从 562.4 km² 扩大到 1098.8 km²。而上海城市发展的空间也随之扩大到 6000 多平方千米的整个市域。最具有代表性的就是浦东的开发开放带动上海城市空间越过浦江伸向海洋。开发区从中心城区的边缘区或近郊区拓展到近郊区边缘和广大的远郊区，吸引了大量工业企业外迁到郊区，为中心城区导入新的功能腾挪出空间，加速了中心城区内部空间改造、重组的进程。中心城区居住和服务功能相对加强，工业生产的功能则不断减弱。

开发区驱动城市空间形态由单中心向区域化和多中心发展。开发区的规划建设对城市空间形态的演变具有较为明显的导向和强化作用。在开发区建设之前，城市空间拓展一般是单中心摊大饼式向外蔓延。由于城市内部空间限制，开发区多选址在中心城的边缘区和近郊区，如上海浦西的虹桥、漕河泾，浦东的金桥、外高桥、张江。近郊区的闵行经济技术开发区，以及随后成立的九大市级工业园区，加速了中心城区向外呈圈层式蔓延的态势。交通区位条件是开发区选址的重要影响因素，因此开发区多沿对外联系的主要交通干线布局，在保持圈层式向外蔓延的同时，形成了若干发展轴线，对城市空间形态由同心圆圈层式蔓延向轴线扩展的过渡具有明显的引导作用。如上海的沪宁、沪杭、沪青平、沪港、沪杭（杭州湾）、滨江沿海等几条主要的发展轴线，呈现出明显的工业用地扩张带动。政府通过开发城市远郊地区的新城分散大城市压力，为城市人口和产业发展提供必要的空间以及相应的设施，维持其增长的持续性。《上海市城市近期建设规划（2006~2010 年）》确定了"1966"城镇体系规划，规划建设 9 个新城；《上海市城市总体规划（2017~2035 年）》明确提出建立多中心功能体系的目标。开发区建设为郊区新城的发展提供了强有力的产业支撑，促使城市向"区域化、多中心"的大都市区空间结构转型。

（三）中国崛起中全球城市的制造业企业部门布局与发达国家不同

经济全球化带来了全球产业链的空间重构。以金融保险等为代表的高等级生产性服务业和制造业总部经济成为伦敦、纽约和东京等全球城市最为突出的特征，而制造业生产环节则向中国和其他国家转移。北京和上海作为崛起中的全球城市，位于国内城市体系顶端，但其制造业生产链布局却呈现出与发达国家全球城市不一样的特征。

伦敦和纽约的制造业主要保留了具有管理控制功能的总部和综合服务环节，研发创新活动多数位于中心区外围的特定地区，制造生产环节已转移其他地区或国外。中国北京和上海与东京类似，城市辖区内还存在制造生产环节。全球城市的母国和区域是其经济文化的载体和基础，是城市发展的重要支撑，城市的产业结构和国家所处的经济阶段是密不可分的。伦敦、纽约和东京三大全球城市所在国家的主导产业也以第三产业为主，就业比重都高达75%以上，而中国2015年第三产业就业比重仅为42%。

都市型工业是全球城市制造业发展的新动力。从三大全球城市制造业构成来看，都市型工业具备了一定的竞争力和生命力。东京的印刷业和伦敦的食品制造分别是城市的第一大制造业。此外，东京的食品制造、小型电气产品，纽约的印刷、食品制造、家具、服装生产以及伦敦的印刷业都占城市制造业较大比重。而中国北京和上海规模最大的五大制造业中没有都市型工业。

北京、上海的制造业主要分布在城市辖区内部，与周边城市联系不强。这一点与东京有很大不同。东京都内制造业企业的总部有半数分布在核心区，另一半分布在内环之内；而上海的制造业企业总部仅有10%分布在中心城核心区，40%分布在外环高速公路S20环线以内，另50%在S20环线以外；北京和上海情况接近，制造业企业总部40%位于内环地区，60%在外环区域。而服务、研发、制造环节在东京都的外环内仅占5%~7%，多数企业将部门外迁到东京之外的近远郊地区，然而在与此范围相当的上海市域内，这三类部门的比重都占到了50%~63%，北京的外环地区这三类部门的比重为35%~50%，布置在北京或上海城市之外的比重很低。

二、生产性服务业空间发展和城市消费功能的回归

（一）生产性服务业获得空前发展

伴随着中国产业结构不断软化和优化，"工业型经济"向"服务型经济"转型，服务业从制造业中逐渐分离，生产性服务业发展得到了长足进步。

中国城市中的生产性服务业空间主要呈圈层分布，总体上向心集聚，从中心城区向郊区逐渐递减。中心城区主要为银行保险、科学研究、工程技术服务等行业，是生产性服务业的主要集聚区，成为生产性服务业的综合中心（核心区）。中心城区外围的生产性服务业较中心城区相对偏弱，但是与中心城区联系较为紧密，生产性服务业发展水平也比较高（次核心区）。近郊区集中分布科技服务、信息咨询服务、商业经纪等行业，发展水平相对于次核心区要差，但是相对于远郊区要强。远郊区是生产性服务业最薄弱的地区，各种发展都比较落后，以传统服务业、消费性服务业为主。近年来一些大中城市的科学研究和技术服务业、金融业、房地产业、商务服务业等呈现向近郊区和远郊区逐步转移的趋势。

不同类型的生产性服务业具有不同的空间分布和演变特征。金融业主要集中在中心城区，但近年来金融业由中心城区核心区向中心城区外围区与近郊区转移，呈现出均衡发展的趋势。为便于对外联系，交通运输、仓储和邮电业主要布局在中心城区外围地区。但随着城市建成区不断向外扩展，为避免拥挤和流动不畅，近年来一些交通

运输、仓储和邮电业企业逐步向近郊区转移。信息传输、科学研究、软件和信息技术服务业呈现明显的空间集聚特征，在中心城区分布较少，主要集中在大学和科研机构所在地或者郊区的开发区和科技园区，近年来呈现向郊区转移趋势。租赁与商务服务业在中心城区核心区及外围区、近郊区、远郊区等均有分布，并逐步向边缘地区发展。

（二）金融服务业集聚催生中央商务区形成

改革开放以来，中国金融中心呈现加速发展态势。金融资源向全国性金融中心城市集聚的"马太效应"愈加显著。上海、北京和深圳3个全国性金融中心城市保持绝对领先地位，且呈现优势扩大趋势。金融服务业以其较高的附加值和租金竞争力，往往在城市中占据核心的地段。以北京为例，北京市金融业目前初步形成"一主、一副、三新、四后台"的布局格局（图1.3）。"一主"即北京金融街，是金融主中心区，聚集国家级金融机构总部。"一副"即北京中央商务区（CBD），是金融副中心区和国际金融机构的主聚集区。"三新"即海淀中关村西区、东二环交通商务区和丰台丽泽商务区，分别发展科技金融、产业金融和新兴金融功能，成为现代化的首都金融发展新空间和新兴金融机构聚集区。"四后台"即西城德胜、海淀稻香湖、朝阳金盏、通州新城4个金融后台园区服务区，为金融企业提供具有国际标准的专业化、特性化、综合化的一站式服务（胡丹和申玉铭，2009）。

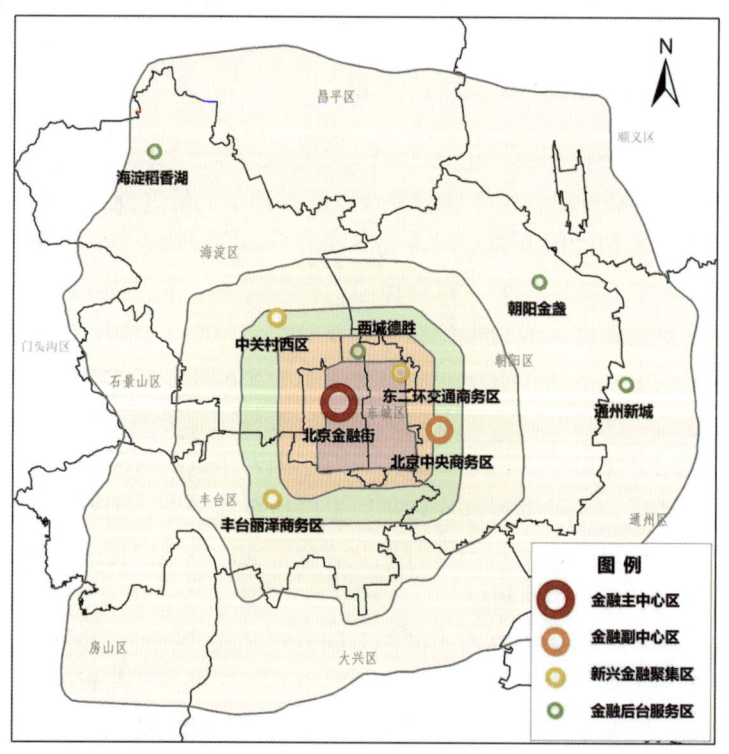

图1.3　北京市主要金融业集聚区分布示意图
资料来源：作者自绘

金融服务业在城市空间中最突出的特征是在CBD集聚。CBD的形成主要源于集聚经济。中国城市CBD建设最早始于20世纪90年代。纵观各城市CBD的发展，尽管背景各不相同，发展水平参差不齐，但基本功能与发展方向大体一致，即以金融保险为核心的现代服务业是CBD的主导产业。以金融为主要业态的CBD不仅符合现代城市发展第三产业的要求，更体现金融业对各实体经济服务和辐射力度，与各行业的关联度更大。随着经济全球化、信息化的进一步发展，金融已成为现代经济的核心。在这一发展趋势中，国际金融中心城市因其自身完善的金融体系和资本集聚与辐射功能，有力地促进本国或本地区参与经济金融全球化进程和提高国际金融资源配置程度，而CBD作为高端金融服务业的载体和全球资源配置的控制中心，越来越成为衡量一个国家和地区对外开放程度与经济竞争力的重要标志（宋泓明，2005）。世界著名的CBD包括美国纽约曼哈顿的华尔街、伦敦位于泰晤士河北岸的金融城和日本东京新宿副都市区。

与西方发达国家城市CBD基本上呈现单中心分布不同，中国很多大城市出于优化城市空间结构的考虑，在城市原有中心区以外布局中央商务区，形成新的城市空间极核以构筑双核心或多核心城市。以北京CBD发展为例，北京CBD金融业主导地位突出，聚集了众多国内外知名的银行、证券、保险等金融机构，国际金融产业初具规模。由于北京市金融业发展总体布局的带动，目前北京金融产业及其他现代服务业集聚呈现三足鼎立的局面。除东边朝阳区CBD作为传统的北京CBD之外，西边西城区的金融街和北边海淀区的中关村西区已逐步成为北京的次级CBD，多中心格局初步显现。因此，北京市内的三大金融中心区必须统筹兼顾，协调发展，加强三大金融中心区的合作与互补。

随着生产性服务业的逐步发展，中国城市CBD除了金融外，办公、信息服务等功能也逐步强化。随着后工业时代和信息时代的到来，CBD的发展呈现出新的趋势，功能多样化，由以商务中心为主向综合性商务、购物和文化娱乐中心过渡，具有浓厚的文化氛围，具有规模化、大型化、主题化的特点。

（三）城市消费功能回归和多层次商业空间形成

改革开放以来，中国计划经济时期重生产轻消费的政策取向得到调整，随着城市化进程的加速和城市居民人均收入快速提升，商业服务业得到迅速发展。城市不断从工业生产中心转换为服务业中心，城市经济空间也不断由工业主导型向消费主导型回归，形成了由大型综合商业中心、百货商场、批发市场、专卖店、超市和零售便利店构成的多业态、多层次商业空间格局。

我国城市商业空间格局及演变呈现以下几方面特征。

首先，城市内部商业中心呈等级分布，表现出一定的层次结构特征。高等级商业中心一般位于市区中心，低等级商业中心位于郊区居住区，形成多级商业中心的地域体系。以北京为例，西单、王府井和前门是北京一级商业中心，它们位于北京城市中心区；北京二环路至五环路依次分布若干二级、三级商业中心。上海市的商业中心可划分为3个级别（市级、区级、小区级）5种类型，高级别的商业中心多分布在市区内部。

其次，商业空间布局的交通指向性特征明显。城市商业空间的分布与发展演变与城市化水平、经济社会发展、人口分布、交通区位及相关政策导向等因素密切相关，尤其受交通设施布局影响。无论是高等级商业中心，还是低等级商业中心，一般都位于市内交通十分优越或比较优越的地区。例如，目前北京市大型综合性商业设施主要分布在交通线路的交叉点附近，如三环路向外各个方向的交通节点是北京重要的购物中心、商业中心所在地。

最后，商业布局郊区化和多中心化特征日益明显。由于城市空间拓展，城市扩张带动了城市边缘区的发展，原来的城市边缘地区发展成为新的城市中心，促进了城市功能区的重构与多样化，作为城市主要功能的商业也随着城市多中心转变而拓展。城市商业中心由单中心向多中心转变，由市级商业中心、区级商业中心、社区级商业中心构成的城市商业中心等级体系越趋健全。20世纪90年代以前，北京商业空间主要集中在前门、王府井、西单的首都功能核心区。随着城市居住郊区化，大型商业空间逐步向新城、新区、郊区和社区转移，形成旧城商业区、中心城商业区和外围商业区组成的商业空间格局。商业中心由二环路内逐渐向三环路、四环路甚至五环路扩展。

三、城市经济空间整体上按市场规律集聚与分散

（一）市场经济体制促使城市经济空间分布愈加符合市场规律

社会主义市场经济体制经历了一个逐步建立和完善的过程，从有计划的商品经济到社会主义市场经济体制确立，从"使市场在国家宏观调控下对资源配置起基础性作用"到"使市场在资源配置中起决定性作用和更好发挥政府作用"。随着市场经济逐步建立，城市经济空间布局随之调整，集中体现在内城内涵式增长和郊区外延式扩张两个方面（顾朝林等，2008）。城市经济空间结构越来越符合西方市场经济下的地租曲线规律，制造业向郊区分散，金融业总部在CBD集聚，商业布局的中心地结构明显，时尚消费空间林立。

另一方面，城市经济空间也表现出中国自身的特色，各种开发区涌现，成为经济增长的引擎，政府作用明显，制造业价值链布局深受体制影响（张京祥等，2007）。改革开放后，地方政府被赋予了经济发展职能，发展经济的积极性被大大地调动起来。城市空间资源是地方政府通过行政权力可以干预、组织的重要竞争元素。因而，城市空间的发展、演化因而也表现出政府强烈主导的特征。

（二）城市经济空间分布呈现集聚与分散并存的特征

改革开放以来，伴随着经济的快速发展，中国城市化进程迅速推进，农村人口不断向城市集聚，中国城市经济空间呈现出集聚与分散的格局。从宏观来看，东部地区的城市经济空间集聚水平高于中西部地区，城市群已成为中国城市经济空间集聚的主

要空间载体。从微观城市自身来看,在中小城市仍倾向于集聚发展的同时,大城市随着人口、功能在城市中心的过度集中,负外部性凸显,就业空间向外分散的特征越来越明显。这种分散化的特征在北京、上海等特大城市尤为明显,表现为核心区就业密度已显现下降的趋势,近郊区、远郊区的就业密度则始终在上升。

城市经济空间演化是随工业化、城市化,以及全球化的深化而不断协同的过程,既是城市经济发展的需求也是城市化推动的结果。20 世纪 80 年代,中国开始出现了城市中心区工业的外迁与中心城区的 CBD 功能化建设,前者带动了城郊城市化的提速与工业化的发展,后者推动了第三产业的发展,形成城市经济空间的外延扩展。20 世纪 90 年代以来,中国城市化进入快速发展期,大量的综合性经济开发区的兴起,成为城市经济空间扩张的基本动力。与此同时,城市化带来的人口急剧增长不仅带动了城市的经济发展、产业结构的变化,而且促使了城市交通、住宅等功能性空间的不断扩张,从而推动了城市空间结构的变化。2000 年以来,随着全球化和信息化进程推进,中国城市经济结构发生显著变化,第二产业在经济中的比重持续下降,第三产业已占据主导地位,城市产业结构实现了由工业型向服务型的转变,城市经济空间由工业主导型开始走向消费主导型的产业布局模式。中心城区土地使用从工业用途转为商业用途,商业、金融和办公等第三产业的发展使中心区更加繁荣。

(三)特大城市经济空间的多中心化趋势显现

中国北京、上海、广州等超大、特大城市,在经济空间分散化的同时,多中心化趋势日趋明显。城市政府为了缓解城市拥挤,在空间政策上也倾向于引导多中心发展。多中心演化趋势主要表现为:就业分散化发展到一定程度,在城市外围地区形成再集聚,形成都市区内部的就业副中心,并且随着规模不断增大,要素集聚能力不断加强,整个都市区就业多中心程度日益明显(图 1.4)。

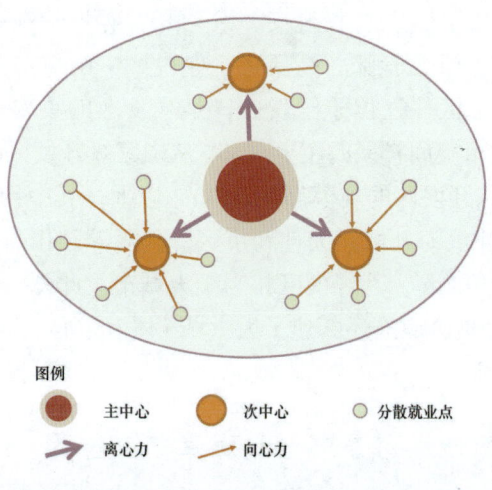

图 1.4 超大、特大城市就业多中心化趋势

资料来源:作者自绘

多中心化的形成机制是多元的。首先，城市产业结构升级变迁对经济空间重构起到重要作用。上海都市区制造业就业分散化是多中心化的主要动力，而北京都市区的经济结构以服务业占主导地位，就业主要集聚在距主中心35km以内地区，就业多中心化程度比上海低。其次，市场机制对就业副中心形成起决定性作用，交通支撑尤其作用显著。以上海都市区为例，劳动力集聚和交通基础设施水平是影响就业副中心形成的重要因素，人力资本水平和与高速公路距离对就业副中心的形成的促进作用高于劳动力规模和三级路网密度，在一定程度上说明劳动力要素质量和空间单元对外联系对于集聚中心的形成更为重要。再次，多中心规划政策对就业副中心的形成具有有限的促进作用。虽然城市总体规划确定的新城对于北京就业副中心的形成具有一定正面影响，但与城市总体规划中确定的多中心空间布局仍存在明显差距。而在上海都市区，仅有早期建设的较高级别的国家级开发区以及大型工业卫星城对于就业多中心化构成了相对显著的影响，后期大量建设兴起的市级开发区和新城发挥的作用也不显著。最后，人口分散对就业分散的带动作用也不明显。以上海都市区为例，人口分散化并未对就业多中心化带来显著影响，就业岗位分布较人口更加集中。

计量分析提供的证据表明，在中国城市的都市区或市区尺度，多中心结构比单中心结构具有更高的经济绩效、通勤绩效、能耗绩效，也具有更低的平均地价。但在市域尺度，单中心结构具有更高的劳动生产率。这些研究结论，一方面为政府实施多中心战略提供了研究支撑；另一方面，也为如何科学实施多中心战略提供了参考依据。

四、塑造城市经济空间的动力机制多元化

（一）中央放权和地方化触发城市经济空间快速扩张

20世纪80年代以来，为提高地方政府发展经济的积极性，中央政府的部分经济决策权逐步下放。由于享有以自收自支、滚动开发等形式在财政体外循环的特性，地方政府对建设开发区较为青睐。高新区、保税区、出口加工区是开发区的不同类型，保税区、出口加工区往往位于开发区，是开发区的重要功能区之一（熊国平，2010）。开发区成为城市空间扩展的主要载体。从国家级开发区已开发规模来看，天津、北京、珠海、上海浦东开发区的规模都在 20 km^2 以上，其中天津、大连由经济开发区基础上发展起来的天津滨海新区、大连新市区，其规模已相当于中等城市，上海浦东新区开发面积已超过 50 km^2，其规模已相当于大城市。此外，随着新的城市功能的出现和经济的快速发展，地方政府还新建了大学城、体育中心、新的行政中心等新空间，改变了城市的经济空间。

（二）市场作用造成商务中心和商业中心分离

自2002年全国所有经营性用地一律实行招标拍卖以来，市场对土地资源配置的

基础作用逐步强化，使得城市土地因为区位、供求等因素具有不同地价。城市土地收益随时间和空间位置转移产生巨大的收益差距，加上土地级差收益规律的客观性，市场机制对城市土地利用的配置方式和开发强度产生了巨大影响，引起城市经济空间的变化。和传统商业中心相比，中心商务区主要聚集商务和生产服务活动，规模更大，经济利益更明显，同时地价更高；相应城市的商业则逐步迁出，在地价较低的地区聚集，形成新的商业中心，最终商务中心和商业中心分离（张玲，2006）。如以浦东陆家嘴金茂大厦、环球金融中心、上海中心大厦为代表的高层建筑群以及会展中心、东方明珠塔周边集中了大量的金融、商业、贸易、信息及中介服务机构，同时拥有大量商务办公、公寓、酒店等配套设施，形成浦东的商务中心，商业中心则向南京路发展。

（三）全球化和外向化引导城市经济空间扩展

1992年起，我国加速对外开放步伐，全国出现了外资流入高潮。虽然期间有段时间由于受金融危机影响，全国利用外资的规模有所减少，但在进入21世纪后，我国加入WTO的前景日益明朗，吸引的外资出现新一轮的增长。在全球化和外向化的背景下，国际资本作为城市扩张的外在力量，在一定程度上影响着城市经济空间。由于对地方经济和产业发展有明显影响，外资的空间投资意愿和企业选址行为对城市空间拓展的方向有着重要影响。同时，外资也会影响城市内部的产业布局。以北京为例，外资主要峰区集中在中心城区北部偏东的地区，其次在城市近郊的石景山、亦庄和顺义三个集聚区。在中心城区，西单是主要商业区，崇文门地区是北京传统的商贸区。在城市近郊的三个方向，西部的石景山是北京重要的机电工业区，东南的亦庄则有国家级开发区北京经济技术开发区，东北的顺义则紧邻首都国际机场。

（四）城市生活水平提升与居民需求促使城市经济空间演变

近年来，随着我国社会的发展，人们收入增加和生活水平的提高，居民的消费需求发生了新的变化。市民生活和消费行为逐渐占据了城市职能的首要地位（徐晓燕和叶鹏，2008），并成为城市空间布局上诸多变化的主要原因。休闲、度假、旅游等一系列高层次的生活需求，在一定程度上刺激了人们的消费行为，最终催生新的城市空间，影响并改变着现有的城市空间（赵丹和张京祥，2015）。具体表现为城市经济空间不断从工业主导型向消费主导型回归，出现多业态、多层次的商业空间，市级商业中心、区级商业中心、社区商业中心构成的城市商业中心等级体系日趋健全。然而，商业服务设施主要分布在中心城区，城市新开发地区的设施分布数量较少，滞后于城市发展。此外，还涌现出以时尚消费和网络消费为主要特征的新消费空间。由于对大众而言并非刚性需求，为形成规模经济、提升体验性和扩大吸引力，时尚消费在空间上分布较为集中。网络消费的出现重塑了人们的购物行为，加上在员工开支、物业租金上的优势，对传统零售业产生了深刻影响，使得城市零售空间出现重构，影响着实体商业的空间分布。

五、以网络消费为特征的新消费空间兴起

（一）电子商务导致城市零售业价值链改变

从1995年电子商务在我国萌芽以来，已经发展了20多年。我国电子商务经历了三次发展浪潮：第一次浪潮是起步阶段，1999年多家电商企业成立，奠定了中国电子商务发展的基础；第二次浪潮开始于2003年，B2B、B2C和C2C等电子商务模式均取得较快发展，出现了齐头并进的发展势头，带领电子商务发展进入了崛起增长期；第三次浪潮为2008年金融危机之后，进入了以企业、政府、银行等多主体参与的电子商务转型升级的内涵式发展阶段。电子商务成了中小企业的新选择，伴随着移动互联网的发展，O2O模式也开始兴起。我国电子商务在发展结构上，呈现以B2B模式为主导，网络购物快速发展的特点。B2B电子商务仍然是电子商务发展的主体。B2C和C2C为主的网络购物快速发展，成为电子商务发展的主要动力。

以电子商务为代表的互联网使得零售业价值链重构。在价值链重构过程中，互联网有可能绕过甚至剔除原有价值链中的关键节点，而直接把消费者与生产者及设计者联系在一起。如此，互联网帮助企业降低市场进入壁垒，减少固定成本和沉没成本，因此会对零售商产生"去中介"作用，同时也提供了进入更大的消费者市场的途径（Wrigley，2000）。互联网对城市零售空间的影响主要表现为网上购物与传统购物两者之间的关系，主要有替代、促进、补充和独立关系等4种。

（二）网上购物促使商业中心体系重构

近几年，我国网络购物市场规模飞速膨胀，作为一种新的快速普及的零售业态，快速增长的网上购物带来了前所未有的经济前景，同时重新塑造着人们的购物习惯和行为，其发展正在对传统零售业空间带来深刻的影响（图1.5）。以零售业为主体，融

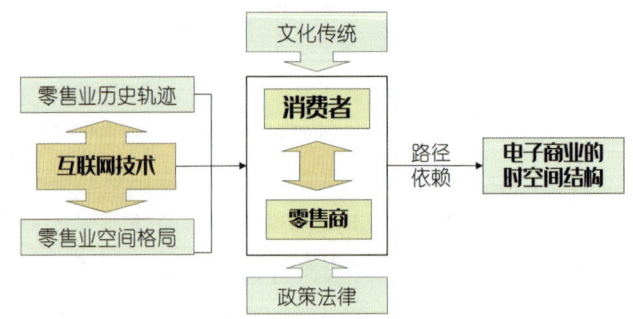

图1.5　互联网对城市零售业空间的重构

资料来源：根据汪明峰和卢姗（2009）图1修绘

合餐饮、休闲娱乐等多种功能的商业中心所遭受的源于网上购物的冲击逐渐显现。

通过调查高校学生的购书行为，比较网上购物对不同规模的传统书店产生的影响效应，可以从一个侧面理解在新的技术环境中传统零售业空间演化的趋势。研究结果表明，由于网上购物影响消费群体的特定性、网购商品种类的局限性以及传统购物环境的不可替代性等原因，网上购物方式更多的是作为传统购物方式之余的一种补充形式。当然，网上购物也会替代部分传统的购物行为。对于不同规模的传统书店而言，网上购物对中等规模书店的影响最大。因为相比各类规模的书店而言，中型书店的商品种类优势、价格优势和距离便捷优势都不突出，而网上书店在这些方面具有较大的比较优势。因此，网上书店最有可能抢占的是中等规模书店的市场份额，而对大型和小型书店的影响则不显著。

网上书店对不同规模级别的传统书店的影响规律可以推广到其他一些零售企业中。以"大卖场—超市—便利店"为例，网上购物对这一系列零售企业中影响最大的是中等规模的超市，因为这类超市既不具有价格竞争优势，又不具有距离便捷优势。网上购物将通过低廉的价格、丰富的商品类型和便捷的购物方式抢占超市的市场份额。大卖场通过班车不断地扩大其服务半径，通过节省时间距离吸引消费者。中等规模的超市将不断缩小服务半径，最终向小规模超市或便利店靠拢。

（三）互联网推动商业中心空间演变

商业中心的发展涉及多个主体，包括商家、消费者以及规划管理部门等。网上购物影响消费者到实体店购物频率，消费者的活动目的、出行方式和对商业中心的满意度是影响消费者到商业中心购物的主要因素；商业中心作为实体零售业载体，在消费环境、交通和景观体验等方面是网上购物无法取代的；商业中心的发展同时也受到规划管理的区域发展政策影响。

网上购物对实体商业空间产生重要影响。从消费者视角来看，价格便宜和节省时间是吸引他们选择网上购物的两个重要因素。相比于传统购物模式，网上购物在时间、商品选择等方面都有着很大优势。从商家视角来看，近年来，运营费用持续上涨，包括员工开支和物业租金等，加之销售增长乏力，利润空间遭受挤压，传统零售业的经营压力增大，在电子商务时代，实体商业购物中心可能会越来越受冲击。

为了应对网上购物的冲击，商业中心正从消费者、商业中心自身、规划管理者多主体角度提出相应策略，利用互联网技术手段，根植于商业中心文化特征，提升传统零售企业的市场竞争力。这一切同时也在不断地推动着商业中心空间发生演变。为了满足消费者对免费无线网络、智慧车库、门户网站、移动APP、手机支付和平安商圈等智慧商圈设施和平台建设的需求，商业中心努力实现线上有机融合，打造智慧商圈；发展购物体验式活动，提高软件服务和硬件设施建设水平；商业中心作为一个公共场所，不仅仅是买卖交易的场所，社会居民的社交、分享、娱乐等其他需求也要在公共空间中释放，多业态与重点业态经营相结合成为突出特点。

六、创新产业空间发展风起云涌

随着知识经济时代的到来,创新成为推动经济社会发展的新动力。中国政府确定了创新驱动发展战略,2015 年中国政府工作报告提出"大众创业,万众创新"。2015年3月,国务院印发《关于发展众创空间推进大众创新创业的指导意见》,提出加快构建众创空间。2015 年 9 月,国土资源部、国家发展和改革委员会、科学技术部、工业和信息化部、住房和城乡建设部、商务部联合出台《关于支持新产业新业态发展促进大众创业万众创新用地的意见》。我国城市中不同类型的创客、创意和创新空间随之取得了迅速的发展。

(一)创客空间

"创客空间"最早出现在欧美一些发达国家,是一种全新的组织形式和服务平台。通过向创客提供开放的物理空间和设备,以组织相关的聚会和工作场地,从而促进知识分享、跨界合作等,完成创意的实现以及产品化(徐思彦和李正风,2014)。2010年以后,"创客空间"在我国蓬勃发展。第一个诞生的"创客空间"是上海的"新车间",类似的还有"3W 咖啡""创新工场""柴火创客空间""洋葱胶囊",等等。

"创客空间"因其较小的体量、灵活的组织形式,所以分布较为分散、不固定,一般倾向与城市其他空间融合。空间上临近高校、科研机构、创新产业园区以及商务中心,还常见于居住社区。这些空间兼具工作、休闲、交往和学习等多重功能,具有信息密集、功能多样、流动性、共享性等特点。诸多"创客空间"以这些地区的咖啡馆为原型衍生而来,如北京"3W 咖啡"位于中关村海淀图书城附近,毗邻微软、腾讯、新浪、创新工场和优酷网。

(二)创意空间

作为集聚创新、创意活动的场所,创意空间将是 21 世纪大都市的重要功能单元。文化创意产业通过集聚逐渐发展成文化创意产业集群,并与大都市街区或地段相互促进和反哺提升,生产出大都市空间的新形态——创意空间(Evans,2009)。中国北京、上海、南京、杭州、深圳等大都市业已形成了诸多文化创意产业区/集群。

创意产业空间主要集聚在中心城区和近郊区,大量利用了城市的废弃厂房和仓库,以及历史老街,满足知识工作者和创意工作者对于空间文化性、历史性及创意性的需求。如北京 798 艺术区利用废弃国营电子工业老厂区,改造成具有"LOFT"特征的艺术文化区。上海田子坊,在政府支持下,利用古街风貌改造成为著名的艺术街。

(三)创新空间

创新空间作为一个创新系统,是为了推动知识经济发展而出现的物质空间形式,简单来说,就是以创造性研究开发(R&D)为主导的创新产业空间,如上海张江科技园、深圳南山科技园、北京中关村等。创新空间的形成是城市发展的必然产物,在知识经济社会,城市功能由"物"的生产与管理转向"创新""创意"生产,创新空间就是知识经济下创新的"工厂"与"车间"。

"创新空间"较"创客空间"规模更大、政策导向性更强,因此分布较为固定、集中,往往靠近科研院所与著名高校。与传统单一要素依赖产业相比,高新技术产业对智力资源和信息资源的依赖性更强,对资金、服务的需求更多,对环境质量的要求也更高。如北京中关村依托北京大学、清华大学和中国科学院等智力资源,集聚了金融法律服务机构、投资机构、孵化团队等,成为具有创新能力的新型创新区域。上海紫竹科技园依靠上海交通大学、华东师范大学,由大学园区、研发基地和浦江森林半岛生活园区三部分组成(图1.6),具有科研、人才、资本、产业等优势。

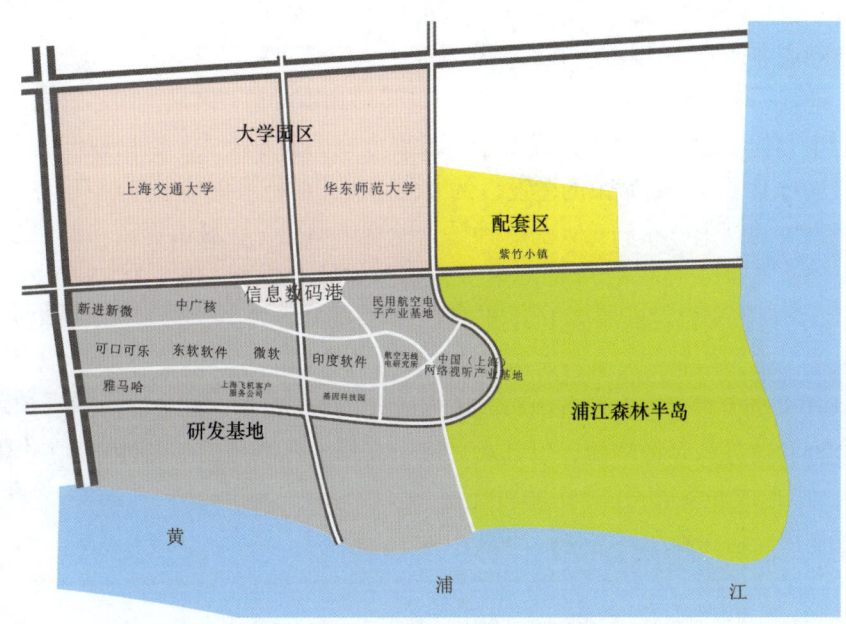

图1.6 上海紫竹科技园创新空间

资料来源:作者自绘

在创新创意空间发展的同时,创新型城市建设风起云涌。各级政府大力倡导创新型城市建设,并且制定和出台相关政策,鼓励创新型城市建设,在城市创新投入环节,政府大量的R&D经费支出,纷纷制定海内外创新创业人才引进计划。城市企业、高校和研究机构密切合作,城市创新能力得到空前发展。

七、房地产大盘和教育产业化空间发展迅速

(一)房地产大盘开发引领城市经济增长

房地产大盘开发是指我国经济发展到耐用消费品消费阶段后,住房消费逐渐成为

消费主体，房地产开发逐渐进入高潮（张英佳等，2014）。空间特征上，除了城市中心的见缝插针外，外围地区住宅开发项目体量大，如北京的泛海国际、林肯公园以及望京地区的住宅开发项目，上海的万里、大华、中原、新江湾城等。房地产大盘开发由大型或超大型房地产企业掌控，在旧城更新和土地供应郊区化的背景下，开发面积10万~30万 m^2 的大中型大盘应运而生，甚至超过100万 m^2 的大盘也屡见不鲜。

新时期，城市房地产大盘的开发模式主要分为：郊区大盘开发模式和城市中心大盘开发模式（谢晖，2003）。郊区大盘开发模式主要有：①主题社区模式，大盘开发服务于特定的对象或人群，常见的有老年社区、体育社区和教育社区等；②新市镇开发模式，借助于超大型房企的造城能力，在中心城市的郊区形成"边缘城市"，作为城市新的增长极带动周边地区经济发展；③产业驱动开发模式，受制于市中心的高地价，房地产大盘选择城市郊区具有产业优势的地区进行布局，驱动产业主要有休闲产业、体育产业和商务产业等。城市中心大盘开发模式主要分两种：一种是中心城镇开发模式，在城市土地规划和城市空间规划条件下，以建设城市副中心、区域性中心城市为目标，通过政府主导的基础设施投资建设为主要发展方式的开发模式，以房地产大盘开发为运营载体进行卫星城、新城镇的建设，例如北京通州的行政副中心建设、上海2035城市总体规划中的副中心布局等；另一种是紧缩城市模式，在城市更新和旧城改造的背景下，提倡密集而多元的城市空间结构，通过压缩城市功能，建立TOD和步行导向的邻里关系。房地产大盘在此基础上主张"都市综合体开发"，大盘内部包含商业、办公、居住、展览等多元功能，大盘与周边形成联系紧密、功能互补的复合生态。

房地产大盘大多建造在城市中心或城郊地区，现代大盘内部及周边同时具备居住、休闲、金融和商务等多种功能，以其大规模、高标准和高品质等特性会在短时间内集聚大量人口，形成经济增长极，在增加就业、地区经济增长和城市产业结构调整升级中，起到引领作用（何深静和刘玉亭，2008）。

（二）教育产业化空间

教育产业化空间是指依托教育资源，在学校内或学校附近，企业与学校进行合作或者双方产生联系，利用比较优势进行生产研究、促进创新创业，以提高劳动生产率和推动经济增长，这样的产学研活动所占据的空间。教育产业化空间的实质是教育资源的溢出效应，这种溢出效应包括知识的溢出和空间的溢出，企业在价值规律的驱动下，将这些溢出效应转化为经济效益和社会效益。教育产业化空间可分为学区房和高校产业园区等类型。

学区房是房地产市场的衍生品，是指学生家长为了孩子能够进入教育质量较高的学校，离开原来住所，以高成本购买的属于教育质量好的学校的学区的住房。对于学区房的投资，带有教育投资和房地产投资的双重属性（胡婉旸等，2014）。学区房产生的客观原因是家长的追捧，中国式"不让孩子输在起跑线上"的思维深入人心，而其最根本的原因则在于高质量教育资源的短缺和教育入学政策的不完善。当然，不可否认，不完善的市场经济运行规则也会导致天价学区房的出现。学区房的空间分布呈现显著的空间集聚性。学区房价格随着目标学校教育质量的提高而升高。城市中，学区房全部围绕教育质量较高的学校周围展开，而且教育质量越好的学校，学区房价格越高。学区房的价格并不真实反映建筑本身的价值，而是体现在隐性福利中，例如就读高质量学校的资格。因此，学区房价格是建筑本身价值的扭曲反映，却是市场规律的真实反映。

高校产业园区在空间上主要分为高校内部和高校周边两种类型。高校内部主要是指高校产业孵化园。高校产业孵化园是指设立在高校里面，由高校主导设立，实行优惠政策鼓励学生创新创业的空间实体。高校产业孵化园一般由高校、企业和学生个人三方合作的方式展开，一方面借助于高校的智力、人力和土地资源，另一方面依靠企业的市场渠道和营销经验打开销路，是一种新型的"校企合作"的人才培养路径。高校产业孵化园的优势在于将教育资源和商业模式有机地结合起来，在将知识转化为财富的过程中，也引导了创新创业精神的形成。高校周边主要是指外围大学园区。它是在地域上紧邻或围绕高校，并依托高校资源开发形成的产业园区。外围大学园区有两种发展模式：学生自发形成和当地政府规划形成，而我国大多数的外围大学园区是由政府主导规划而成。投资主体多元化是我国外围大学园区建设的主要特征，其普遍采取"政府资助、学校自筹和社会参与"的筹资方式。外围大学园区的存在对区域的就业、拉动消费具有积极影响，也可以作为高校、企业和市场联结的纽带，进一步促进产学研的深化推进。

八、郊区大农业空间日益多样化

改革开放以来，我国城市对农产品的需求和生态环境改善的要求促进了郊区农业的多样化发展。20世纪80年代，我国社会经济与城市化快速发展引发的大城市地区农副产品市场供求矛盾的日益突出，催生了郊区农业从一般农区农业中分离出来（李丽雅，2006）。以满足大城市副食品消费需求的定位决定了早期的郊区农业必然以生产蔬菜、瓜果等鲜活农副产品及初级加工农产品为主的产业结构，其功能仅局限于生产功能、不完整的生态功能等。伴随城市对农产品的生活消费需求与生产消费需求的变动，郊区农业类型不断演化。进入20世纪90年代，我国社会经济得到进一步发展，人们的生活状态逐渐从追求温饱向小康阶段迈进，城市对农业的非生产性功能需求日益强烈。社会经济的发展虽然提升了城市居民的物质文化生活，但也带来诸如大气污染、水污染等严峻的生态问题，由此引发人们对于城市的可持续发展和生态问题的思索。建设山水城市、生态城市的城市构想逐渐成为人们关注的焦点，郊区农业作为建设"生态园林城市"的重要组成部分，在我国城市发展的实践中应运而生。因此，在此时期，城市郊区农业的功能、产业结构、目标等得到重新思考和定位。适应城市发展和城市居民的多方面要求，郊区农业产业结构按照市场经济规律调整，其内在功能从原有的生产功能转向集娱乐功能、示范功能、生态功能等多功能方向发展，正实现从传统的郊区农业向都市农业的转变（干劲天，2001）。

伴随着城镇化发展与郊区农业产业结构的调整，郊区农业的空间布局也发生了很大变化。20世纪80年代，即我国郊区农业发展的早期阶段，源于郊区农业的性质及以满足城市居民农副产品需求的形成动因决定了郊区农业通常分布于城市的郊区范围内且与市区之间存在明显的地域边界。随着我国城市化的快速发展，城市建成区不断向外扩张，城市逐渐在地域上与郊区农业连成一片，甚至吞噬农业用地，进而导致郊区农业用地不断向外扩展的空间分布趋势。同时受到自身产业结构调整的影响，郊区农业在空间上呈现自近郊向外不断变化的结构功能渐次的格局，即随着与城区临近距离的递增，农业产品表现为从蔬菜、鲜奶等鲜活农副产品及花卉、果园等园艺性、观赏性较强的农业类型向粮棉等大田农业及畜牧养殖的转变，最终在城市远郊发展形成依赖当地自然、社会条件（如森林公园、乡村景点等）的以休闲度假为主的农业类型。

第四节　中国城市经济空间的新趋势

当前，我国经济发展正进入新常态，经济增长速度将"从高速增长转为中高速增长"，"经济结构不断优化升级"，经济发展动力"从要素驱动、投资驱动转向创新驱动"。认识新常态，适应新常态，引领新常态，是当前和今后一个时期我国经济发展的大逻辑。随着中国经济发展进入新常态，我国城市发展将面临新的局面、新的挑战和新的压力，集约高效、智慧城市、以人为本和健康养老将成为我国城市经济发展的主要趋势，并将深刻影响城市经济空间的发展和变化，催生城市经济空间的重组和新型城市经济空间出现。

一、存量空间优化

当前，我国城镇化转型发展的内在要求更加紧迫，城镇化发展由速度型向质量型转变势在必行。随着我国城镇建设大规模扩张与土地资源短缺的矛盾日益突出，如何积极盘活和充分利用存量空间，优化城市的功能布局，提高用地的集约化水平，对城市发展具有重要的现实意义。

未来城市空间发展将进入存量优化阶段，发展方式将从粗放向集约转变，从而提升城镇化质量。2013年的中央城镇化工作会议和2014年的国家新型城镇化规划，都提出了要严格限制特大城市规模，控制建设用地的"天花板"，也提出了划定城市增长边界、划定城市生态红线的要求。以开发区为代表的园区经济将终结。2013年中央城镇化工作会议提出减少工业用地，适当增加生活用地特别是居住用地。可见，未来中国工业用地政策将被调整，并直接冲击地方政府传统的土地招商模式，地方政府必须调整依靠廉价土地供给和税收补贴的方式进行工业园区建设的思路。集约高效利用土地将成为我国城市产业结构调整优化以及城市功能升级的抓手。旧城更新、棚户区改造等存量土地改造将不仅拓展城市的经济发展空间，还将带动金融业、服务业、运输业等相关产业的发展，极大推动城市功能的提升和城市面貌的改变。

二、智慧空间增长

顺应现代科技和信息化发展趋势，2014年的国家新型城镇化规划提出推进智慧城市建设，统筹城市发展的物质资源、信息资源和智力资源利用，推动物联网、云计算、大数据、人工智能等新一代高新技术创新应用，实现与城市经济社会发展深度融合。智慧空间的出现和快速发展将成为未来城市空间中的重要特征。

当前，以互联网为依托的电子商务对城市零售空间产生的深刻影响正在凸显，实体商业的空间格局、功能和业态正面临严峻挑战，未来实体商业将从业态和空间方面提升消费者体验，通过功能复合吸引更多人群，凭借智慧媒介打造信息化服务，从而实现城市商业转型。互联网时代将不仅仅局限于电子商务，"互联网+"孕育而生。当前，"互联网+"还处于初级阶段，未来我国"互联网+"将重点在互联网+工业、互联网+商贸和互联网+金融等方面获得长足发展，将极大地影响当前的城市经济空间。

智慧城市和智慧空间的发展还不仅仅局限于互联网的应用。广义的信息和通信技术（ICT）、大数据、云端计算、人工智能以及自动化技术都会城市空间出现革命性的变化。智慧城市建设方向包括信息网络宽带化、规划管理信息化、基础设施智能化、公共服务便捷化、产业发展现代化和社会治理精细化。智慧城市建设将在"互联网+"的推动下，采用互联网思维、开放包容的网络、开放的数据基础设施、在线化和数据化的方式，以及一体化管理结构，激发市民的普遍参与、创造优化来建设和运行城市，构筑"创新、包容、开放、透明"和"市民为本"的城市。

智慧空间出现是适应知识经济时代发展的需要。城市产业结构由传统的物质生产为主的经济模式转向知识产业及高技术产业为主的经济模式。未来随着知识经济的兴起和国民经济和社会信息化进程的加快，城市将从以商品为中心的服务向以知识和信息为中心的服务转变，由制造业中心和商品贸易中心转变为信息和知识生产和聚散中心、管理决策中心、观念与技术创新中心。城市的创新创业功能越来越成为推动城市发展的主要动力。

智慧空间也是解决未来可能出现的大城市病的重要手段。未来的20~30年里，全世界城市化水平预计将高达70%，全球人口超过1000万的巨型大城市数目将快速飙升，大量的人口向这些城市集聚将会给这些城市的基础建设、秩序和安全带来空前的压力。而智慧城市建设和智慧空间增长将有助于解决这些问题。据美国公布的《2016~2045年新兴科技趋势报告》，未来将普及使用分散探测系统将实时监视城市用水用电数据；通过智能交通信号系统以及自动驾驶系统来减缓车辆堵塞的程度；利用由新材料和新设计技巧所建的智能建筑来提高空调和照明系统的效率，减少能源浪费；使用屋顶太阳能板、小型风力发电机、地热发电,以及其他可再生资源提供干净的电力。

三、人文空间回归

改革开放以来的城市服务业发展,打破了计划经济时期形成的生产功能占主导地位的局面,城市消费功能逐渐回归。2015年中央城市工作会议进一步指出,城市发展应当以"人"为核心,"以人为本"不断完善城市管理和服务,让百姓在城市生活得更方便、更舒心、更美好。未来城市发展目标将由过去注重GDP开始转向关注民生、关注社会的发展,实现从"以城为本"向"以人为本"的转变。

城市经济空间将越来越强调"人"在其中的重要性。在宜居空间塑造方面,在尊重人的尺度,以市民步行可及范围形成方便快捷的社区生活圈,并以此为单元优化公共资源配置、组织慢行系统,加强社区服务场所建设,以公园、学校和社区商业综合体为载体促进邻里交往、组织社会生活网络,逐步形成市民的社区认同。在增强可达性的同时,城市空间建设也将更加注重市民的参与度和体验度,即通过复合化、多样化功能空间的设置,营造出人性化、充满活动的城市空间环境。同时,从人的结构需求出发,精细化设计公共空间中的各类设施,增加城市的细腻度和质感,打造鲜明的场所精神等。

城市经济空间将不仅仅是物质生产空间,更是人们宜居、宜业的生活空间。城市经济空间向人性化回归,将真正体现出以人为本的城市功能本质。可以期待,城市将使生活更美好。

四、养老空间显现

当前我国老龄化问题格外严峻,老年人口基数大且增长速度快。据中国统计年鉴,截至2015年年底,65周岁以上老年人1.43亿,约占总人口10.5%,而在1982年该比例仅为4.9%。与此同时,政策支持持续加大。继2013年国务院印发《关于加快发展养老服务业的若干意见》首次提出养老服务业后,2015年民政部、国家发展和改革委员会等10部门联合印发《关于鼓励民间资本参与养老服务业发展的实施意见》,进一步降低准入门槛,引导社会资本进入养老服务业。

老龄化是一个社会问题,但这个问题的解决不能仅仅依靠社会学的研究,而且要与城市空间资源的配置实践过程相结合,使社会问题有空间载体的解决方式(李小云和田银生,2011;郭金华,2016)。与其他经济空间不同的是,这种健康保健空间的形成和发展均需要优先考虑特定群体——老年人的特征及其对空间的偏好(杨林生等,2010)。在心理上,老年人容易产生孤独感,渴望被爱、被尊重、被需要。在城市中尤其是在原社区的基础上,根据老年人的特点新建或者对原有社区进行改建,有着很强必要性和可行性。这样的空间安排使老年人不仅能与子女和熟悉的邻里社区靠近,又能享受城市生活的便利,充分满足老年人的娱乐、文化、交往等需求。当然在此基础上，生态环境质量高的城市公园、公共绿地等区域是更好的空间选择。在生理上，老年人身体机能下降，对外部环境的适应能力退化，具有良好自然环境的郊区更有益于老年人保持和恢复身体健康，但要同时考虑在郊区配套医疗设施，老年人患病概率大大高于其他年龄阶段，而目前中国最先进的医疗设备和最顶尖的医术人才仍集中在城市，易地治疗很可能会耽误最佳救治时机。另外，从生活行为上来看，在老年人活动范围有限，参与社会活动强度和频率也比较低。因此配套的公共服务在空间上最好与居住区临近，并集中分布，尽量布置在步行可达的范围内。

养老服务业和老龄产业将成为新的经济增长点，是未来城市经济空间的重要组成部分。而城市经济空间在对这一特定弱势群体的关注过程中，既要注意满足老年群体空间利益，又不损害其他群体的利益，实现空间利益的合理分配，促进城市向老年友好型发展。

第二章 特大城市经济空间的多中心化

要素和企业在城市集聚源于递增的集聚经济收益,但当经济活动过度集聚后,将对城市内的经济活动产生负外部性,交通拥堵、基础设施短缺、要素成本迅速提升等或将涌现,这些负外部性所带来的分散力增强将促使经济活动区位选择在更大的空间内综合权衡。我国自改革开放以来,伴随着经济的快速发展,城市化进程加速推进,农村人口不断向城市集聚,城市规模迅速扩大,以东南沿海城市规模增长更为突出。与此同时,北京、上海、广州等超大、特大城市已出现就业分散化和多中心化趋势。市场力量在多中心化过程中发挥了主要作用,政府规划引导作用尚有限。多中心结构在经济、交通、生态和抑制地价上升等方面显示出较好的绩效,但也存在着尺度的异质性。

第一节 中国城市经济空间的集聚与分散

地域辽阔、人口众多、要素分布差异化是我国地域空间基本特征,决定了不同地区发展阶段的差异性,也直接导致了城市集聚与分散结构的多样性。从城市的空间区位来看,"胡焕庸线"以东地区,尤其是东部沿海地区,城市个体的就业规模普遍大于中西部地区,具有更高的经济集聚程度。从城市规模等级来看,规模较大的城市,通常处于更高的经济发展阶段,往往面临核心功能疏解、中心与外围合理分工的分散化趋势,而中小城市与小城镇仍然主要以向心集聚为主。从不同产业来看,服务业更倾向于在中心城区集中,工业则逐渐呈现向外围地区分散的趋势。

一、东部城市就业规模普遍高于中西部城市

从就业总量的空间分布来看,东部地区是我国就业的最主要集中地。根据中国人力资源市场资讯监测中心提供的最新统计数据,东部地区吸纳的就业总量占到全国的40%以上。与总量相一致,东部单个城市的就业规模也普遍高于中西部。根据2010年

第六次人口普查,从全国287个地级及以上城市的市区就业规模来看,东部115个城市,平均就业规模达到105万,远高于中部的38万和西部的44万。

再从不同规模城市的个数来看,如表2.1所示,5个500万以上就业规模的城市均位于东部地区;300万~500万就业规模的城市,东部占据4个,高于中部1个和西部2个;同样,50万~300万就业规模的城市,东部地区的数量也大大高于中西部;而20万以下就业规模的城市,东部则明显少于中西部。

表2.1 不同就业规模城市的空间分布

	东部	中部	西部	总计
500万以上	5	0	0	5
300万~500万	4	1	2	7
100万~300万	20	6	5	31
50万~100万	22	8	3	33
20万~50万	44	58	18	120
20万以下	20	37	34	91
总计	115	110	62	287

资料来源:根据2010年全国第六次人口普查数据整理。

二、大城市的分散与中小城市的集聚

大城市发展基础优越,功能多样化程度高,公共服务水平普遍较高,在初始发展阶段吸引了大量人口、产业活动的聚集,城市规模得以迅速发展壮大,对要素的吸引力水平不断提升。但是,随着人口、功能在城市中心的过度集中,发展水平较好、规模较大的城市将面临要素过度集聚所带来的压力,负外部性随之凸显。城市内部,居民通勤成本提升,生态环境压力巨大,房价攀升,企业运营成本提升,久而久之,中心城区内部分企业选择搬迁至外围地区,就业空间向外分散的特征愈加明显,这种分散化的特征在以北京、上海为代表的特大城市已经显现。我们以全国30多个超大、特大城市市区为样本所展开的计量分析显示,在控制其他经济增长要素后,多中心化程度高的城市,其劳动生产率也更高(孙斌栋等,2015a),这从一定程度上表明大城市多中心化与经济绩效的相关性。

多中心化形成的前提是就业分散化,这种特征在大城市已十分普遍。以上海为例,我们对上海都市区进行分圈层划分,具体划分为中心城核心区、中心城边缘区、近郊区和远郊区4个类别①,针对分圈层就业密度进行对比分析。从就业密度绝对值动态

---

① 具体划分方法参考高向东等的研究成果,划分基本上反映了各行政区域与城市中心的空间距离关系,中心城核心区大部分位于内环线以内,中心城边缘区位于内外环线之间,近郊区位于外环以外并与外环相邻,远郊区则指不与外环线相邻的更远行政区。中心城核心区包括黄浦区、虹口区、卢湾区、静安区;中心城边缘区包括徐汇区、长宁区、杨浦区、闸北区和普陀区;近郊区包括浦东新区、闵行区、宝山区和嘉定区;远郊区包括松江区、金山区、青浦区、南汇区和奉贤区。

中国城市经济空间

变化来看（表 2.2），中心城核心区就业密度已显现下降趋势，中心城边缘区就业密度虽在 2008 年有小幅回升，但是就长期来看仍是下降的，而近郊区、远郊区的就业密度则始终在上升。从就业份额变化来看，1996 年中心城边缘区与近郊区仍然是就业的主要贡献区域，两者就业份额之和达到 59%；而后核心区和边缘区就业份额不断降低，近郊区与远郊区就业份额不断上升，从 2004 年开始，近郊区与远郊区开始成为都市区就业的主要贡献区域，两区就业份额之和已超过 60%。

表 2.2 上海都市区分圈层就业密度和就业份额的变化

所在圈层	就业密度 /（千人 /km²）			就业份额 /%		
	1996 年	2004 年	2008 年	1996 年	2004 年	2008 年
中心城核心区	43.6	26.33	26.01	24.0	15.7	13.6
中心城边缘区	11.93	8.58	9.49	31.0	23.3	22.7
近郊区	1.41	1.72	2.16	28.0	37.3	37.9
远郊区	0.47	0.64	0.77	17.0	23.7	25.8

资料来源：根据上海市历次经济普查数据整理。

随着分散化特征不断深入，城市外围地区开始涌现"再集中"的现象，即形成新的城市中心（孙斌栋和魏旭红，2016）。通过梳理整合相关文献的研究结论，可以基本认为，大城市，尤其是具有一定影响力的区域中心城市，在就业分散化的不断驱动下，旧有的单中心集中式空间发展形态开始逐渐向多中心化发展，即城市外围开始出现集聚程度较高的副中心。如表 2.3 梳理总结所示，现有研究以人口、住房等数据为基础，以北京、广州、上海、南京、西安、兰州等城市为研究对象，得出相对一致的结论，即城市空间内部的要素分布逐渐趋向均衡，城市空间结构开始从单中心向多中心发展，且城市外围地区的副中心集聚程度也在不断提升。

表 2.3 大城市经济空间多中心化特征梳理归纳

研究学者	研究地域	研究数据与年份	参数模型拟合结果	空间演化结论
冯健和周一星（2003）	北京	1982 年、1990 年、2000 年人口普查	Smeed 更适用于北京都市区人口密度分布拟合，多核心模型回归下，1990 年双中心初步显现，2000 年多中心更加明显	郊区化主体仍属"近郊化"，副中心在人口分布方面开始发挥作用
周春山等（2004）	广州	1982 年、1990 年、2000 年人口普查	Newling 模型对人口密度分布拟合较好	人口分布多中心化趋势明显
王桂新和魏星（2006）	上海	1996 年、2001 年基本单位调查	从业劳动力分布总体上呈都市区密度最高、由此向外依次降低的负指数函数分布	城市中心周边人口增速迅猛，单中心逐渐向多中心结构转变
谢守红和宁越敏（2003，2006）	广州	1982 年、1990 年、2000 年人口普查	人口密度分布符合负指数模型	人口郊区化主要表现为近域推进

续表

研究学者	研究地域	研究数据与年份	参数模型拟合结果	空间演化结论
吴文钰和马西亚（2007）	上海	1990年、2000年人口普查	多核心模型更能模拟上海人口密度分布，经典的单中心模型（负指数模型与smeed模型）随不同尺度变化而拟合优度不同	人口分布逐步趋向均衡，其原因是中心区人口向外围地区迁移，人口的郊区化过程开始出现
秦波和焦永利（2010）	北京	2001年、2005年随机抽样住房价格	基于天安门、CBD、中关村和奥林匹克中心的城市多中心模型越来越优于单中心模型	人口空间结构已经从简单的单中心结构变为复杂的多中心结构
张志斌等（2013）	兰州	1982年、1990年、2000年人口普查	采用高斯模型，兰州形成"双中心"空间结构，人口密度由"中心"向四周逐渐缩小	住房价格分布逐渐向多中心化演变
蒋丽和吴缚龙（2013）	广州	2000年、2010年人口普查	负指数模型对于中心城区人口密度分布解释力较强，面向市域总体，多核心模型拟合优度有所提升	人口分布多中心化更加明显，副中心的人口集聚功能逐渐增强
秦贤宏和魏也华（2013）	南京	1990年、2000年、2005年人口抽样调查	南京都市区范围内的人口密度分布与负指数模型日益相符，多核心模型拟合结果显示，部分副中心已开始发挥作用	近郊是人口扩张主要区域，城市人口空间分布已经呈现多中心化发展趋势
米瑞华和石英（2014）	西安	2000年、2010年人口普查	负指数模型与对数模型对于西安人口密度分布拟合较好，多中心人口密度模型	2000年西安市人口空间结构为单中心集聚，2010年西安市的人口空间结构已呈现多中心形态

资料来源：根据文献梳理绘制。

与大城市相比，中小城市的分散化特征并不明显，仍然以向心集聚为主。这种以发展模式符合其当前发展诉求，同时可以满足其对经济绩效的要求。我们曾将全国286个地级市市域按照规模进行分组，检验其要素空间分布形态（单中心/多中心）与城市经济绩效的关系。研究结果显示，对于第二、第三产业劳动力规模在100万以下的城市来说，空间结构的单中心程度越强，经济绩效表现越好，也就是说，要素向心集聚式的发展对于中小城市而言，会促进更好的经济增长（孙斌栋和李琬，2016）。这样的现象也易于理解，在达到一定规模之前，集聚作用所带来的正外部性远大于不集聚经济产生的负外部性，在这样的作用下，要素将倾向于进一步集聚。

三、服务业的集聚与工业的分散

在市场力量作用下，城市内部经济空间开始呈现复杂的新特征。在地价、劳动力市场、消费者需求等多方面的共同作用下，这种新特征大体体现在以下几个方面：首先，从功能体系角度来说，城市内部的专业中心体系逐渐形成；其次，不同行业空间布局特征各异，占据不同城市空间，城市中心是以商贸功能为主的中心商业区或中央商务区，而城市郊区大多分布着从中心外迁出来的工业企业，开发区与产业园区为这些分散出来的工业提供了再集聚的空间支撑。大城市内部逐渐形成主—副中心共同构成的中心体系。城市中心的功能也开始分化，呈现更加多样化和专业化的特征。以北京为例（图2.1），天安门广场地区承担国家政治中心功能，随着城市发展，在三环路附近的朝阳门外、公主坟、海淀等地开始出现新的市级商业中心。随后，位于朝阳北路及朝阳路至通惠河北岸，具有金融、保险、信息、咨询、商业、文化和商务办公等多种服务功能的朝外商务中心区开始形成。2008年以后，随着奥运会的举办，鸟巢、水立方、国家奥林匹克公园等体育中心目前已逐渐向主题会展中心转型，专业化中心职能不断丰富。再以南京为例（图2.2），20世纪90年代以来，新街口地区是以金融、商贸、商务、娱乐、办公、信息为主的综合性城市公共中心，河西副中心主要以商业、金融、文化、科技、体育为主，后期，其他专业职能的中心也不断完善和发展，除新街口与河西之外，湖南路地区、夫子庙地区、中央门地区也形成了具有一定规模的商业中心，玄武湖东侧还形成以会展为主的专业职能中心。

从不同行业空间布局来看，一方面，金融、高端商务办公类行业高度集中于城市中心地区，如北京有金融街，上海有陆家嘴，这些区域是专业化程度极高的高端现代服务业中心，集中了大量银行、证券等现代金融业企业。另一方面，制造业企

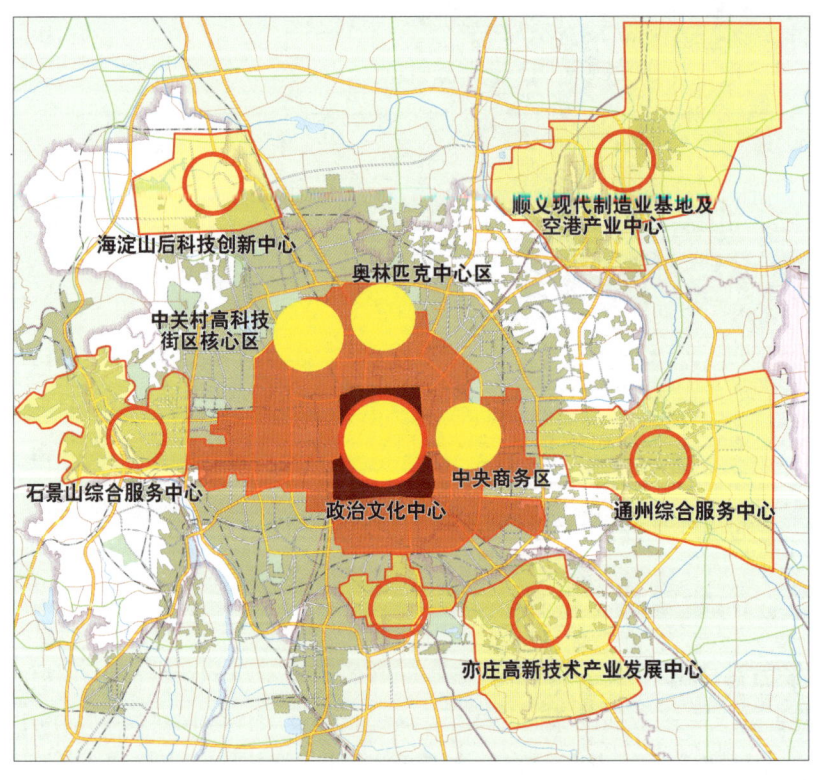

图 2.1　北京日渐明显的专业中心体系示意图

资料来源：根据熊国平（2005）图 3-1 修绘

第二章　特大城市经济空间的多中心化

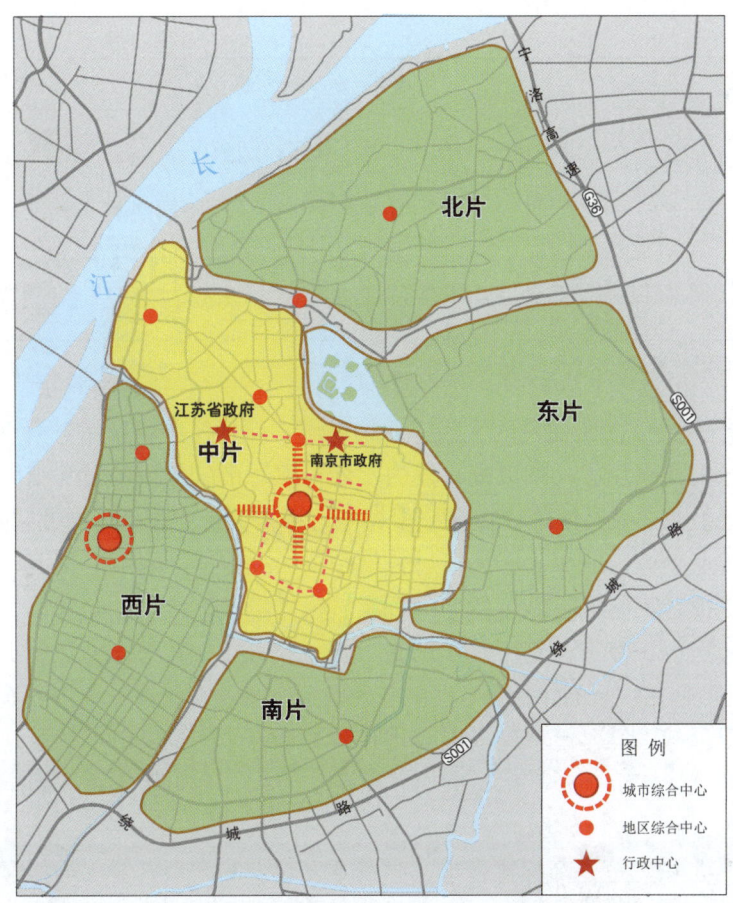

图2.2　南京多中心空间结构示意图
资料来源：根据熊国平（2005）图3-2修绘

业逐渐向城市外围地区搬迁，考虑到成本收益与城市产业结构变迁升级的客观需要，诸多城市选择在城市外围建立开发区、产业园区为外迁的制造类企业提供空间支撑。以上海为例，结合中心城区采取"退二进三"策略，欲在内环线与外环线之间大力发展都市型产业，大量开发区在郊区蓬勃而起。随着不同时间阶段推进，上海的工业用地大体上可以分为如下几个类型，不同阶段的工业园区运作模式还存在一定差异（表2.4）。

表2.4　上海都市区工业园区建设分阶段发展梳理

时间阶段	标志	政府干预手段	典型案例
1980年以前	大型工业"卫星城"	计划经济指导下由中央政府和市政府联合投资开发； 土地归属政府； 工厂由政府建立管理	宝山的宝钢集团（宝山） 金山的石油化工（金山） 安亭的汽车制造（嘉定）

中国城市经济空间

续表

时间阶段	标志	政府干预手段	典型案例
1980~2000 年	大型开发区	政府和市场共同作用下联合投资开发；政府负责拆迁、土地平整和基础设施建设；私人投资者完成工厂建设	闵行经济技术开发区（闵行） 张江高科技园区（浦东新区） 外高桥保税区（浦东新区） 金桥出口加工区（浦东新区）
2000 年以后	小型分散工业区	建立土地市场和资本市场，推行"退二进三"；中心城区大量工业用地转化为居住和商业用地	未来岛物流科技园区（普陀） 新杨工业园区（普陀） 城市工业园区（宝山）

资料来源：根据秦波（2012）企业空间结构与区位选择整理。

（1）改革开放以前所建设的大型工业卫星城，计划经济色彩相对浓重。在政府指导下，都市区内部改变了长期以来自发的、依托现有市区伸展的混乱布局模式，而是有计划地兴建了一批卫星城。1958 年，根据上海市委关于"在上海周围建立卫星城镇，分散一部分工业企业，减少市区人口过分集中"的决定，上海第一批卫星城的建设正式启动，这一批选定的卫星城包括老闵行江川路一带、吴泾镇、安亭镇、嘉定镇、松江镇（今岳阳街道一带），实行差异化的产业发展引导。其中，吴泾和安亭并没有人口聚集基础，只是在政府的作用下，直接将大型工业企业安置在远离中心城区的地域。这一时期的卫星城建设对于就业多中心化起到了一定作用，可以在就业副中心识别的结果（详见本章第二节）中看出，宝山、嘉定、闵行、金山始终存在副中心，早年的大型工业企业起到了关键作用。

（2）随着市场力量逐渐深化，这一时期开发建设的大型开发区运作模式也与改革开放前大有不同，政府干预力度有所降低，企业工厂的基本建设开始由私人投资者决定，政府负责初始的园区建设投资与基础设施铺建。同期，20 世纪 90 年代初的土地利用制度改革也是重要的转折点，中心城区内部工厂可以通过卖出土地而赚取盈利，因此部分企业自身也开始产生了向城市外围地区搬迁的动力。这一时期成立的开发区级别较高，多为国家级开发区，浦东新区在这一时期蓬勃发展，金桥出口加工区、张江高科技园区、外高桥保税区均在这一时期投入建立，2004 年开始，浦东新区也开始有稳定的就业副中心被连续识别出来（详见本章第二节）。

（3）2000 年以后，上海都市区内掀起了市级开发区建设浪潮，这一期间开发区的空间分布特征较为明显，一部分集中在中心城区内部小规模零散分布；另一部分则主要分布在远郊地区，如奉贤区奉城镇的工业园区，金山区朱泾镇的朱泾工业园区等，这些园区主要希望通过招商引资的方式，聚集更多的企业，吸纳更多的本地就业。

第二节　特大城市经济空间的多中心化趋势

我国大城市尤其是北京、上海、广州等超大、特大城市，近 10~20 年来，城市经

第二章 特大城市经济空间的多中心化

济空间开始呈现分散化甚至多中心化趋势,同时,城市政府为了缓解城市拥挤,在空间政策上也倾向于引导多中心发展。

一、经济空间的分散化

近年来,东部沿海地区城市总体的用地扩张速度十分突出,规模越大的城市用地扩张速度越快(李加林等,2007)。北京、上海、广州、哈尔滨、大连、武汉、重庆、西安、成都、长春、天津、南京、沈阳13个特大城市建设用地面积扩张了1060 km²,占全国总扩张规模的12.5%左右。土地规模扩张为城市经济空间结构演变提供了空间基础。随着中心城市集聚不经济现象不断凸显,原先集中在中心城区的部分企业厂商开始选择外迁到外围地区,在一定程度上形成了就业分散化。

以特大城市上海为例,以上海分街道就业密度的演化特征为核心数据,以就业密度最高的街道空间单元外滩街道作为就业主中心,局域加权回归结果显示,随着时间推移,就业由中心城区向郊区分散的趋势较为明显。如图2.3所示,纵轴是就业密度对数,横轴是各基本空间单元到就业主中心的距离。就业主中心(外滩街道)及其周边半径约2 km以内的地区就业密度始终下降。距主中心2 km到10 km的地区就业密度在1996~2004年间明显下降,在2004~2008年基本保持平稳。而距就业主中心10 km以外的地区,就业密度则持续上升。其中,距主中心10 km到45 km的地区,就业密度增长幅度最为明显,距主中心60 km附近地区,就业密度增加幅度达到次高值。这说明,都市区就业整体的分散化趋势十分明显,距主中心10 km以内地区就业密度从长期来看是下降的,而距主中心10 km以外的区域已逐步显现稳定集聚的特征。

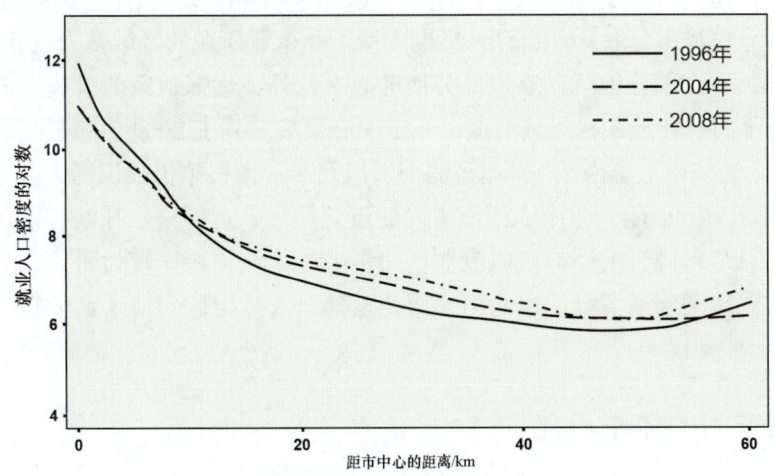

图2.3 上海都市区就业密度分布的局部回归拟合

资料来源:根据孙斌栋和魏旭红(2014)图1重绘

中国城市经济空间

同样地，孙铁山等（2012）应用相同方法对北京都市区的就业空间分布进行分析，结论与上海相似，局部加权拟合图如图2.4所示，2004~2008年，北京都市区就业空间布局变化并不非常明显，但拟合结果显示，4年间北京都市区就业密度在距市中心35 km范围内略有上升。

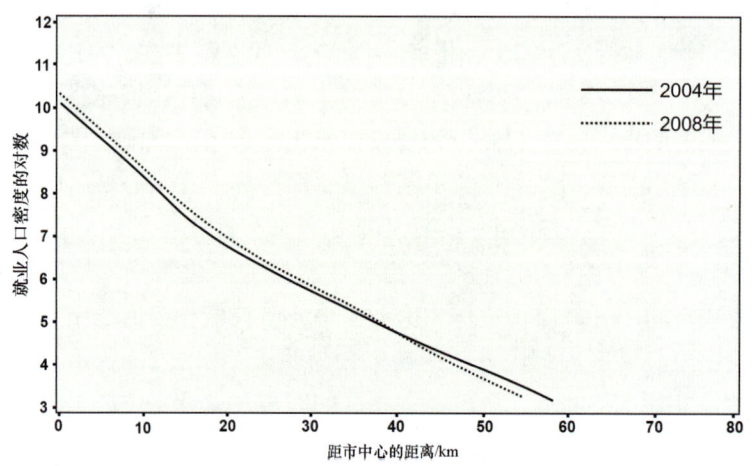

图2.4　北京都市区就业密度分布的局部回归拟合

资料来源：根据孙铁山等（2012）图1-b重绘

二、就业副中心的形成

就业分散化发展到一定程度，将在城市外围地区形成再集聚，形成都市区内部的就业副中心。以上海为例的深入研究证明了这一点。如图2.5所示，1996年的上海就业副中心的分布较为分散，可以看出，早期大型工业企业所在的区域多为显著的副中心，如吴泾地区、宝山部分地区、嘉定部分地区等，此外，远郊地区的就业副中心多集中在该区行政部门所在地，在局域形成了一定中心聚集。到了2004年，近郊的副中心数量较为稳定，远郊南汇惠南镇、青浦盈浦街道以及奉贤南桥镇仍被识别为就业副中心，其他并不显著。2008年，主中心西南方向的近郊闵行、远郊松江开始有就业副中心被识别出来。总结来说，上海都市区就业空间多中心化演化特征较为明显，从最初的一般分散化，到后期逐渐清晰的以西南、西北近郊以及金山远郊地区副中心所构成的多中心化。

三、经济空间的多中心化

尽管分散化是多中心化的前提，但多中心化并不是简单的分散，与蔓延存在本质区别。最明显的区别就在于，多中心化空间框架内存在多个独立组团，空间上并不接续连绵。那么应该如何测度城市的多中心程度呢？我们认为应该从两个角度对多中心

第二章 特大城市经济空间的多中心化

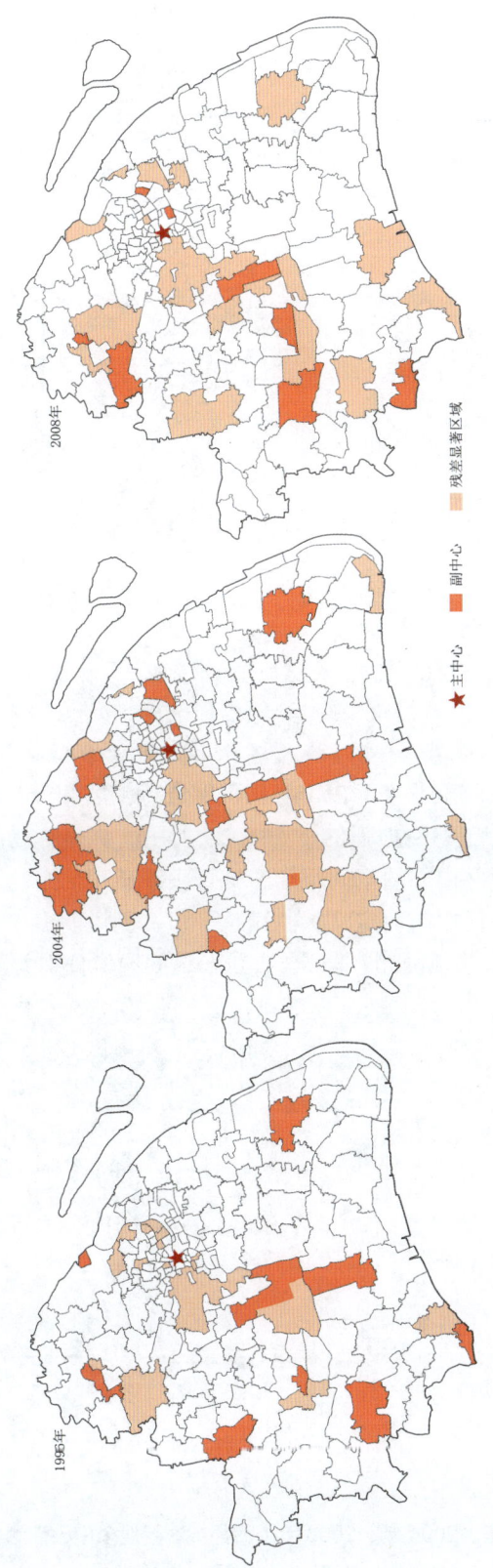

图 2.5 上海都市区就业副中心识别结果

资料来源：根据孙斌栋和魏旭红（2014）图 3 修绘

图中仅包括研究区域范围，即上海市域去除崇明县，2008 年时长兴横沙已划归给崇明县管辖，故图中未表示

中国城市经济空间

程度进行考察，第一个角度考虑就业中心在规模方面的影响力，即在控制其他条件不变的情况下，主副中心规模差距越小，则多中心程度越高；第二个角度考虑就业中心在空间距离方面的影响，即在控制其他条件一致的情况下，副中心距离主中心越远，则空间结构的多中心化程度越高。综合以上，如图 2.6 所示，空间示意形态 A 较 B 具有更高的多中心化程度。

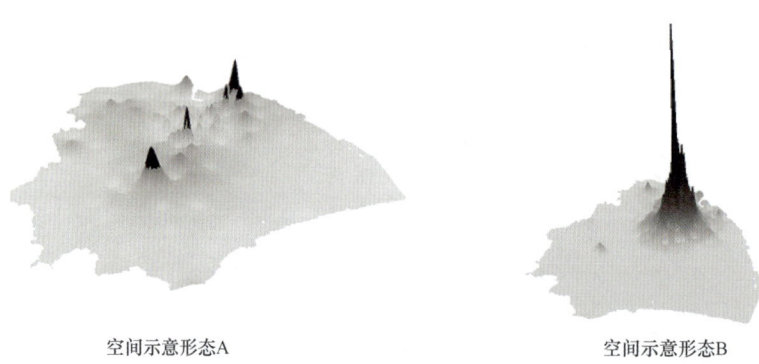

图 2.6　城市空间结构分析示意图
资料来源：作者自绘

基于此定义，我们对上海就业空间多中心化程度进行测度和分析，结果显示，上海就业空间多中心化程度是在不断加强的。如图 2.7 所示，纵坐标是就业中心的就业密度，横坐标是就业中心距主中心的空间距离，拟合直线斜率的平均值作为不同年份就业多中心性的判断标准。根据前面定义，曲线越平坦，则说明多中心化程度越强。据此方法计算，1996 年、2004 年和 2008 年拟合直线斜率的均值分别为 –3.6872、–1.0934 和 –0.9402，斜率绝对值是下降的。因此，上海都市区就业空间的多中心性是在增强的，就业主中心、副中心之间的发展趋于均衡。主副中心之间规模差距明显缩小，且副中心与主中心的空间距离逐渐拉大。

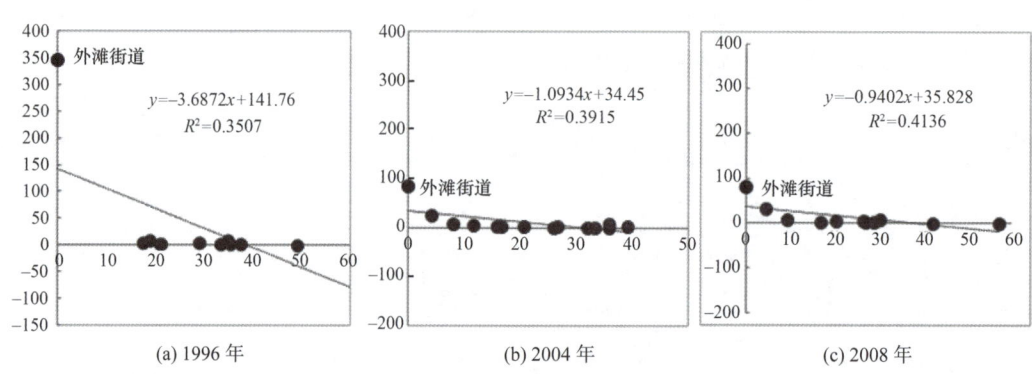

图 2.7　1996 年、2004 年、2008 年上海都市区就业多中心性测度
资料来源：作者自绘

与上海的情况类似,北京就业空间也在逐渐呈现多中心化的态势。孙铁山等(2012)对北京都市区内部就业副中心研究显示(图2.8),2004年,北京都市区范围内识别出的就业副中心有7个,分别为海淀区永定路街道、双榆树-上官村街道、上地街道、石景山古城街道、房山区迎风街道、通州新华街道和顺义胜利街道。2008年,被识别出来的就业副中心数量有所减少,共5个,分别为海淀区双榆树-中关村、上地街道、羊坊店街道、朝阳和平街街道和房山迎风街道。尽管就业副中心数量有所减少,多中心性有所降低,但多中心化特征依然明显。从2004~2008年的变化情况来看,四年间稳定存在的就业副中心有3个,分别是海淀区的双榆树-中关村街道和上地街道,以及房山区的迎风街道。从空间分布情况来看,副中心分布与都市区经济产业结构调整息息相关,副中心分布由西北部向东北部扩展,主要体现在朝阳区的和平街街道在2008年被识别为就业副中心,这一区域是首都城市功能拓展区,是北京未来发展商务、服务的重要区域。此外,依托首钢作为就业副中心的石景山区的古城街道,2008年时已不再显著,主要是以首钢搬迁为代表的制造业外迁的结果。

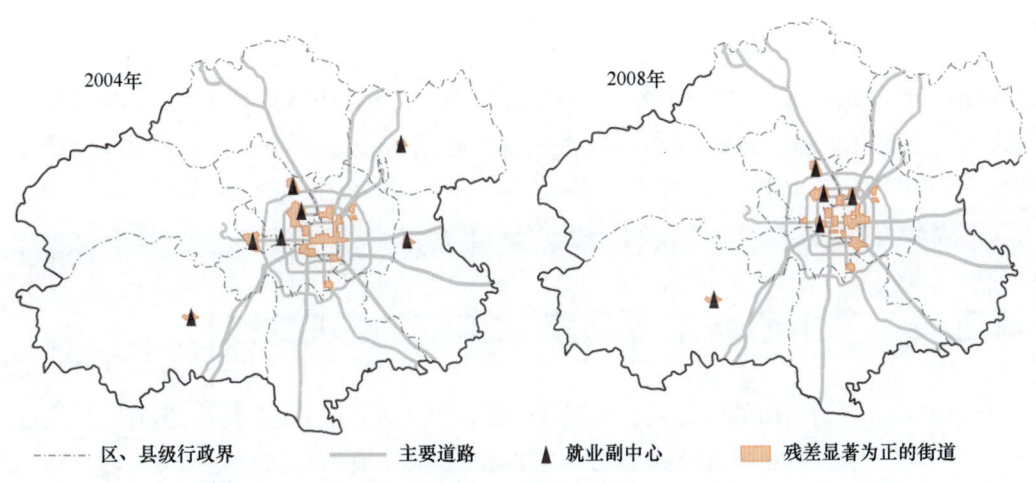

图 2.8　2004 年、2008 年北京都市区内部就业副中心示意图
图片来源:根据孙铁山等(2012)图 3 修绘

放眼纵观国内诸多大城市,事实上,不仅是北京、上海,越来越多的大城市显现出多中心化趋势。随着分散化加强,城市外围组团不断壮大。周春山(2013)以中国 100 万人口以上特大城市中的直辖市、具有地方立法权的"较大的市"等条件构成的 52 个研究样本,通过统计计算城市面积-周长紧凑度发现,样本中将近 70% 的城市面积-周长紧凑度在不断下降,这说明,多中心化的趋势在不断加强,外围组团不断发展壮大。该研究同时发现,一般而言,多中心化趋势明显的城市主要包括,交通发达、便利的城市(如哈尔滨、郑州、石家庄等),跨江跨海组团式发展的城市(如武汉、重庆、杭州等)以及郊区卫星城镇发展较好的城市(如上海、北京等)(叶昌东和周春山,2013)。

四、产业与空间演化差异性

城市空间集聚与分散的程度与城市主导产业相关，原因在于不同产业的企业会因利润最大化目标而灵活调整区位，例如，当制造业无法承受中心城区的土地成本、劳动力成本时，则会选择向外围地区迁移，而服务业因更看重面对面的交流而倾向于空间集聚。以北京和上海为例，市场作用下存在的产业结构差异或可被看作是导致北京、上海当前就业空间特征存在分异的原因之一。

2010年北京市服务业占GDP比重已达75.1%，制造业比重相对较低。在这样的背景下，北京城市空间结构开始更多地受到服务业发展布局的影响，而服务业更倾向于集聚布局，导致大尺度的就业呈现再度向心集聚的发展特征。北京就业副中心的发展现状与我们的判断有一定吻合程度，目前，稳定的副中心主要分布在传统城市商业区（如公主坟街道、海淀永定路街道等）和科学技术园区（如中关村街道、上地街道），这些副中心以服务性职能为主；远郊的就业副中心数量在减少，与制造业企业、大型项目的迁移有一定关系，如首钢搬迁之后，石景山区古城街道在2008年不再是显著的就业副中心。上海的服务业比重低于北京，2010年上海第三产业比重为57.3%，制造业依然是上海城市经济的重要贡献力量。目前，上海近郊区是重要的制造业布局区域，主要以工业园区和专业性生产制造基地为主，远郊少数区域也分布有重要的制造业企业，如金山石化。制造业的分散化加强了就业空间多中心性的发展趋势，也缓解了中心城区一定的就业压力。从目前上海就业副中心发展情况来看，稳定的副中心以生产制造性职能为主，例如嘉定安亭镇以汽车产业为主导，松江副中心依托松江工业园区，也已初具规模。

第三节　多中心城市经济空间结构的形成机制

城市经济空间结构的演化是一个复杂的过程，各种力量错综交织。随着时代变迁与发展阶段不同，影响城市经济空间结构演化的因素也存在巨大差异，不同因素的影响作用此消彼长。城市所处的发展阶段、主导产业、外部技术与基础设施建设程度均对城市空间结构具有决定性影响，在不同时期，主导的动力机制也存在差异，这一系列关系最终在城市内部空间形态上得到综合体现（表2.5）。

表2.5　不同发展阶段城市空间结构的影响因素

发展阶段	主导产业	交通方式	动力机制					主导空间
			政治	经济	技术	社会	生态	
前工业化	农业	步行、马车	+	−	−	−	−	政治中心
工业集聚	制造业	电车	−	−	+	−	−	工业区
工业分散	第三产业	汽车	−	+	+	−	−	商业娱乐区、办公区生产性服务业办公区、开放空间
后工业化	第三产业	高速公路	−	+	+	−	+	

资料来源：石崧，2004。

从大的时代背景来看，我国城市发展，历经计划经济时期到改革开放时期，明显的体制差异对城市经济空间带来了不同的影响作用。计划经济时期，政府决策占据主导，城市一般拥有单一的综合中心，集行政、商业等多样化功能于一身，大量的工业设施散布在建成区和近郊区。这一时期，城市经济职能往往被弱化。改革开放以来，随着市场经济体制的建立，资本自由流通推动了我国城市经济空间的快速发展，市场作用回归主导地位，要素集聚、规模经济在这一时期占领发展高地，企业厂商与劳动力倾向于在区位优越、符合自身发展特征、能够实现利润最大化的地区集聚。交通基础设施、基本区位条件、要素市场丰富程度等多个方面成为影响城市经济空间结构的重要方面，中央商务区（CBD）、大型商业中心、产业集群等新的空间形式不断涌现。近年来，随着全球化力量的不断深化，新的劳动地域分工逐渐形成，随着互联网信息技术发展水平不断提升，又极大地推动了经济活动的分散化和企业间经济联系的增强。在集聚与扩散力量的双重作用下，就业集聚与分散此消彼长，更加多元化的空间组织形态逐渐出现在城市内部。

目前，市场力量是城市经济空间结构的最主要控制力量，市场经济规律驱使下的就业空间分布反映企业结合自身发展、最大限度地享受集聚经济的好处并规避集聚不经济的负面效应所得到的结果，与此同时，考虑到市场的局限性而可能带来的结构失衡与难以解决的负外部性，政府引导调控也在同时进行，即通过一些政策等手段对城市经济空间予以引导。

特大城市、大城市作为未来城市经济空间走向的重要代表，将是这一部分的研究重点。这些城市外围地带就业副中心的形成与发展是城市经济空间结构演化的关键，这些副中心一经发展壮大，将成为城市内部新的增长极、发展极，对要素在城市空间内的流动、分布都将产生影响。接下来将重点以上海作为典型案例，对城市就业副中心形成的影响因素进行探索。

一、市场机制主导作用

劳动力要素越丰富、与高速公路距离越近、基础设施水平越高、人力资本水平越高、产业专业化程度越高的地区越容易发展成为局域范围内显著的就业高值地区，即具有更强的就业聚集能力。同时，远离都市区就业主中心的地区更易发展成为局域高值就业地区，一方面说明跳出中心城区的企业为规避集聚不经济影响，倾向于在更外围的地区分布；另一方面则说明，在当前中心城区较为强势的集聚效应影响下，与其靠近的地区更容易被包络在内，而无法更好地体现其要素集中能力。同时，从就业空间与都市区对外对内重要交通基础设施的空间耦合结果来看，国道与高速公路的结构框架与就业高值区域的空间演化更具关联（图2.9）。

早期建成的国道主要集中在上海都市区西部以及西北方向，从1996年就业高值区域与公路的空间耦合结果来看，国道沿线或沿路穿过的都市区外围地带均有高值区域分布，即就业相关要素集聚程度较高，而这一时期都市区整体仍处于要素

中国城市经济空间

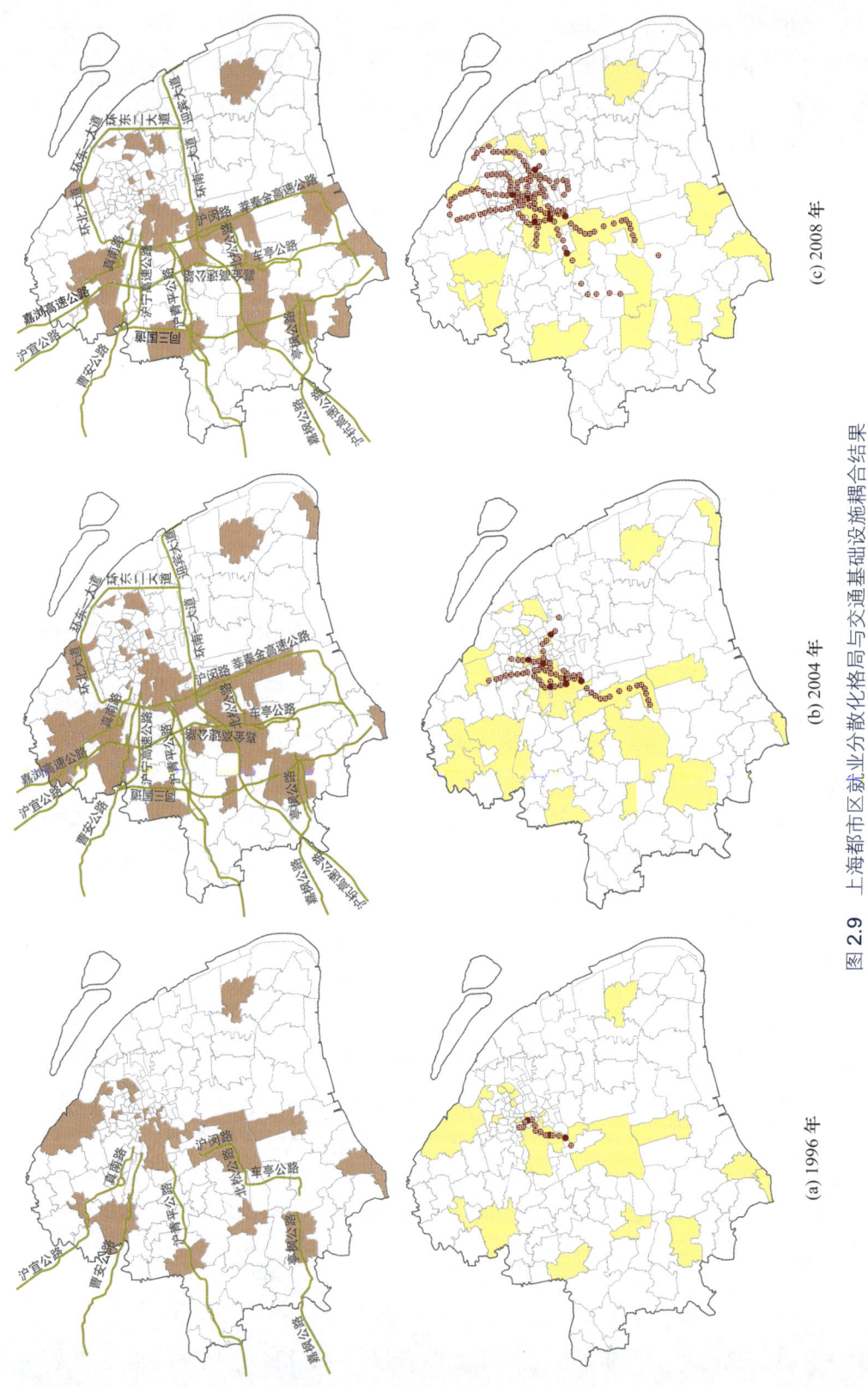

图 2.9 上海都市区就业分散化格局与交通基础设施耦合结果
资料来源：根据魏旭红（2015）图 4-4 修绘
(a)、(b)、(c) 中上图为就业分散化格局，下图为耦合结果

40

分散化初期发展阶段,因此分散在城市外围地区的高值区域多数是点状分布。到了2004年,随着沪宁、沪杭、沪青平等高速公路的建立完工与正式通车,上海都市区内部西北方向和西南方向的就业高值集聚区域更加明显,其中,嘉定安亭一带和松江九亭一带已经连绵成片。2003年后,都市区内部交通联系的高速路开始大量建设,贯穿南北向的交通干线业已修建,与此同时,都市区外围更远地区内部就业高值区域开始涌现,如金山区山阳镇等。外环线一带的就业高值区域也开始逐渐连绵成片。与国道、高速公路的空间耦合结果相比,轨道交通与就业高值区域分布的耦合程度则略弱一些,20世纪90年代中后期,上海都市区内部开始建设轨道交通干线,随着时间推进,轨道交通干线不断丰富,但在2004年以前,仍然以外环线内的集中为主,仅轨道交通5号线的修建在2003年末使得都市区内部的轨道交通建设进一步向西南方向近郊延伸。2005年开始,伸向近郊、远郊的轨道交通干线才开始进一步丰富,这并未能与业已形成连绵成片的就业高值区域分布实现良好的空间耦合。

在北京都市区可以观察到同样的现象,伴随城市快速路及轨道交通的区县延伸,形成了城市产业、居住、公共服务等功能开始沿交通走廊呈现向中心城外围轴向发展态势,这也使得北京市开始向"同心圆+轴向拓展"转变。相关研究成果也表明,北京都市区内部,就业副中心的形成很大程度上受到交通基础设施水平的影响。在控制其他条件相同时,三级路网密度越高的地区,越容易形成就业副中心(孙铁山,2013)。

二、规划政策作用有限

为了考察政府针对企业与个人的公共政策是否会对都市区内部就业多中心化产生引导作用及影响,采用计量模型检验国家级和市级开发区建设、《上海城市总体规划(1999—2020年)》(以下简称《99版上海总规》)、《1966城镇体系规划》对城市就业副中心形成是否存在显著影响。结果显示,改革开放以来所开发建设的开发区级别对于都市区内部就业多中心化存在一定影响,国家级开发区对于副中心的形成具有正向促进作用,相比之下,市级开发区的效应尚不显著。市级开发区多在2000年前后建设,遍地开花未必能获得良好成效。进一步对反映城市规划公共政策绩效的新城建设的分析表明,现阶段城市规划在就业中心形成方面的作用欠佳,或者政策本身并没有得到贯彻落实。这样的现象与结论并非孤例,在针对其他城市的研究中也有相似结论。例如,在孙铁山等(2013)围绕北京都市区展开的检验中,城市规划对就业副中心形成可能性的影响显著性偏低,相比于其他显著的影响因素而言,规划引导在城市空间结构优化过程的正面作用并不十分突出。

城市总体规划与城镇体系规划中确定的职能中心、郊区新城中心以及新城对于就业副中心的形成影响并不十分显著,这可能与规划政策的连贯性以及政策是否落实都存在一定关系。上海在《上海城市总体规划(1999—2020年)》中提出发展11个郊区新城,"十一五"期间的"1966城镇体系"构想中提出重点建设9个郊区新城,到"十二五"规划时又提出重点发展建设7个郊区新城,新城的不断调整反映出规划政策的不连贯性。上海郊区新城政策的落实效果也不理想,目前新城由区政府开发、市机关分头管理,难以形成政策合力尽快建设具有规模的就业中心(孙斌栋等,2010;石巍,2012),大型发展项目(如迪士尼)、工业企业、大学城、高等级医疗机构以及保障房基地的郊迁,较少考虑向规划重点新城倾斜。而且,政府对于中心城区的公共交通及商服基础设施(如大虹桥商务区)的建设仍然保持较大的投入力度,针对重点新城的投入在时序与力度上均不占优势。

三、人口与就业的互动

国际规划学界提出,应该通过"职住平衡"的规划手段来缓解长距离通勤和交通拥堵问题。近些年来,国内规划界也逐渐认同了这一观点,并在规划理念和实践中大力推行"职住平衡"。例如,在2010年"中国大城市交通研讨会"上,有学者指出:"我们在城市开发中应注重职住平衡,抛弃纯居住功能的卫星城模式,避免钟摆式、潮汐流的上下班。"又如2012年,《武汉市职住平衡研究及规划对策》确立了"未来城区点对点30分钟内畅通、城市居住-空间关系匹配良好"的发展目标。具体的一些措施是,对于密度较大的主城区,在周边规划大量新城用以疏散人口和产业;而对于新城,则通过对产业规模的预期估计就业岗位数,并相应配套一定数量的住房,期望新城能够实现"职住平衡"。

从上海都市区的情况来看,无论是以2005年人口局域高值区域为解释变量,还是以距离最近轨道交通站点距离为解释变量,人口局域集中程度对于就业多中心化的影响均不明显。这样的结论表明,当前,在上海都市区内部形成的就业高值区域,受产业专业化发展更加明显,人口集中所带来的地方多样化并未对就业集聚带来明显的引导与推进,人口分散化未必会带来就业分散化,尽管松江、嘉定、金山等地已经开始出现了综合性的就业-人口副中心,但并不代表是就业跟随人口的结果。

由于就业的空间分布、产业的区位选择在很大程度上需要视经济效率而定,而人口的分散化更多的是受到可承担住房成本、基本公共服务水平等方面的影响,因此,从这个角度来说,职住均衡并未在现实中呈现理想状态是可能的。鉴于人口分散化与就业分散化并不具有显著相关性,因此依托人口疏解而引导经济功能疏解或者反过来,可能并不是合适的方法,至少对于上海来说是这样的。

总之,伴随经济增长,经济活动的分散化和多中心布局在很多现代大城市正成为趋势。把上海的研究结果与孙铁山等(2013)关于北京都市区就业副中心形成机制的研究结果进行比较得出,劳动力集聚和交通基础设施水平是影响就业副中心形成的重要因素,即共享劳动力要素市场及良好的经济活动外部环境对集聚经济发挥重要作用。此外,在上海都市区的研究中还发现,人力资本水平和与高速公路距离对就业副中心形成的促进作用高于劳动力规模和三级路网密度,在一定程度上说明劳动力要素质量和空间单元对外联系对于集聚中心的形成更为重要。这些结论与以往文献是统一的，其政策含义是明显的，大都市区在多中心空间优化过程中，应在劳动力质量、数量、交通区位和交通设施水平方面加强对副中心的培育，要素投入应优先支持与保障副中心城市，积极促进就业、居住与生活设施的均衡布局，注重就业岗位与居民在结构上的匹配，对于同等条件的副中心就业人员给予户籍优惠政策，吸引高水平人力资本进驻。

政策引导与政府行为对于就业多中心化的影响相对有限。尽管相关计量模型结果显示，城市总体规划确定的新城对于北京就业副中心的形成具有一定正面影响，但从现实发展来看，北京都市区内部的就业副中心仍倾向于在中心城区周边分布，与城市总体规划中确定的多中心空间布局仍存在明显差距。而在上海都市区，仅有早期建设的较高级别的国家级开发区以及大型工业卫星城对于就业多中心化构成了相对显著的影响，后期大量建设兴起的市级开发区尚未体现出显著的影响，城市规划与城镇体系规划的新城构想发挥的作用也不明显。未来应进一步加强政策实施的连贯性与有效性，对于确定为城市职能中心和郊区新城的空间单元，进行政策聚焦，着力提升这些空间单元对于经济活动主体和劳动力要素的综合吸引力（魏旭红和孙斌栋，2014）。同时，应该科学地进行园区选址等前期工作，避免遍地开花的低水平重复建设，加强对部分地区的政策聚焦，为都市区外围增长极、高值集聚区域的形成奠定基础（王旭辉和孙斌栋，2011）。

人口分散化的空间分布并未对就业多中心化构成明显影响，当前上海都市区就业活动集中程度高于人口，说明就业仍倾向于集中分布，这也符合集聚发展的一般经济规律，一些如苏州工业园区的现实案例职住均衡也并不显著。从经济学的角度而言，职住分离的情况是客观合理的，为了追求职住均衡而人为地分散就业岗位、与人口分布相匹配的行为并不可取。应充分尊重市场规律对于就业活动分布的引导，对于都市区外围的人口高值集聚区域，大量投入基础生活服务设施建设以及教育、医疗卫生的建设，营造良好社区氛围，加强轨道交通建设，提高交通可达性，尽可能降低不必要的通勤成本与集聚不经济问题，在基于城市经济发展客观规律基础上，对城市经济空间进行进一步的提升和优化。

第四节　多中心城市经济空间结构的绩效

随着中心城区的交通拥挤和污染加剧，我国主要大城市相继在空间发展规划中提出了多中心的战略思路，希望以此缓解中心城区过度集聚带来的城市问题。但多中心战略的实际成效并不令人满意，中心城区继续蔓延，新城新区集聚缓慢，甚至还出现了所谓的"空城"和"鬼城"。这引起了学界对多中心战略科学与否的质疑。归根结底，多中心战略所依据的花园城市、卫星城、新城、有机疏散等经典理论，都是思辨性理想，而这一战略对于疏解城市拥挤是否有效以及多中心结构是否具有更高的效率,至今尚未得到系统的检验。因此,本节将从经济、交通、生态与地价4个方面检验多中心空间结构的绩效,以期为判断多中心空间战略的科学性提供基础性依据。

一、多中心城市经济空间的经济绩效

传统经济学家在研究经济增长问题时,往往忽略对空间因素的考量。以克鲁格曼和藤田为代表的新经济地理学派认为空间集聚具有规模报酬递增效应,因而对于地区和国家的财富增长具有重要影响。这一观点提出后得到了不少实证研究的支持。但这里主要关注的是集聚规模或集聚强度,对于集聚的空间结构缺少考虑。事实上,随着城市规模的扩大,集聚的负外部性上升,从而促使城市多中心化,因而,集聚空间结构同样会影响经济绩效。一些学者认为多中心结构能够消除集聚带来的负外部性,因而有利于经济绩效提升。但为数甚少的已有实证研究结论并不统一(Lee and Gordon,2007;Meijers and Burger,2010),对于哪种空间结构更有利于经济绩效提高,远未达成共识。理论上,单中心结构有助于集聚经济效益的获得;但随着规模扩大,集聚不经济增加得更快,包括拥挤带来的交通成本和地价成本上升。多中心结构可能较单中心结构损失一定的规模集聚效益,但也可以凭借规模互借(borrowed size)获取一定规模报酬;多中心还可以大幅降低集聚不经济。至于哪种空间结构更有利于提高经济绩效,取决于两种结构下各种正负效应的综合。空间结构与经济绩效的关系具有高度的空间尺度敏感性,即不同空间尺度下,经济绩效最优的城市空间结构是不同的。

针对不同空间尺度的城市区域(市域、市区、都市区),我们对城市空间结构与经济绩效之间的关系进行了计量检验,得出了丰富的结论。

在市域尺度,总体来看,单中心结构具有更高的劳动生产率,但随着城市规模增长,有助于提升经济绩效的空间结构呈现出单中心—多中心—单中心的变化。城市规模较小时,单中心有助于提高经济绩效;城市规模较大时,多中心结构的经济绩效更好;但随着城市规模继续扩大,由于交通技术和管理水平提升,集聚负外部性被降低,单中心可能重新成为经济绩效最优的城市空间结构。此外,没有找到经济绩效最优的城市空间结构受经济发展水平影响的明确证据,但城市空间结构影响经济绩效的区域异质性突出,现阶段西部城市规模单中心分布更能显著提高经济绩效。上述结论对于中国新型城镇化建设具有重要的政策指导价值。整体而言,在市域范围内要因势利导地引导人口向更具空间效率的市辖区流动,尤其是规模较小城市区域,单中心更有利于改善经济绩效,其政策重点更应放在引导人口和就业向中心城区集中;而对于规模较大城市区域,政策上要适当倾斜促进多中心有机疏散,当然对于规模更大城市区域,集聚不经济减轻很可能会呈现出单中心集聚经济增强的结果,因此对特大城市的城市空间结构引导政策需要更加慎重。就不同区域而言,西部地区政策上要重视引导人口和就业向市辖区集聚,以期尽快形成单中心规模布局;而东部和中部的城市人口空间引导则要谨慎以待,不能简单地向单中心或者多中心引导,结合城市发展规模、经济发展阶段等方面的异质性进行分析十分必要(孙斌栋和李琬,2016)。我们还对空间结构与地区收入差距的关系进行了探讨,结果显示,地级市市域内单中心的人口空间分布更能缩小市域内不同空间单元之间的人均 GDP 差距(Sun et al., 2019)。对于此原因的初步探索显示,单中心有可能通过劳动力的流动来缩小区域差距,并且单中心的空间发展模式并没有给外围地区带来集聚阴影;多中心没能使区域差异缩小的原因可能是中国地级市域多中心的规模互借程度不高。因而,即使从空间公平角度来看,中国地级市市域实施单中心结构政策也是值得倡导的。

在空间联系紧密的都市区或市区尺度,多中心结构具有更好经济绩效(孙斌栋等,2015a;华杰媛和孙斌栋,2015; Zhang et al.,2017)。多中心空间结构对于经济绩效的正面作用在城市规模超过一定门槛的地区表现更为突出,例如,都市区尺度的模型检验结果表明,在控制了其他影响因素后,多中心的空间结构对东部经济发达地区的都市区和人口规模在 100 万以上的都市区的经济促进作用更为明显。而且,互联网渗透率会强化多中心的经济增长促进效应,从某种程度上印证了规模互借效应的存在。这一结论为都市区实施多中心空间战略提供了实证支持。因而,为实现都市区经济效益的最大化,要坚持和强化多中心发展的城市空间政策,要防止"摊大饼"式的外缘扩展,实行有重点、有次序的差异化发展模式,通过政府科学引导和政策倾斜,重点培育初始优势明显的外围地区为副中心,逐渐形成合理有序的空间结构,以提高都市区的空间经济效率。同时要注意的是,多中心战略短期内并不适用于经济不发达地区和人口规模小于 100 万的都市区,因而不能一哄而上,避免战略层面上的失误。

二、多中心城市经济空间的交通绩效

对城市空间结构多中心化的一个重要解释是大城市的集聚不经济,如过度的交通拥堵,而多中心化则有利于降低这些负外部性。理论上,单中心结构下的城市通勤流呈现高度的向心和离心态势,带来中心地区的交通拥堵;而当单中心结构向理想的多中心结构转型后,两方面的效应可以降低通勤时耗。一方面,外围居民可以就近在副中心就业,实现职住平衡,通勤距离降低导致通勤时耗减少;另一方面,流向主中心的通勤交通流量会分散,拥堵缓解,通勤速度提升,通勤时耗降低(图 2.10)。新经济地理学的代表性人物藤田通过构造理论模型也显示,单中心城市规模过度集聚导致的交通拥堵和地价上升是推动向多中心转型的重要力量(Fujita and Ogawa, 1982)。不过,发达国家的实证研究却没有得出一致的结论(表 2.6)。单中心论支持者认为,就业的分散化即多中心结构并不能真正减少交通需求;而以戈登为代表的多中心论者则提出了协同定位假设,支持多中心对减少通勤时耗的积极效用。我们认为,这一争议与多中心的类型有关,职住均衡的多中心可以实现上述两种效应,从而降低通勤时耗;但职住严重分离的多中心,却可能增加跨区域的远距离通勤,反倒增加了通勤时耗或距离(孙斌栋和潘鑫,2008)。

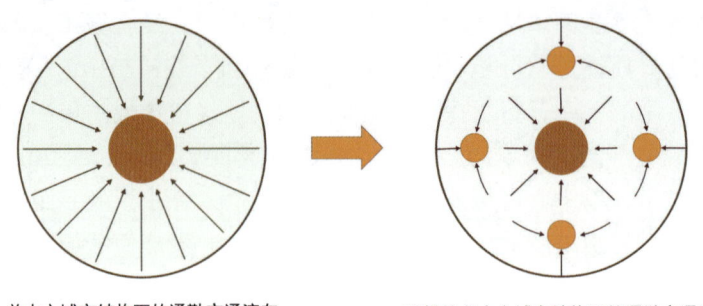

单中心城市结构下的通勤交通流向　　理想的多中心城市结构下的通勤交通流向

图 2.10　单中心与多中心城市空间结构下的通勤流向示意

资料来源：根据孙斌栋、魏旭红等（2016）图 5-1 修绘

表 2.6　城市空间结构与交通关系主要观点

	代表人物	主要观点	案例
单中心结构论	Cervero；Schwanen；Landis；Naess 等	单中心结构有利于建立高效的公共交通系统；多中心未达到居住与就业均衡来减少交通需求的目的；就业分散化延长了通勤距离，导致交易成本上升	旧金山湾区；奥斯陆；荷兰
多中心结构论	Gordon；Wong；Giuliano；Richardson；邓毛颖；万霞等	多中心有利于分散中心区交通压力；有利于居住与就业的均衡；具有缩短通勤时间的潜力；组团式城市平均出行时耗短于单中心城市	洛杉矶；南加州；广州

资料来源：通过文献梳理归纳。

关于多中心城市空间结构是否能够有效地提高通勤效率，国内鲜有研究。基于此，我们的研究以 2010 年中国城市家庭调查为基础，计量检验城市多中心空间结构对于通勤时间的影响。研究发现，在控制了一个地区的收入、人口平均受教育程度、单位从业人员就业结构、市场化程度和道路设施的影响下，多中心、人口规模、密度和职住均衡等空间结构因素都对城市通勤时耗产生显著影响（Sun et al.，2016；尹春等，2018）。虽然在国外的研究中，关于多中心对通勤时耗的影响仍然存有争议，但在中国城市市区层面，支持多中心城市结构有助于降低通勤时耗的观点。

此外，我们还以特大城市上海作为典型案例，对多中心空间结构影响通勤时耗的作用机制进行分析与检验。结果显示，随着远离就业主中心，就业副中心的平均通勤时耗趋于降低。这表明，静态来看，强化多中心结构将有利于降低通勤时耗。但在这一过程中，前面理论假设中的职住平衡并没有发挥作用，就业副中心相对于主中心的通勤时耗降低效应,更多的是由于外围就业中心地区较高的通勤速度带来的,具体来说，可归功于相对宽松的路况和高比率的小汽车、自行车和助动车通勤结构以及低比率的公交车通勤（孙斌栋等，2013）。

三、多中心城市经济空间的生态绩效

从城市绿化空间的美观角度来说，与单中心相比，多中心的城市空间结构更加注

重生态保留。当单中心城市向外扩张时,容易侵蚀绿地,从而形成大面积的建成区和零星绿地;多中心的城市空间结构则可以绕开原有绿地,使生态得到保留。两种空间结构的一个重要区别在于基质、斑块位置关系的互换。在传统的单中心城市结构中,由于城市空间的急剧扩张,人工建筑占主导地位并起到控制性作用,构成了城市的基质,功能分区将城市生态逐渐侵蚀,城市绿地开敞空间趋向零星化、破碎化,逐渐沦为斑块。而多中心的城市结构则为市区"生态飞地"和郊区"居住飞地"的形成创造了条件,更大程度地保留了城市绿地的原生态性,为生态廊道和生态基质的形成提供了空间。例如日本千叶市高度尊重原有自然地貌,在城市地区对湖泊、河流、山地森林等加以精心规划,并辅以相应的景观设计,形成了十几个大小不一、景观特色各异、均匀分布于城区的开放式公园(尹洪妍,2008)。

同时,多中心化的空间结构对于城市交通能耗和建筑能耗都会造成一定影响。对于交通能耗的影响与前面分析的交通绩效有关,当多中心有助于降低平均出行时耗和出行距离时,则有助于降低能耗,反之相反。通过出行距离这个中介变量,多中心结构还会影响出行结构。当多中心结构导致了长距离出行时,步行或自行车等非机动出行方式由于耗时长将不会被选择,机动化交通方式成为主要选择,能耗提高;而当多中心结构下的居民平均出行距离较单中心城市短时,非机动出行比重和公交出行比重较单中心城市高,交通能耗降低。建筑能耗方面,单中心同心圆式的城市布局形态,使市中心与周围自然环境相隔越来越远,新鲜空气难以进入,污浊空气排放受阻,城市热岛也以市区为中心向四周依次蔓延,蔓延的半径越大,建成区产生的热量越多,中心的热岛效应就越强。而在多中心的城市空间结构中,建筑用地布局较单中心分散,且每个中心的规模有一定的限制,从而使建筑用地产生的热量得到有效疏散,缓解了城市热岛效应。由于城市空间大小与热岛效应强度呈相关关系显著,若一个大的单中心裂变为几个小的多个中心,城市建成区的热量会得到有效疏散,使郊区与市区的温差变小,从而减弱热岛效应。因此多中心城市的热岛效应及面积显著低于单中心城市,夏季制冷能耗明显低于单中心城市;冬季则相反,多中心城市的供热能耗会略高于单中心城市,但我国北方供暖地区多为集中供热,可以缓解由于多中心城市冬季热岛效应较弱造成的制热能耗的增加。总体来讲,多中心结构可能有利于减少建筑运行能耗。

与经济绩效和交通绩效的检验相类似,我们同样对多中心城市空间结构是否可以有效地降低城市能耗和碳排放进行了实证检验。研究基于数据可得性,以我国138个地级以上城市为样本,分别采用单位生产总值能耗和人均能耗作为因变量。研究结果显示,城市多中心程度的提高会降低城市的人均能耗和单位生产总值能耗,具有更好的生态绩效。样本城市分布于22个省(自治区、直辖市),遍布东中西部和南北方,因而具有广泛的代表性,研究结论具有较强的可信度,在一定程度上为多中心城市空间发展政策提供了生态维度的依据(阎宏和孙斌栋,2015)。基于全国地级市样本的一个最新研究显示,市域的就业多中心空间结构有利于降低城市 CO_2 平均浓度(Sun et al., 2020)。其中，主中心 CO_2 浓度显著降低，次中心 CO_2 浓度轻微上升。整体减排是通勤时间减少和工业向次中心转移带来的 CO_2 减少和家庭碳排放增加的综合结果。

四、多中心城市经济空间对地价的影响

理论上讲，多中心对于集聚不经济的降低不仅仅体现为缓解交通拥堵，还可能包括对过高地价的抑制。这是因为，首先，副中心发展能够提供更多的中心区位，打破单中心的区位垄断，从而通过竞争而降低平均地价；其次，副中心的发展能够分散对主中心的土地需求，降低主中心甚至城市平均地价。我国学者关于城市空间结构尤其是多中心结构对于地价的影响鲜有考虑。于璐等（2008）以北京市为例的实证研究显示，多中心城市结构会使地价梯度趋缓。孙斌栋和陈浩（2016）以我国73个数据可得的地级及以上城市为样本进行的实证分析发现，在控制了其他地价影响因素后，多中心结构对于降低城市综合地价具有显著的作用，对于住宅用地和商服用地尤其如此，而且对于地价高的城市作用更明显。这样的结论支持多中心有助于缓解城市集聚不经济的假说，对于实践的政策含义也是明显的。在城市规划中，如果能够强化多中心的空间结构，不仅有助于抑制过高的房价，提高居民的住房相对支付能力，而且有利于减轻企业成本负担，提高企业竞争力和提升整个城市的经济绩效。

第三章 开发区转型与产业空间重构

当前,中国的开发区已经成为扩大对外开放、聚集产业资源、培育创新人才以及发展先进生产力的有效载体,成为促进产业升级、科技成果转化和经济增长的重要力量,对地方经济和区域经济的发展起到了积极的辐射、带动和引领作用。同时,开发区的相关问题也是目前中国城市研究的热点,尤其是开发区转型发展成为政府与学术界研究的热门话题。本章对改革开放以来中国开发区发展历程进行了回顾,并梳理了产业空间集聚的理论基础,整理了当前开发区转型升级的不同路径,最后重点分析了上海开发区产业升级趋势及其对城市空间结构的影响。研究显示,中国开发区转型升级呈现出不同的路径,主要表现为创新创业与产业升级、生态文明与绿色发展、制度创新与深化开放、新区开发与产城融合等方面。大规模建设的开发区成为上海等超大城市承接全球先进制造业转移的重要空间载体。通过建设开发区和新城,城市空间结构发生重组,"区域化、多中心"的大都市区空间结构正在形成。

第一节 开发区建设历程与产业集聚

一、开发区建设历程

(一)开发区的缘起与发展

1978年,中国实行改革开放政策,率先在深圳、珠海、汕头、厦门设立经济特区。其后,邓小平同志对兴办经济特区的决策给予充分肯定,提出:"我们建立特区,实行开放政策,有个指导思想要明确,就是不是收,而是放"。"除现在的特区之外,可以考虑再开放几个点,增加几个港口城市","这些地方不叫特区,但可以实行特区的某些政策"。1984年,中央决定开放14个沿海城市,兴办新的经济技术开发区,实行特区的某些政策。这些沿海城市在利用国外资金、技术和市场时,"首要任务是抓好老企业的技术改造,上一批投资少、周转快、收益好的中小型项目"。沿海14个城市扩大开放是以特区为参照的对外开放第二个层次,是特区试验成功后对外开放战略的组成部分。国家级开发区的主要功能是发展工业、吸引外资,所给予的扶持政策也主要是对工业而言,要求国家级开发区成为探索中国工业现代化的试验园区。因此,开发区建立初期,中央规定的任务是4个窗口,即"技术的窗口、管理的窗口、知识的窗口、对外政策的窗口",对开发区功能定位进行指导的发展方针是"三为主"原则,即"以发展工业为主,以利用外资为主,以出口创汇为主"。开发区的作用主要是吸引外资和先进的技术,弥补当时中国发展的"两大缺口"——技术和资本。

经过30余年的发展,中国开发区取得了举世瞩目的成就。由于中国开发区设立的缘由与国外开发区明显不同,所以开发区从当初构想发展到现在的经济技术开发区、高新技术产业开发区、出口加工区、保税区、边境经济合作区、旅游度假区等多种类型,并形成遍及全国的发展格局(罗小龙等,2015)。最近几年,开发区的数量仍在不断上升。国家级高新区及经济技术开发区数量由2011年的219家增长至2015年的364家,经过2011~2013年的快速增长阶段,近年来出于防止盲目扩张及提升质量的目的,增长速度趋于平稳,2014年、2015年分别获批9家及31家。截至2020年底,全国共有219家国家级经济技术开发区,169家国家级高新技术产业开发区,17家国家级边境经济合作区,以及海关特殊监管区域160个。其中,保税港区2个,综合保税区147个,保税区9个,出口加工区1个,珠澳跨境工业区(珠海园区)1个。

(二)开发区建设的经济成就

开发区的建设成就首先表现在其对于中国经济发展的巨大贡献。2011~2015年,国家级高新区及经开区GDP由8.2万亿增长至17万亿人民币,年平均增长近21.5%。虽然受到宏观经济下行压力持续加大,其GDP增速有所下降,但仍然远大于全国经济增长速度。因此,占全国GDP比重进一步提高,2015年已达25%,表明国家级开发区早已成为国民经济增长的有力支撑,以及中国税收收入增加的一个重要来源。

其次,开发区成为中国发展外向型经济的前沿阵地、先进制造业基地、高新技术产业基地等。尤其是国家级开发区已形成了以电子信息、交通运输设备制造、电气机械及器材、生物医药、化学原料及制品等为代表的主导产业,带动了中国产业结构的快速升级。高超和金凤君(2015)根据各个开发区产业发展规划和具体产业发展现状,对沿海719个开发区的主导产业进行了梳理,选择产业规模位列前三位的产业作为主导产业(表3.1)。从每个行业所占的比例来看,东部沿海开发区以装备制造业、纺织服装业、通信电子、食品行业、石油化工等5大类产业为主,比例均超过20%;其中装备制造业最高,达到了64.12%。同时,国家级开发区注重技术创新。2015年,国家自主创新示范区加速扩展,依托国家级高新区先后设立了天津、成都、西安、杭州、珠三角长株潭等6个国家自主创新示范区,对于高新区实现创新驱动、加快高技术产业发展、进一步完善创业创新机制起着重要的引领和带动作用,成为中国高新技术产业化的重要基地。

表 3.1　东部沿海地区开发区主要主导产业的空间分布

行业	数量	比例 /%	布局特征
食品行业	202	28.09	集聚分布，主要分布在天津、山东、浙江南部和福建北部地区
纺织服装	262	36.44	多核心集聚分布，主要分布在山东中西部（63家）、浙江北部（24家）和福建沿海地区（21家）
木材家具	44	6.12	分散布局，主要分布在福建和山东西部地区
造纸印刷	29	4.03	分散布局，主要分布在山东和长三角地区
石化产业	151	21.00	集聚布局，主要分布在环渤海沿岸（31家）、山东西部（23家）、长三角地区（34家）、珠三角（10家）和福建沿海地区（8家）
建材行业	95	13.21	集聚不显著，沈阳-营口略有集聚，主要分布在山东、河北地区
金属冶炼	83	11.54	集聚分布，主要分布在天津、聊城、长江沿岸和以丽水为中心的浙江南部
塑胶制造	30	4.17	分散布局，主要分布在台州、宁波和衡水地区
装备制造	461	64.12	集聚分布，主要分布在京津地区（42家）、长江沿岸（85家）、山东中西部地区（87家）和浙江沿海地区（38家）
通信电子	221	30.74	集聚分布，主要分布在长江沿岸（68家）、天津（22家）、山东半岛沿海地区（19家）
医药制造	129	17.94	集聚分布，京津地区（19家）、山东中西部（34家）、苏南地区（16家）和浙江北部（12家）

资料来源：引自高超和金凤君（2015）表 2。

此外，国家级开发区也成为中国重要国家战略及对外合作的重要推手。目前，大部分国家级开发区位于东部地区，但在西部大开发、长江经济带建设及"一带一路"等的推动下，中西部地区国家级开发区数量不断上升，东中西格局有所优化。2015年，中西部国家级开发区比例已达到50%。在经济全球化背景下，在"一带一路"、自贸区等推动下中外合作产业园、生态园建设取得丰硕成果，国际市场开拓和科研合作显著增强。如陕西省开发区探索共建丝绸之路产业园区，西咸新区正在与俄罗斯共建中俄丝绸之路高科技产业园；浙江省开发区形成了中意（宁波）生态园、中荷（嘉善）、中韩（衢州）、中瑞（萧山）、中日（平湖）产业合作园"1+10"的中外合作产业园格局等。

（三）开发区建设热潮及其面临的挑战

开发区的成功产生了巨大的示范效应。20世纪90年代初和21世纪初全国各地掀起了开发区建设的"热潮"，不同级别的开发区遍地开花。加入WTO后，中国对外开放程度越来越高，开发区原有的政策优势慢慢消失，各地开发区之间的竞争日益激烈。而现有条件下各地开发区吸引投资和产业集聚的"法宝"只有土地优惠、税费减免和廉价的劳动力资源，各开发区之间的恶性竞争必然会带来一系列的社会和环境问题。尤其是开发区的一些土地优惠政策，忽视中国人多地少、土地资源严重紧缺的基本国情，把本来极其宝贵和有限的城市土地资源当作"不计成本"的廉价招商引资"招牌"，导致开发区的"圈地热"，开发区这种粗放式的空间开发已成为城市土地利用失控的一个重要原因（阎川，2005）。因此，中国在1993年和2003年相继出台有关政策，对开发区进行清理整顿，严格开发区用地的审批、管理制度，并在新的城乡规划法中将开发区用地纳入到城市总体规划中。

基于"政策优惠"的开发区竞争优势是相对短暂的、不可持久的。政策优惠策略是一种可以被所有区域模仿和复制的策略，依照美国管理学家迈克尔·波特（2002）的观点，这种能够被模仿和复制的竞争优势，是最低层次的优势，不具有长久性。目前，由于中国实行了土地利用从紧政策和最严格的土地保护政策，开发区原有的政策优势逐步丧失，开发区的功能定位需重新考量。随着开发区的不断发展和转型，就现阶段而言已成为以外向型经济，多功能复合的开发开放区域为主。开发区与所处的城市在各个方面均产生了千丝万缕的联系，已无法与母城割裂开来孤立发展。城市的扩展和内部空间结构的优化，必须考虑开发区的影响，开发区已成为城市功能组织的一个重要组成部分。而开发区的"二次创业"及功能重塑也必须符合城市发展的整体要求，在功能和空间上与所处的城市实现良好的整合。在开发区逐步成为提升城市功能的重要动力，成为提升城市竞争力重要因素的同时，城市的转型和功能提升又为开发区的进一步发展提供了更加良好的外部环境，为开发区争取到了更多的发展机遇。因此，如何处理好开发区与城市发展之间的关系成为中国未来城市化进程中必然要面对的问题，成为在新的国际环境和经济形势下开发区如何实现"二次创业"完成功能转型的关键。

二、开发区产业集聚

中国的开发区实质上是由各级政府通过实行特殊政策，为了引导相关产业集聚，带动当地经济增长而规划建设的制度空间和新产业空间。从理论上来看，开发区在区域发展中主要扮演增长极、孵化器，以及全球生产网络节点的角色（王缉慈，1998；宁越敏和李健，2007）。

（一）地区经济的增长极

增长极最早是由法国经济学家佩鲁（Francois Perroux）提出的并由保德威尔（J. Boudeville）等发展起来的一种理论概念。它强调政府推动经济增长的作用，是典型的工业化鼎盛时期的产业集聚形式。在区域内投资建立（或嵌入）推动型的产业之后，通过乘数效应、极化和扩散效应而带动区域内其他产业的发展，从而促使周边其他区域经济增长。因此，一个地区要想取得经济增长，关键是在本地区内建立起一系列的推动性产业，通过产业集群推动经济增长。迈克尔·波特（2002）在其提出并完善的竞争力理论中也认为一个国家的成功并非来自某一项产业的成功，而是来自纵横交织的产业集群。中国各级政府规划建设的开发区作为高效化、集约化的产业空间组织，发展至今，已然成为地区经济的"增长极"，经历了由"人为的非完整意义上的产业集群"到具有较强溢出效应提高区域竞争优势的"完整意义上的产业集群"，并日渐成熟（刘厚俊等，2003）。

从开发区与城市相互关系来看，增长极机制是两者关系的主要内在肌理（王慧，2003）。开发区发展对城市的空间规模、形态以及空间增长方式、产业空间结构、人口与社会空间结构、各功能区段之间的关系、城市化与郊区化进程等方面都有着显著的影响效应，从而可催化带动都市区域的空间重构（图3.1）。如图3.1（b）所示，在成长期，开发区与母城的关系及其对母城的影响规律遵从增长极理论所描述的典型特征。经过初期阶段超高速的聚集增长后，作为区域增长极核和优势极点，开发区以高新技术产业为主导的先进结构、高速增长的势头、运行方式及管理模式等与周边地区已经形成发展层次上的"位势梯度"，这种梯度决定了开发区在区域发展过程中处于高位运行、带动区域经济的内在矢量，并决定了开发区对周边区域产生扩散辐射效应

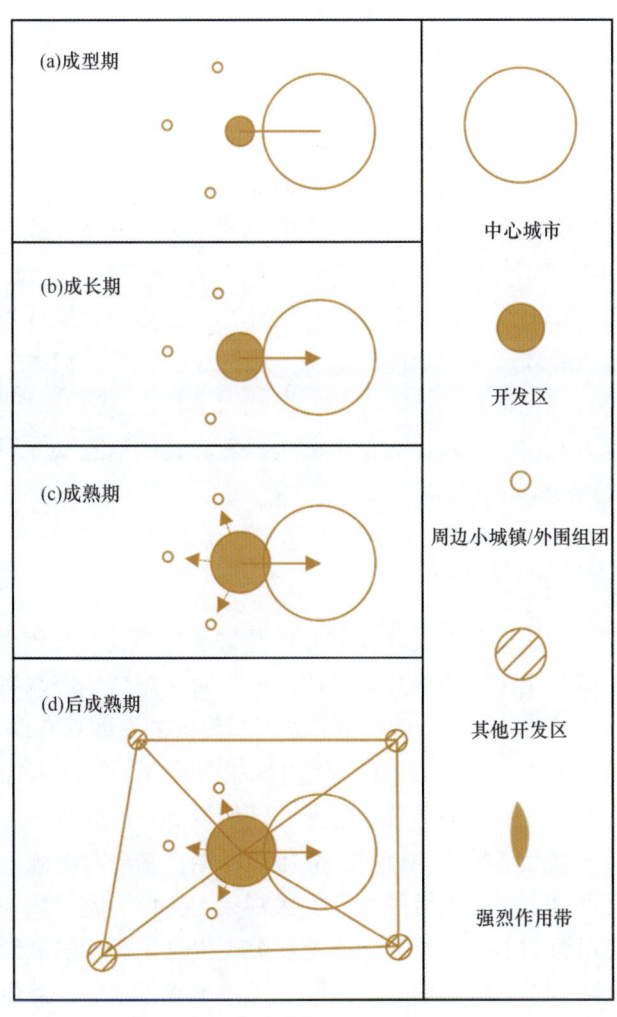

图 3.1 开发区发展阶段与城市相互关系

资料来源：根据王慧（2003）图 1 重绘

的必然性。这种效应表现在：开发区与周边区域前、后、侧向产业联系开始增强，开始带动周边产业的发展及产业结构的升级；开发区产业在规模扩张和结构完善化过程中，产生出对生产性服务业及消费性服务业的内在需求，增加当地就业机会；开发区产业与人口的不断聚集，引发了开发区与周边之间人口与资源流动，相应产生的社会活动与经济活动等，刺激开发区开始向二、三产业并行和内外资并重方向转化。

（二）技术创新的孵化器

在区域发展过程中，单纯的增长极可能出现过分依赖外力、致使区域差异加大等问题（王缉慈，1998）。中国开发区的发展，特别是高新技术产业园区，更多体现的是孵化器的作用（顾朝林，1996）。事实上，根据发达国家的经验，科学园的真正目的是创造良好的孵化环境，促使新企业不断地繁衍和集聚，区内的供应商、制造商和客商日益频繁地相互作用，减少交易费用，产生协同效应，从而促进整个区域乃至全国经济的产业结构转换。中国开发区中的高新技术产业园区与之类似，对地区产业政策的转变具有积极的引导作用。地方政府在制定产业政策吸引企业入驻开发区的时候不再将投资目标的核心放在推动型产业（制造业）部门的本身，而是放在研究与开发机构设施和其他基础设施身上，并为其提供优惠的政策，造就舒适的科研环境和生活环境，吸引世界先进的高技术公司在其中建立研究与开发机构和分支工厂。

从开发区的区位来看，大都市是天然的孵化器，许多科学园区集聚在大都市，而科学园区是孵化器的最佳选址。中国的经济开发区存在明显的向大中城市地区集聚的倾向（王兴平，2005）。城市等级越高，规模越大，功能越强，对开发区集聚的新型生产要素的孵化能力就越强，而且大都市区占据着优良的信息和知识区位，符合开发区作为信息经济和知识经济载体的需要。

（三）全球生产网络节点

开发区在后期发展阶段发挥的作用和功能越来越复合及多样化，一些大型的开发区逐渐成长为所在城市或区域的增长极，成为地方对接全球生产网络的重要节点。新国际劳动分工和全球生产网络的分析框架开始对开发区的发展具有重要的指导意义。

新国际劳动分工是战后20世纪50年代出现的新的劳动空间分工的国际表现形式，跨国公司的迅猛发展、资本流动的日益加速、区域发展一体化等成为主要特征。中国改革开放和发展外向型经济始于20世纪80年代初期，基于对新国际劳动分工发展的理解，在初期建设以生产制造为目的的开发区则成为具体实施手段和策略。随着科学技术的发展和生产组织的不断变化，国际劳动分工出现了新的发展形式和组织模式，水平型分工成为国际分工的主要形式。国际分工中出现了很多产品生产过程包含的不同工序和区段，被拆散分布到不同国家进行，形成以工序、区段、环节为对象的产品内分工体系，称之为产品内分工（卢锋，2004；田文和刘厚俊，2006）。这种新的全球化的生产组织模式使得发达国家和地区企业不仅把高科技产品生产链中劳动力较密集部分转移到了发展中国家进行生产，也出现了 R&D 中心和区域总部向中国转移的趋势（宁越敏和李健，2007）。Dicken（2003）在其提出的全球转移模式中认为跨国公司或成为全球劳动分工的主角，而推动其促进新国际分工格局的动力是市场需求、契约转让、生产一体化以及降低成本的要素构成和生产组织的改革，表现形式是跨国直接投资和生产以及国际贸易的快速增长。

如今，跨国公司在东道国的主要投资领域不仅局限在劳动力密集型的产业和产品生产环节上，在高科技产业和研发、管理和营销等高端价值链环节也陆续实现地方化发展并有效组织地方生产和市场开拓。以跨国公司为主要载体的全球生产网络的形成和发展代表了劳动分工在国际层面的扩展和深化。而全球尺度中的地方也积极响应，或被动或主动地镶嵌和融入全球生产网络中，镶嵌成为地方经济增长和获得全球化机会的一个关键要素（李建和宁越敏，2011）。在区位选择上，事实证明全球生产网络必然只会镶嵌在那些社会经济发展动力强劲的地方，而国家和地方政府政策（税收政策、人才培训等）的差异更会促进全球生产网络中的特定部分镶嵌于特定城市或区域，形成新节点，即"多岛经济中的一个新岛屿"。大都市区、全球城市以及全球城市区域等往往成为全球生产网络中的核心节点和重要节点。

宁越敏和李健（2007）分析了上海在全球生产网络中的全球城市建设。全球生产网络的发展实质是产业全球性的扩散与地方性的集中相结合，生产与经济活动势必会进一步集中在以大都市区为核心的区域空间，而构建一个内部存在垂直和水平分工的功能性城市网络，对外以大都市区域的整体形象参与国际竞争的特殊地域系统。这个特殊的地域系统更多突出核心城市与周边地区的功能组合关系，构成全球生产网络地方镶嵌后的地方生产网络，或称为子网络。这一过程与地方政府通过实际工作纳入全球生产网络的过程是同步进行。在中国，各级城市特别是大都市区的开发区成为跨国公司生产制造的首选区位，其区域数量的增长和产业结构升级变化较好地体现了这个动态过程。开发区塑造了全球生产网络的重要节点和地方对接全球生产网络的重要载体，其发展和变化代表地方融入全球生产网络的实质，从而成为所在城市新的扩张空间，这一过程在上海大都市区中表现得尤为明显。

第二节　开发区转型的路径与实践

开发区的转型大致始于 20 世纪 90 年代中后期，当时我国大多数开发区的发展首次面临内外环境的双重变化（郑国和王慧，2005）。从内部来看，一方面开发区设立之初所享受的优惠财政税收政策被相继调整和取消；另一方面经过多年的发展，以及西部大开发战略的实施，对开发区的政策优惠面开始从东到西从国家级向省级不断扩大，这些都使得开发区的政策优势逐渐弱化，相互之间的恶性竞争不断加大。从外部看，

中国城市经济空间

1997年亚洲金融危机的爆发使得港台资本的流入大幅减少，招商引资难度加大。2001年随着中国加入WTO，对外资企业的超国民待遇在经过几年平滑过渡之后也逐渐取消。同时开发区自身也因为结构单一暴露出过分依赖外资、产业缺乏根植性、配套不足、人气不旺等问题，进一步影响到开发区的资源集聚。在这种情况下，原先定位于以发展工业为主，以利用外资为主，以出口创汇为主，致力于发展高新技术的开发区开始意识到自身发展的结构性缺陷，纷纷提出"二次创业"，开始走向转型发展的道路（沈宏婷和陆玉麒，2011）。近十年来，开发区的转型优化并没有停止，而是在置身全国转型发展的大背景下，再次面临内外部环境的重大变化（表3.2）。

表 3.2 开发区两次转型的比较分析

	时间	动力机制	支撑要素	产业调整	招商内容	发展方式
一次转型	1996~2005年	政策优势弱化、亚洲金融危机的爆发、产业结构单一带来经济发展的脆弱性、功能单一影响资源聚集	廉价的土地和劳动力等生产要素	发展批发和零售业、租赁、房地产等传统服务业	从招商引资到招商选资；从注重引资数量到注重引资规模和质量	行政区划调整、规模扩张
二次转型	2006年至今	区域优惠政策的终结、土地调控力度的加强、全球金融危机的爆发、劳动力价格的上升、节能环保压力的增大	一定的产业基础和配套，不断完善的城市功能	发展服务外包产业、金融、物流等现代服务业	从招商引资到选资、招研、引智相结合；强调产业链招商，构建产业集群	从外延扩张到内涵提升、以园区共建等方式进行产业转移

资料来源：引自沈宏婷和陆玉麒（2011）表1。

一、创新创业与产业升级

开发区作为昔日改革试验田已经成为当前创新创业的主战场。2008年，深圳市成为国家发改委确定的第一个创新型城市试点市。2009年3月中关村、2009年12月东湖高新区、2011年1月张江相继成为国家自主创新示范区。2014年6月，深圳市获批为我国首个以城市为单元的国家自主创新示范区。截至2018年2月，已经批复成立了17个国家自主创新示范区。这些示范区均以各地高新区为主要基础。

（一）高新区的"无边界"扩展

通过比较中关村、东湖、张江、深圳等高新区发展特征，可以看到这些高新区在国家创新驱动背景下迎来了新一轮的二次创业机会，而在探索创新的道路上，高新区出现了多领域"无边界"扩展现象（图3.2）（孙娟和彭坤焘，2016）。主要体现在：空间边界不断突破，产业跨领域扩展，创新主体从封闭走向开放，创新空间的功能开始突破"产学研"的功能边界，城市功能在"产城融合"理念下得以加强。这些现象反映了高新区创新模式正在转变，但是在这一过程中，也出现了房地产比例过高、土地财政依赖、业态结构不合理、创新空间特质弱化等偏离高新区本旨的问题。

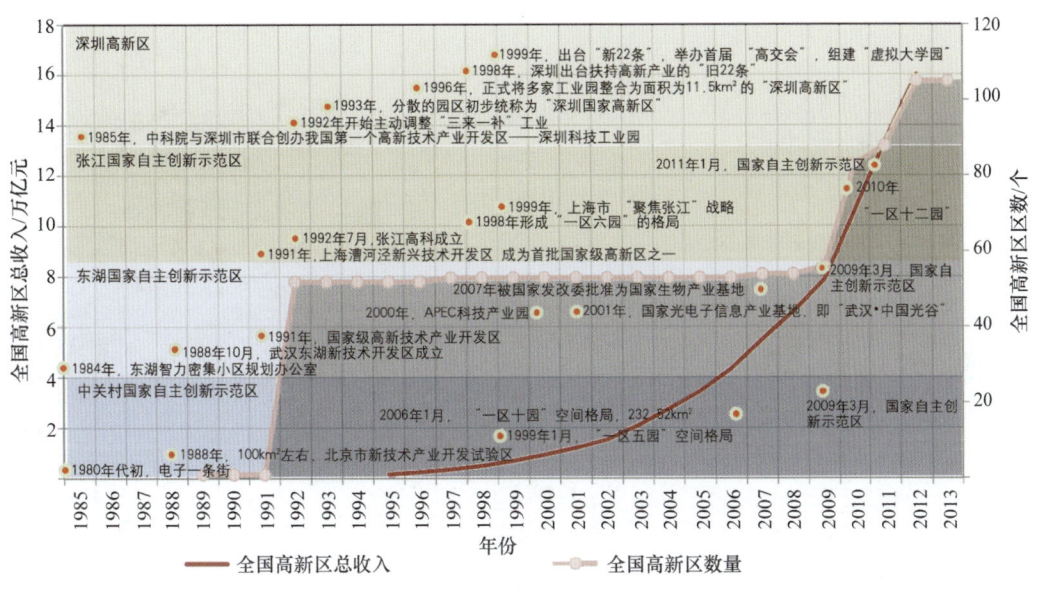

图 3.2　中关村、张江、深圳与东湖高新区的发展历程
资料来源：引自孙娟和彭坤焘（2016）图 2

高新区的空间"无边界"动态扩展是提升资源整合能力的应对举措（孙娟和彭坤焘，2016）。最初，高新区面积较小，在城市中呈现"孤岛"特征。其后，随着其地位与作用上升，以高新区为核心的创新空间不断扩张，突破区级行政边界走向跨区整合。当前，引领性高新区的空间已经非常离散，比如张江示范区"一区二十二园"，中关村示范区"一区十六园"，深圳高新"一区十四园"。而中西部高新区规模不断增加但空间离散度较低，东湖高新区、西安高新区一直邻近扩展，成都高新区则为"一区两园"。这种差异与渐进开发开放的空间次序相关，东部地区内部再分权导致了创新要素的分散集聚，不能适应创新社会化转型的需要。因而重新集权、重新整合区域创新系统，导致了创新空间的高度离散（图 3.3）。高新区的空间扩展存在两面性（孙娟和彭坤焘，2016）。一方面为合理性：应对全球化竞争的地域品牌塑造；分享"政策红利"的地方诉求，例如中关村范围调整后，北京市 70% 的产业用地可享受示范区的相关政策支持；以核心园区辐射带动、整合新建或已建园区，形成空间分散、产业互补或产业链分工协作的"雁阵体系"；空间扩张是突破空间不足束缚、拓展优化空间布局的合理选择。另一方面为不合理性：可能倾向以土地出让为出发点的扩张，并非基于创新能力提升的需要；核心区+高度分散的飞地园区更多是"政策区"，共同分享政策红利，难以成为高度整合的创新空间。在现行高新区体制下，这种不断扩张的努力将会持续。

（二）高新区的产业升级

高新区是中国高新技术产业发展的主要空间载体（张晓平和刘卫东，2003），

中国城市经济空间

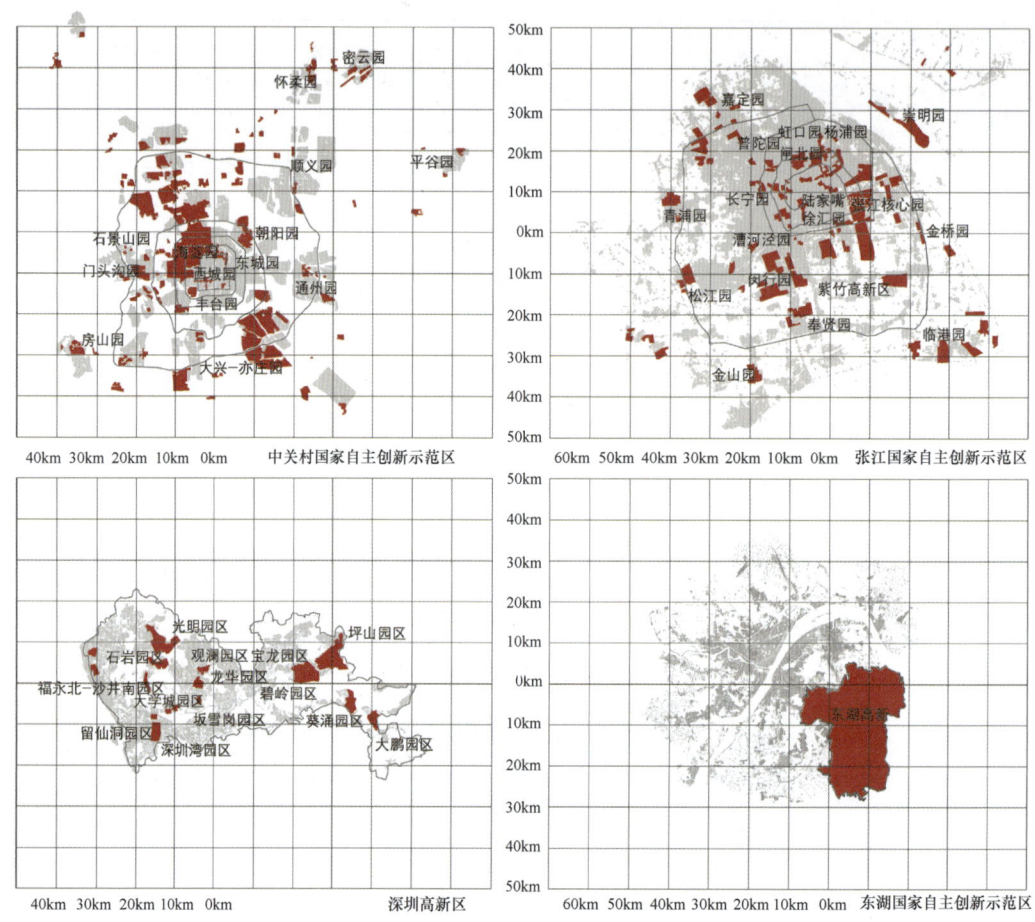

图 3.3 中关村、张江、深圳与东湖高新区的空间格局

资料来源：引自孙娟和彭坤焘（2016）图 3

也是地方经济增长的主要贡献者，为增强竞争力，地方政府会积极争取获得国家级的称号，并在"二元"土地制度条件下不断扩容，为新兴产业的形成和发展拓展了物质空间（刘志高和张薇，2018）。进入 21 世纪以来，跨国公司等全球化因素在中国高新技术产业空间演化中的作用愈发显著，投资的形式除了设立加工性质的生产基地之外，也包括建立区域总部或者研发中心。同时，伴随着知识经济的全球化，作为主要创新知识来源的高校和公共研究机构通过合作研发、项目合作和科研人员交流等途径从全球范围内获取用于集群创新的前沿知识，并通过衍生企业、技术合作等形式参与到本地经济的发展中。除此之外，高校的海外校友网络也是留学归国人员获取创业信息的主要窗口，通过与国内校友的合作，将国外先进的知识和技术通过创办新兴企业的形式，促进本地新兴产业的发展（图 3.4）（刘志高和张薇，2018）。

以东湖高新区为例，该区成立于 1988 年，现规划面积 518 km²，既是中国的第一家国家光电子产业基地，也是中国继中关村之后的第二家国家自主创新示范区，目前

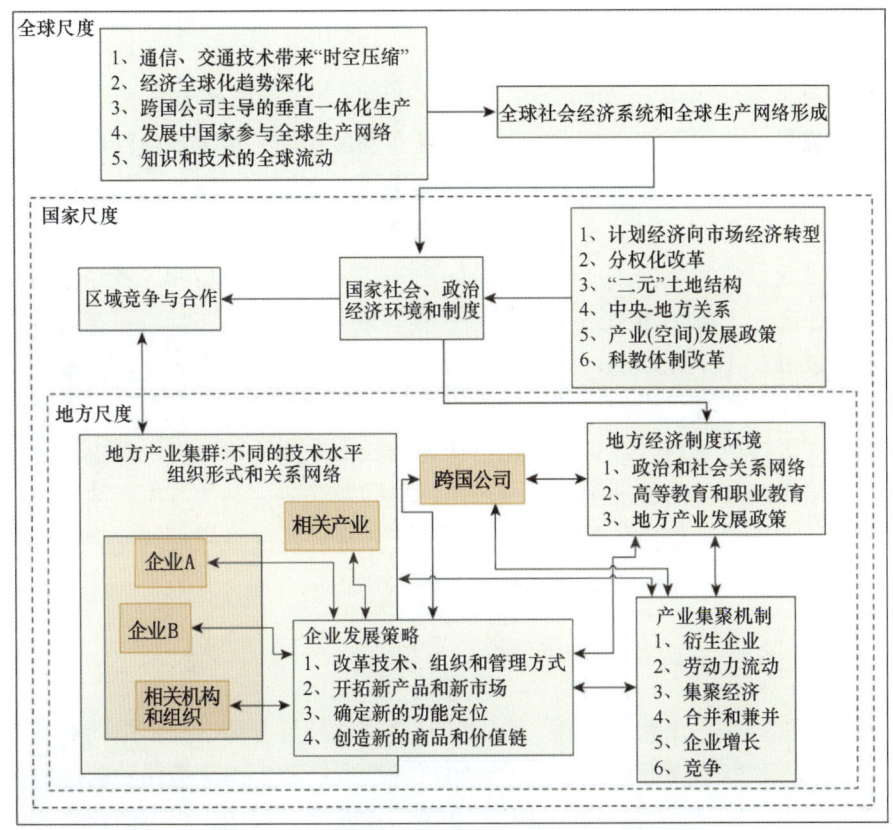

图 3.4 中国高新区产业分叉机制理论框架
资料来源：根据刘志高和张薇（2018）图 1 重绘

的产业结构主要是以光电子信息为主，生物、节能环保、高端装备制造和现代服务业等产业为辅。从统计数据看，生物产业目前在规模上稍逊色于其他产业，但作为武汉近年来的新兴科技型产业，增长潜力巨大。武汉市生物产业的发展与宏观的全球和国家环境变化有着极其密切的关系。计划经济时期的国有制药厂为后来武汉市生物产业的发展积累了资源，而国企改革则赋予了国有制药厂新的"生命"，使武汉市生物产业有了一定的制造基础。科教体制改革实施后高校的两次转型分别为武汉市生物产业的发展积累了技术成果，开启了生物技术成果转化的道路，也正式拉开了武汉市生物产业发展的序幕。国家创新意识的增强，推动了武汉市各种孵化器的建立，为 2000 年以后大批新兴生物企业提供了物理空间和咨询服务，从而提高了小微企业的成活率。"二元"土地制度的确立一定程度上有助于武汉光谷的扩容，为生物产业的发展提供了物理性的空间。分权化改革激励着地方政府不断优化武汉市和光谷的产业发展和营商环境，从而吸引大量的跨国企业壮大本地的生物产业规模。因此，在今后的新兴产业孵化和培育中，洞悉寰宇，顺应宏观制度变革来谋划产业发展很有必要（刘志高和张薇，2018）。

二、生态文明与绿色发展

在各地开发区的快速发展过程中，一部分开发区和工业园区为追求经济增长速度，不重视环境保护，出现了不少环境问题。尤其在发展初期，由于环境污染控制手段未跟上园区发展的步伐，开发区和工业园区同时也成为高污染、高能耗的集中地，在创造巨大物质财富价值的同时，也付出了惨痛的资源和环境代价（田金平等，2012）。生态工业园区建设成为解决工业园区环境问题，实现开发区转型和区域经济可持续发展的主要途径之一。在21世纪初，循环经济理念逐渐融入中国主流经济概念当中，并对中国经济发展产生了深远的影响。在积极实践循环经济的探索之中，各地在产业集中区建立由共生企业群组成的生态产业园区成为重要的行动之一，并已经取得了显著的成效。例如天津滨海新区，正处于经济快速增长的发展阶段，但同时也面临水资源短缺和水环境污染严重的发展困境。城市水环境问题已成为制约滨海新区经济社会可持续发展的重要因素，如何构建基于水循环的产业循环经济发展模式成为解决滨海新区经济与环境和谐发展的重要途径（柴彦威等，2010）。

（一）生态产业园区与循环经济体系

生态产业园区是一个包括自然、产业和社会的地域综合体，是依据产业生态学原理而设计成的一种新型产业组织形态。它将可持续发展和生态环境保护的思想渗透到产业体系之中，并同经济效益建立紧密的联系。在发展过程中，生态产业园区往往遵从循环经济的"减量化、再利用、再循环"3R原则，通过成员之间的副产物和废物的交换、能量和废水的逐级利用、基础设施的共享，来实现园区在经济效益、社会效益和环境效益的协调发展（汪明峰等，2008）。

开发区的循环经济体系的构建往往需要在3个层面上共同推进（陈家祥，2006；汪明峰等，2008）。首先在企业层面，积极推进清洁生产是重要的抓手，也就是要推动企业建立以绿色技术为核心的生产模式，促进企业内部资源循环，从源头提高资源利用效率，减少排放物，以最低的资源消耗实现最大的经济效益。进一步在园区及产业层面，实践循环经济的途径是打造循环产业链和生态产业园区。通过支持产业链延长与链接技术开发以及循环经济技术集成应用，促进企业、产业之间的资源耦合与利用，建立生态产业网络；同时，鼓励园区进行生态化建设和改造，基于各自发展基础和特点，探索与实践不同的发展模式。最后在区域层面，构建产业共生系统（Sterr and Ott，2004）。将工业与服务业和农业、生产与消费、城区与郊区、行业与行业之间有机结合起来，最大限度地综合利用资源，构建基于区域循环经济理念的生态链。同时，参与全球、全国、全省经济分工和大循环，形成与全球经济共融的区域产业生态系统。

（二）国家生态工业示范园区建设

2001年起，原国家环保总局首先在广西、内蒙古、山东等地进行了生态工业园区建设试点。2003 年，进一步将生态工业理念引入各类经济开发区、高新区，开始了中国国家层面生态工业园区规划建设的探索实践。2007 年 4 月，国家环保总局、商务部和科技部联合发布了《关于开展国家生态工业示范园区建设工作的通知》(环发[2007]51号)，三部门联合在国家级经济技术开发区、国家高新技术产业开发区中开展国家生态工业示范园区建设工作。建立了部门联合开展生态工业园区建设的新机制，生态工业园区建设进入了一个新的阶段。截至 2016 年 12 月，全国共批准 48 个国家生态工业示范园区，另有 45 个开发区正在开展国家生态工业示范园区建设。

根据已考核验收的一些综合类国家生态工业示范园区的发展特点，可以归纳总结出现阶段中国生态工业示范园区的发展模式（田金平等，2012）。中国近 30 年来工业化和城市化并举的发展特点，决定了国家生态工业示范园区发展由政府、市场和企业 3 个方面共同推进，实践层面可分为企业、产业集群、园区和社会 4 个层面（图 3.5）。在微观层面，即以企业为主体，通过理念革新和技术进步，提高生产效率和资源能源利用效率，减少废弃物产生量。中国的开发区发展过程中，引入龙头企业，进而带动配套企业进入，形成产业集群（支柱产业），以产业集群为依托构建"园中园"的发展模式很普遍。园区层面的重点在于完善基础设施，这更多地由政府主导，依靠政府公共财政资源投入来完成。开发区发展过程中建成完备的基础设施已成为招商的基本要求和标准。宏观层面，即社会层面，首先是加强基础设施在更大的区域内共享。其次，加强了社会分工，如人力资源管理走向社会化，危险废物和固体废弃物综合利用委托专业化机构运营。再次，鼓励公众参与，加强了社会媒体对生态工业园区的监督，提高了公众的生态环保意识，从宏观上实现经济、环境和社会和谐发展。

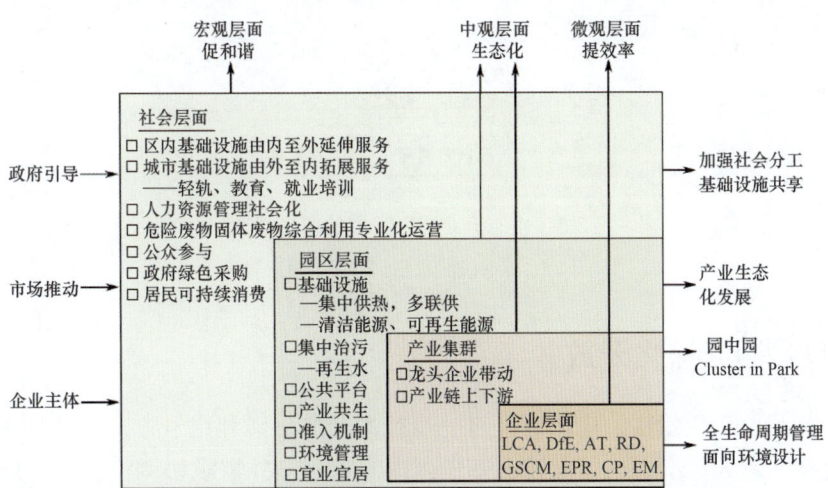

图 3.5　中国生态工业示范园区发展模式

资料来源：根据田金平等（2012）图 3 重绘

中国城市经济空间

以宁波化工区为例，该区遵照"统一规划、分步实施、相互配套"的原则，以"高起点、高产出、高回报"目标，以优化资源利用的方式来规划其经济发展。其总体定位是：以石化工业循环经济生产理念为指导，以大型炼油、乙烯联合装置为龙头，发展上游原料和中间产品；以镇海液体化工码头良好条件为依托，发展下游延伸产品；头尾呼应，中间对接，形成上下游一体化的石化产业链。辅以研发、创业环境的配套建设，最终成为集生产、科研、仓储运输、物流中心、市场集散为一体，能充分利用化工产业的集聚效应，又能与周边的大型化工园区形成既有分工又有竞争的世界级石化工业园区。与传统工业园区不同，生态工业园区作为一种新的规划和设计策略，在基地层面上统筹考虑经济、社会和环境的可持续发展。宁波化工区构建生态工业园区发展的系统框架，包括产业组织、空间规划、环境管理、公用辅助设施集成和文化认同5个方面（图3.6）（汪明峰等，2008）。

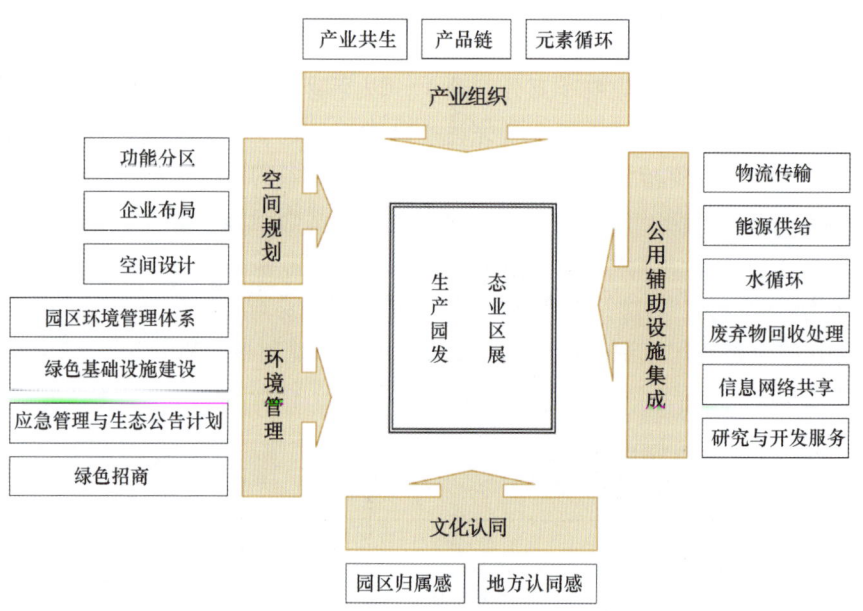

图 3.6　生态产业园区发展的概念框架

资料来源：根据汪明峰等（2008）图1重绘

三、制度创新与深化开放

与改革开放初期相比，中国经济进一步扩大开放，提升竞争力，需要实现两个根本的转变：一是从基于出口导向转向基于国内需求和国外需求协调拉动；二是从依赖低端生产要素转向依靠创新要素。但是，中国现有的收入分配体制、行政垄断、政府管制等，抑制了国内市场需求的扩大，妨碍企业从依赖技术引进转向自主创新、政府从招商引资转向获取国外高级生产要素。在境内建立自贸区，先形成局部区域对接国际市场的小窗口，然后逐渐将国际市场的一些高标准映射到整个中国制造业和服务业，推动改革创新和对内开放,最后再进一步扩大推广并实现整个中国经济全面对接国际市场,成为一个可行的做法(陈爱贞和刘志彪,2014)。

(一)自贸区的制度创新

经济结构的升级是经济发展目标升级的核心,而实现这一升级的途径是对传统优势的创新。自贸区试验的目标是实现"三新":一是培育参与全球竞争的新优势,即从劳动力优势扩展到知识及创新优势,从规模优势扩展到制度优势;二是构建国际合作的新平台,即开辟双边协议与区域诸边合作新平台;三是拓展经济增长新空间,即从制造业向服务业拓展,从国内向国际扩展。"三新"是开放升级版的要义,也是实现对以往发展模式超越的核心(张幼文,2014)。

以上海自贸区的探索来看,制度创新体现主要体现在3个方面(王道军,2013)。第一,用制度创新代替政策优惠。上海自贸区将把更多任务聚集到改革之上,一方面力求以投资管理体制改革为突破,修复企业和市场的效率基础,完成向成熟市场经济的转型;另一方面,通过探索,服务于中国下一步的全球化战略,参与全球价值链和投资规则的重构,促进传统经济向新经济升级。第二,探索负面清单管理模式。在上海自贸区总体方案中,以"负面清单"为核心的投资准入管理体制改革是重要突破口,而这也和当前行政审批制度改革方向是一致的。第三,形成可复制、可推广的经验。上海自贸区的建立是为上海乃至中国带来发展红利,是推进改革和提高开放型经济水平的"试验田"。从这个角度讲,作为一种国家战略,自贸区并不注重企业集聚,而是注重改革集聚(王道军,2013)。

(二)自贸区与区域产业升级

2013年9月27日,国务院印发《中国(上海)自由贸易试验区总体方案》。根据该试验区实施范围涵盖上海外高桥保税区、上海外高桥保税区物流园区、洋山保税港区和上海浦东机场综合保税区4个海关特殊监管区域,占地约28 km^2。2014年12月28日全国人大常委会授权国务院扩展中国(上海)自由贸易试验区区域,范围由原来的4个区域,加上陆家嘴金融片区、金桥开发片区、张江高科技片区,面积扩大4.2倍,达到120.72 km^2。2017年,进一步激发了市场活力,区内新注册企业累计超过5万户,实到外资、外贸出口额占全市比重均超过40%。

根据规划,上海自贸区内产业发展将呈现以下趋势(石崧等,2014):①基础产业加速集聚。随着上海自贸区各项政策细则的逐步实施,贸易、航运、物流等基础产业将依托港口的区位优势进一步加速集聚。②新兴服务业不断进入。《中国(上海)自由贸易试验区总体方案》中提出重点扩大6大领域服务业的开放,将会吸引一大批新的服务业企业进入自贸区。随着负面清单的修改,服务业的开放领域将进一步扩大,会吸引更多的新业态进入自贸区。③加工制造业逐步转移。随着生产成本的上升与优惠政策的消失，自贸区内传统的加工制造业企业将加快向外转移的步伐。近年来，随着中西部发展的提速，许多地区在投资政策、生产成本等方面的优势开始体现，将会吸引一批自贸区内的加工制造业企业转移；而留在自贸区内的制造业企业必须加快转型升级，向价值量高端环节攀升。

上海自贸区内快速发展的同时，对区外的溢出效应也会逐渐显现（赵波，2014）。与WTO主要着眼于货物贸易不同，"扩大服务业开放、促进服务贸易"是上海自贸区的重要任务。方案提出，选择金融服务、航运服务、商贸服务、专业服务、文化服务以及社会服务领域扩大开放，营造有利于各类投资者平等准入的市场环境。从服务业的特点来看，其市场范围很难用"封关"的措施来加以限制。上海自贸区在市场和空间的扩散效应不可能仅仅限于试验区范围之内，而会在全市范围甚至更大的范围内进行扩散。一些服务贸易企业在区内注册后，在区外运营，临近的浙江、江苏等地采取积极举措，着力进行产业对接。

四、新区开发与产城融合

20世纪90年代的高新区和产业新区，通常选址于城市郊区并且独立于城市主要生活区，有独立的地域空间，功能相对单一，以产业功能的集聚为主，生活居住、消费娱乐等活动依托与其相邻的城市主要生活区或城市中心完成。在建设初期，单一功能在一定地域空间内的集中，有利于相关环境氛围的形成，提升产业或其他功能的集聚效力。然而，经过十几年的发展，这种单一功能集中于城市外围的新区建设模式也暴露出了越来越多的问题（刘畅等，2012）。很多城市出现工业围城、园区围城的发展困境：一方面城市拓展方向受限；另一方面工业区产业区、科教区等城市新区功能的进一步提升与发展也受到限制，如职住不平衡、生产服务与生活服务设施缺乏、"空城"与"睡城"，以及所带来的城市交通拥挤、潮汐式交通等问题。如此，在转型发展的新时期，伴随着全球化的深入推动、产业转型升级的发展要求，以及城市空间不断生长，开发区需要寻求新的发展思路。在这样的背景下，产城融合发展，成为开发区转型发展的一种新趋势。

（一）产城融合的内涵

从开发区发展历程来看，产城融合是地区发展到一定阶段的产物，体现了现阶段城市发展回归人本导向，城市功能需要融合发展，就业与居住要结构性匹配等方面的需求（李文彬和陈浩，2012）。可以预见，这一发展过程的最终结果是开发区与非开发区区域之间的差距逐步缩小，开发区完全融入所在城市和区域的整体运行当中，开发区作为"特区"的属性将日益淡化，开发区与非开发区之间有形和无形的"界线"将日益模糊而消失，从而进入到"后成熟期"阶段，即产城融合发展阶段。

产城融合一般包含以下4方面（钟睿，2018）。一是发展动力转型，产城融合阶段开发区的发展动力是多元化和内生化的,尤其是内生性和可持续性的培育。二是产业结构转型,该阶段开发区的产业结构将形成服务业主导、第二、三产业并行的格局,尤其是低端制造业的退出、创新型产业的引进以及新型消费空间的崛起等。三是功能复合,有别于《雅典宪章》提出功能分区理念,产城融合功能上是就业机会、居住机会、公共服务机会以及联系以上三者的恰当交通方式和廊道的选择。四是空间融合,开发区由最初城市外围的工业园区或飞地,逐步发展为与城市功能不断互动和融合的综合型城市功能区,最终成为一般意义上的城市地区,实现和主城的一体化发展。

由此可以看出,开发区是一种特定时期的阶段性产物,初期利用外部给予的政策优势逐步壮大,中后期则更为依靠内生动力发展和壮大,并在产业结构、功能结构和空间结构三方面由初期与主城的异构化走向中后期的同质化和融合。随着开发区与主城在产业、功能、空间三方面的融合和一体化,初期赋予开发区的政策效用逐步消退,政策的窗口期结束,开发区成为一般意义上的城市功能区,此时的政策和配套措施也应当由传统的产业支持型政策走向更加综合和更加偏重于社会服务功能的城市服务型政策。

(二)产城融合的实施路径

从产业园区到城市新区的转变具有一定的实施路径。以苏州工业园区为例(表3.3),该区自1994年成立,经过20余年的发展,已从一个单纯的工业园区发展成为苏州的新城(刘畅等,2012)。园区成立时,韩国三星、美国BD、日本百佳等14家外资企业作为首批企业进驻工业园区。1998年,园区第一个安居小区新城花园首期竣工,一方面满足园区内工作人员的居住需求;另一方面由于园区定位为高新技术园区,小区建设标准较高,安居小区的建设也对园区吸引人才具有重要意义。在安居小区建设的同时,生活服务设施的配套建设跟进,园区产业、居住、服务等功能实现复合。2004年,园区成立10周年,已经成为一个产业区与居住社区融合布局的新区。此时的新区服务配套主要是社区级的公共服务设施。2006年,新东湖时代到来,沿金鸡湖东岸建设苏州新的商务文化中心,增加了高档酒店、文化中心、会展中心等现代服务功能,形成环金鸡湖中央商务区、阳澄湖生态旅游度假区和独墅湖科教创新区,从而成为苏州东部综合商务新城。

表3.3 苏州工业园区的分阶段发展

	成型期	成长期	成熟期	
时间	1994~2000年	2001~2005年	2006~2010年	2011年至今
主导建设方	新加坡	中国	中国	中国
范围	中新合作区 70 km²	中新合作区 70km² + 周边4镇,共278km²	中新合作区 70 km² + 周边4镇,共278km²	撤镇设街道,中新合作区 70 km²+4街道,共 278 km²
功能定位	相对独立工业新区,60万人口的家	高科技园区,苏州一体两翼中的新城区	苏州东部新城,苏州市级CBD	苏州现代化生态宜居城区

中国城市经济空间

续表

	成型期	成长期	成熟期	
建设成效	基本完成中新合作区首期约 8 km² 的开发建设和工业地块招商任务	基本完成中新合作区 70 km² 基础设施开发及周边乡镇的主要路网与配套设施建设任务，进一步完善城市功能	推进重点功能板块和各类创新载体建设，实施老镇区改造	推进工业用地更新和老镇区改造，加快建设苏州市"综合商务新城"
相应规划	1995 年版园区总体规划	2001 年版园区总体规划	2006 年版园区总体规划	2012 年版园区总体规划

资料来源：引自钟睿（2018）表5。

第三节 产业升级与开发区转型：上海案例

一、开发区发展历程

（一）20世纪80年代——对外开放的试验区

从中国改革开放的发展历程看，中央出于各方面的考虑并未将上海作为第一批实行"经济特区"政策的试点城市，而是在经济特区取得一定的发展成就后，于1984年进一步开放了14个沿海城市，上海名列其中并开始全力贯彻党的十一届三中全会提出的改革开放方针。1985年国务院批准了《上海经济发展战略规划纲要》，提出上海要重视第三产业的发展，1986年上海市城市总体规划被批复，这两个纲领性文件与规划明确了上海作为全国经济中心城市的地位，强调通过吸引外资建设商业中心、开发城市新区。尤其是1986年版城市总体规划中，确定把上海建设成为太平洋西岸最大的经济贸易中心之一，首次把上海置于国际的大格局中进行城市定位。在此背景下，上海先后规划开辟了虹桥、闵行经济技术开发区（1986年8月）和漕河泾新兴技术开发区（1988年6月）。

20世纪80年代设立的开发区是上海实行对外开放的一种试验，数量较少，规模相对较小，且基本都是国家级开发区，其中虹桥经济技术开发区是全国唯一的以商务功能为主的国家级开发区。这一时期的开发区基本分布在上海中心城边缘区或接近卫星城，如长宁的虹桥经济技术开发区、徐汇的漕河泾新兴经济技术开发区，邻近闵行卫星城的闵行经济技术开发区。在区位选择上符合中国绝大多数开发区分布在城市边缘区的特点，因为边缘区拥有独特的区位与便利的交通条件，使其成为吸收城市先进技术的门户和获得发展外向型经济的条件（崔功豪和武进，1990）。开发区设立在边缘区还可以共享母城的基础设施，减少开发区前期的建设投资。

（二）20世纪90年代——外向型经济的领头羊

1990年，中共中央、国务院宣布开发开放浦东。随后党的十四大报告中提出"以上海浦东开发开放为龙头，进一步开放长江沿岸城市，尽快把上海建成国际经济、金融、贸易中心之一，带动长江三角洲和整个长江流域地区经济的新飞跃"。实际上，浦东新区是享有一系列特殊政策却没有边界的经济特区。上海在浦东新区规划建设了外高桥保税区、陆家嘴金融贸易区、金桥出口加工区和张江高科技园区4个国家级开发区。1994年，上海市政府提出把上海建成国际经济中心城市，其内涵与世界城市相一致，指明了上海迈向21世纪的发展战略（课题组，1995）。借助浦东的开发开放，以经济全球化进程的加快以及上海作为国家对外开放门户地位的确立为契机，上海在担当区域中心城市的同时，开始向世界城市迈进。

其后，借助浦东新区的开发开放，一批区级及乡镇开发区也被建立起来。针对全国开发区出现的过多过滥现象，1993年国务院发出了《关于严格审批和认真清理各类开发区的通知》，明确规定："设立各类开发区，实行国务院和省、自治区、直辖市人民政府的两级审批制度。省、自治区、直辖市以下各级人民政府不得审批设立各类开发区"。各地政府对已经批准的开发区进行了清理，撤销了一批不具备开发条件的开发区。上海也对区级和区以下级开发区进行撤销、合并，在此基础上设立了9个市级工业园区，大多依托各区县的县城。

上海在1996年提出的"三个集中"政策的引导下加快了开发区建设的步伐。各区县政府对内部资源进行整合，通过合并、新辟成立了大量区级工业区以分享上海对外开放的成果，承接全球产业转移，拉动地方经济增长。这一时期成立的开发区成为上海借力浦东开放大力发展外向型经济的领头羊。开发区在区位选择上进一步外移，浦东4个国家级开发区和9个主要的市级工业园区相继成立，各区县也纷纷建立工业园区，开发区的触角已经延伸到远郊区，呈现出遍地开花之势，开发区的分布格局基本形成。但这一阶段成立的某些开发区并没有遵从依托原有城镇布局的规律，对开发区今后的发展以及开发区对城镇的辐射带动效应都造成了不利影响。如宝山城市工业园区远离宝山县城，选址区位交通条件也不发达，发展至今，与同期靠近县城成立的松江、嘉定等工业园区具有明显的差距；浦东4个国家级开发区的选址也未考虑与当时川沙县城的发展关系，但由于距离中心城区较近，再加上经济特区成立以来，其发展重点一直是聚焦在4个国家级开发区上，所以浦东开发区发展十分迅速。现在，4个国家级开发区已成为浦东新的增长极，但由于距离川沙较远，无法辐射带动老城的改造、升级，与其他郊区的老县城相比，川沙在走向"衰落"。

（三）2002年以后——融入全球经济的生产空间

2002年后，上海市进一步推进"三个集中"政策，并在一些区县成立试点园区

中国城市经济空间

（松江工业区、青浦工业园区、嘉定工业园区）。2003 年，国家针对开发区过多过滥和大量侵占耕地的情况，再次对开发区进行了清理整顿，发布了《国务院办公厅关于清理整顿各类开发区加强建设用地管理的通知》（国办发 [2003]70 号）和《国务院关于加大工作力度进一步治理整顿土地市场秩序的紧急通知》（国发明电 [2003]7 号）。根据国家对开发区的宏观调控，上海对开发区进行了新一轮的清理整顿。经过开发区的两次整顿，上海市工业园区从 1997 年的 208 个减少到 2004 年的 79 个，其中撤销了 132 个，占原总量的 63%。2006 年之后，国家暂停了新设和扩建各类开发区，上海开发区的规模和数量相对稳定，只是对部分开发区的类型和级别进行调整。如 2009 年，上海市北工业区转变为上海市北高新技术服务业园区；2011 年，紫竹高科技园区并入上海高新技术产业开发区，由市级园区提升为国家级园区；同年，上海化学工业园区升格为国家级经济技术开发区。另外，上海"十一五"工业规划中将公告开发区中的工业类园区、区镇级开发区，以及产业基地进行了规整，划定了 104 个产业区块，其中 52 个地块为公告园区，10 个地块为产业基地，还有 42 个零星的地块为区镇级工业园，进一步规范了上海开发区的空间格局和地块管理。

进入 21 世纪后，开发区成为上海进一步融入全球经济的生产空间。一方面，上海市对原有国家级和市级开发区进行用地增量与扩展，多个开发区设立了分区。这一时期的开发区规模一般都很大（表 3.4）。松江、嘉定、青浦 3 个试点园区成为这一时期开发区中的代表，通过增量，3 个市级工业园区的规模均超过了 50 km²。另外，针对布局在中心城区或中心城边缘区的国家级开发区发展势头良好而无地可用的情况，在用地空间较大的远郊区新开辟设立分区，如设立在浦江镇的漕河泾新兴技术产业园区分园——漕河泾高科技园区，落户在南桥新城的闵行出口加工区以及设立在临港新城的闵行经济技术开发区装备产业分区等。另一方面，通过对开发区的清理整顿，将区级及以下开发区合并到市级开发区中，出现了"一区多园"的空间格局（表 3.5）。其中，个别园区分散在两个不同的行政区内，在管理上根本无法实现整合，如宝山工业园区、西郊工业园区和浦东空港工业园区等。"一区多园"现象使得开发区在空间布局上呈现出集中与零碎化并存的特征。截至 2014 年末，由国家发改委、国土资源部审核公布的市级以上开发区共 32 个，其中国家级 9 个（表 3.5）。

表 3.4 上海市不同时期成立的开发区土地利用情况

时期	数量 / 个	规划总面积 /km²	平均面积 /km²
1984~1989 年	4	26.95	6.74
1990~1993 年	9	70.54	7.84
1994~2002 年	38	275.76	7.26
2002 年以后	10	153.02	15.3

资料来源：根据上海开发区统计手册（2015）整理。

表 3.5　2014 年上海市国家级开发区

序号	国家级开发区		分布区县
1	中国（上海）自由贸易试验区	外高桥保税区	浦东
		洋山保税港区	
		上海浦东机场综合保税区	
2	上海金桥经济技术开发区		浦东
3	张江高科技园区		浦东
4	漕河泾新兴技术开发区	漕河泾新兴技术开发区	徐汇
		漕河泾浦江高科技园	闵行
5	闵行经济技术开发区		闵行
6	陆家嘴金融贸易区		浦东
7	上海紫竹高新技术产业开发区		闵行
8	上海化学工业经济技术开发区		奉贤
9	上海松江经济技术开发区	石湖荡工业园区	松江
		松江出口加工区	
		上海松江经济技术开发区（松江工业区）	
		上海松江经济技术开发区（车墩分区）	
		上海松江经济技术开发区（松江国际中小企业城）	
		上海松江经济技术开发区（新桥分区）	
		上海松江经济技术开发区（小昆山园区）	
		中山工业园区	
		练塘工业园区	

资料来源：根据上海开发区统计手册（2015）整理。

上海开发区经历了由少到多，由小到大，由近及远的过程（图 3.7 和表 3.6），远郊区的开发区无论从数量上还是从规模上都是最多和最大的。采用行政区划法对上海城市地域结构进行划分，可将市域划分为以下 3 个区块：①中心城区：包括两个层次，黄浦、静安为中心城核心区；虹口、徐汇、长宁、普陀、闸北、杨浦为中心城边缘区。②近郊区：包括闵行、宝山、嘉定、浦东新区（未包括原南汇区）4 个区。③远郊区：包括松江区、青浦区、原南汇区、奉贤区、金山区、崇明县 6 个区县。截至 2014 年末，经统计，中心城区仅有 4 个市级以上开发区，规划面积 9.17 km^2，在郊区则分布有 28 个市级以上开发区，其中近郊 14 个，规划面积 305.90 km^2，远郊区 14 个，规划面积 252.89 km^2（表 3.6）。远郊区的新城和新市镇一般都具有良好的城镇建设基础和区位条件，如发达的道路交通网络，有利于吸引外商投资和本地企业的迁入。因此，上海

中国城市经济空间

开发区多与规划的新城和新市镇相邻，依托这些城镇设立，完成了早期的资本积累和产业集聚，而在后期的发展中开发区又成为这些城镇发展的有力支撑点，两者形成了良好的互动（图 3.7）。

图 3.7　上海在不同时期设立开发区的空间分布

资料来源：作者自绘

表 3.6　2014 年上海市开发区分布情况

区域	数量 / 个			规划面积 /km²	已开发土地面积 /km²
	国家级	市级	总计		
全市	9	23	32	567.96	444.38
中心城区	**1**	**3**	**4**	**9.17**	**7.59**
核心区	0	0	0	0.00	0.00
边缘区	1	3	4	9.17	7.59
近郊区	**6**	**8**	**14**	**305.90**	**241.36**
闵行	2	1	3	45.47	38.21
嘉定	0	2	2	81.90	59.79
宝山	0	2	2	35.57	20.20
浦东新区（未包括原南汇区）	4	3	7	142.96	123.16
远郊区	**2**	**12**	**14**	**252.89**	**195.43**
松江	1	1	2	67.82	51.72
青浦	0	2	2	66.40	39.63
金山	0	3	3	37.48	36.51
奉贤	1	3	4	59.45	53.70
原南汇	0	1	1	11.37	9.21
崇明	0	2	2	10.37	4.66

资料来源：根据上海开发区统计手册（2015）整理。

二、产业升级与开发区转型

上海开发区通过极强的产业集聚力，成为上海实施对外开放政策，吸引外部投资的前沿阵地，促进了城市经济的快速发展。开发区的规划建设和发展在很大程度上提高了城市产业结构水平，促进了城市产业结构调整、升级的进程。开发区对城市主导产业的变迁具有一定的引领作用，并且随着开发区不断发展壮大，成为地方对接全球生产网络的重要节点区域。开发区的规划建设不仅为上海中心城区疏导工业，大力发展第三产业提供了新的空间，而且引领了工业内部主导产业的变迁。开发区内生产性服务业的快速崛起也促进了上海现代服务业的发展。上海抓住了全球新一轮产业转移的机遇，大规模建设的开发区成为上海承接全球先进制造业转移的重要空间载体。开发区大力发展的新兴先进制造业促使了上海工业内部产业的调整、升级。

（一）产业升级转型的效果显著

开发区转型升级创新，是上海市推进产业结构调整、培育"四新"（新技术、新产业、新业态、新模式）经济、实施产城融合发展、向具有全球影响力的科技创新中心进军的重要抓手。2014年，上海市开发区产业发展逐步向战略性新兴产业和生产性服务业两端集聚，发展较为迅速，而传统工业发展相对较慢，形成了两头大中间小的发展格局。产业结构中第二、三产营业收入之比为48 : 52，三产比重比2013年提高3个百分点，三产比重首次超过二产。

上海市开发区呈现出经济能级大幅提升，开发区产值占全市比重持续增加等特征。2014年，全市104个区块实现营业收入达到6.2万亿，首次突破6万亿，其中工业总产值为2.6万亿，占全市工业总产值的近80%。土地产出效益再创新高，单位土地营业收入133.8亿元/km^2，单位土地工业总产值达到69.1亿元/km^2（按照已供应工业用地计算），单位土地税收达到5.96亿元/km^2。此外，中国（上海）自由贸易试验区成立的影响持续扩大，对内外资投资均有较强的吸引力。

上海市一批重点开发区转型发展稳步推进，包括普陀桃浦地区、宝山南大地区、高桥石化地区等均已落实产业结构调整计划，奉贤江海、青浦华新、松江车墩、玉树路西片产业区块等全面推进落后产能调整淘汰工作。此外，截至2014年底，奉贤区江海经济园区、金山区枫泾工业区、宝山区顾村工业区、高陆工业区等10家工业区获批成为上海首批开发区转型升级试点，优先支持提升园区信息基础设施服务能级；优先支持开展智慧园区建设；鼓励支持与国内外优秀园区机构开展联合行动。并且，上海开发区利用市场化手段，推进开发区与区县政府的联动发展，促进产城融合、产业集聚发展。

"四新"经济新载体建设重点突出，上海市推动36个"抓手型"领域与科技孵化器对接。推进嘉定工业区、青浦工业区成功创建"国家新型工业化产业示范基地"，大张江开展"四新"经济创新基地建设试点，推进了重点领域人才、信用管理实训基地建设试点。同时，完善了开发区信息管理服务平台，整合工业园区、生产性服务业功能区、创意园区、信息服务产业基地、科技企业孵化器等各类载体，以满足企业落地需求，解决企业与载体间信息不对称问题。

（二）制造业内部的产业持续升级和转型

1. 开发区内部形成七大重点产业

工业产值的行业比重和增速均较大，且对全市开发区工业增长推动作用较明显的七大产业分别是计算机、通信和其他电子设备制造业、汽车制造业、化学原料和化学制品制造业、通用设备制造业、电器机械和器材制造业、黑色金属冶炼和压延加工业、石油加工、炼焦和核燃料加工业（表3.7）。2014年，七大重点行业工业总产值达20284.43亿元，占全市开发比例80.36%。其中产值最高的前三位分别是电子工业，产值为6920.75亿元，占27.42%；汽车制造业，产值为4939.71亿元，占19.57%；化学原料和化学制品制造业，产值为2393.55亿元，占9.48%。此外，开发区内传统行业如农副产品、食品、造纸印刷等行业产值占比较小。

表 3.7 2014 年上海市开发区七大重点行业结构

行业名称	产值/亿元	占比/%
计算机、通信及其他电子设备制造业	6920.75	27.42
汽车制造业	4939.71	19.57
化学原料和化学制品制造业	2393.55	9.48
通用设备制造业	1921.42	7.61
电器机械和器材制造业	1734.24	6.87
黑色金属冶炼和压延加工业	1350.28	5.35
石油加工、炼焦和核燃料加工业	1024.48	4.06
合计	20284.43	80.36

资料来源：根据上海开发区统计手册（2015）整理。

2. 企业数量和从业人员数向重点行业集中趋势明显

2014 年末，上海开发区规模以上工业企业单位数 5166 个。其中大型企业 258 个，中型企业 1070 个，小型企业 3838 个，小型企业占全市开发区比例为 74.29%。在制造业企业中，单位数最多的七大行业分别是通用设备制造业（797 家）、电气机械及电器制造业（562 家）、化学原料及化学制造业（514 家）、专用设备制造业（409 家）、金属制造业（409 家）、汽车制造业（340 家）、电子计算机业（326 家）。这七大行业占全市开发区企业数的比例为 65%。近年来，按照市场经济规律和国家产业政策的要求，上海市开发区的行业结构和产品结构调整进程加快，开发区内规模以下工业企业单位数减少，污染大、能耗高、产出低的小钢铁、小化工等企业逐渐被淘汰，从事农副食品加工业、烟草、造纸、化学纤维、黑色金属等行业的企业数量也很少。

从从业人数来看，2014 年末上海市全市开发区规模以上企业从业人员 168 万人，其中从事重工业人员占全市开发区比例为 62.5%，轻工业占 38.5%，较 2013 年同期而言，从事重工业人员比重有所下降，轻工业比例有所上升，但仍保持以重工业为主的局面。从业人员数较多的行业多为开发区重点产业，如计算机工业、汽车制造业、通用设备制造业、电气机械和器材制造业、化学原料和化学制品制造业。

3. 参与全球生产系统的地位高于上海市整体水平

根据 1998~2007 年上海出口商品结构的变化，上海制造业参与全球生产系统的地位正在逐步提高（表 3.8）。同样，可以通过比较开发区出口产品结构来判断上海开发区在全球生产系统中的地位。2014 年，上海开发区中属于知识密集型和资本密集型的电子信息、电器机械、通用设备、精细化工、专用设备等产品的出口交货值占据了前五位，

中国城市经济空间

尤其是电子信息占到了 76.59%（表 3.9），反映了上海开发区参与全球生产系统的地位高于上海市的整体水平，上海出口产品结构有提升。受国际市场经济复苏的影响，上海市开发区产品出口外向度有提升趋势，2014 年开发区出口外向度为 33.4%，比 2013 年上升 2%。截至 2014 年末，开发区工业企业完成出口交货值 7736.04 亿元，比 2013 年上升 32%，其中主要集中在电子信息制造业，出口值高达 5925.24 亿元，占全市开发区比例 76.59%，主要是笔记本代工企业出口。

表 3.8　1998~2007 年上海出口商品结构分析

出口商品总额比例 /%	1998 年	2001 年	2004 年	2007 年	比例变化 /%
初级产品	5.01	2.83	2.91	2.23	−2.78
工业制成品	94.99	97.17	97.09	97.77	2.78
服装及衣着附件	23.43	19.48	11.21	7.76	−15.67
纺纱、织物、制成品及有关产品	8.58	6.36	4.35	2.93	−5.65
化学成品及有关产品	6.21	4.82	3.88	4.87	−1.34
钢铁	3.14	2.24	2.23	3.58	0.44
机械及运输设备	31.97	43.56	57.31	59.28	27.32
通用工业机械设备及零件	3.62	4.26	4.85	5.22	1.60
电力机械、器具及电气零件	10.01	13.73	14.89	13.40	3.39

资料来源：历年《上海统计年鉴》。

表 3.9　2014 年开发区出口交货值前五位的产品

出口产品	出口交货值 / 亿元	所占比例 /%
电子信息	5925.24	76.59
电气机械及器材	458.37	5.93
通用设备	422.36	5.46
精细化工	314.26	4.06
专用设备	201.16	2.6
合计	7321.39	94.64

资料来源：根据上海开发区统计手册（2015）整理。

（三）生产性服务业成为开发区产业中的重要组成部分

上海市在"十一五"规划中提出了"两个优先"的产业发展战略，生产性服务业被作为现代服务业中的重要组成部分，是未来上海市产业发展的一个主导方向。近几年，开发区的生产性服务业发展迅速，并逐步融入上海现代服务业发展的大格局中，促进了第三产业内部的结构升级（毕秀晶等，2011）。2014 年，全市开发区第三产业营业收入 32240.83 亿元，同比增长 16.28%，实现利润总额增幅 4.21%，税收增幅 10.23%。全市共有 33 家生产性服务业功能区（28 家重点推进，5 家重点创建），总规划面积近 4500 hm^2。生产性服务业十大重点领域共实现营业收入超过 1.8 万亿元，较上年同比增长 18%。其中，生产性服务业功能区作为对接产业链上下游、集聚重点产业和"四新"经济发展的重要载体，已经成为推动上海产业未来发展的新引擎。

同时，总部经济和研发机构加快向开发区集中。截至 2014 年，开发区集聚了 994 家世界 500 强及投资企业，亚太地区总部及中国总部占据了主导地位，主要集中在金桥、张江、漕河泾、紫竹、市北等开发区。另外，对上海外资研发中心的研究表明，90% 都位于靠近中心城区的外环线以内，而且高度集中于 3 个高新技术园区：漕河泾、张江和虹桥，集聚了一批跨国公司的研发中心（徐瑞华和杜德斌，2004）（表 3.10）。但从开发区生产性服务业的结构来看商贸仍占据绝对主导地位，物流、信息、研发等所占比例较小，开发区生产性服务业结构面临调整和升级。

表 3.10　上海部分开发区内的研发中心

开发区	入驻的国际知名企业研发中心
张江高科技园区	GE、罗氏、杜邦、英飞凌、霍尼韦尔、索尼、和记黄埔、安利、罗门哈斯、日本荣研、德国 SAP、花旗、INFOSYS、中信国际、上海迪赛诺等
漕河泾新兴经济技术开发区	联合利华、3M、本田技研工业、飞利浦、佛吉亚、思科、天合汽车研发、微开半导体研发、汽巴精化、爱立发自动化、安德鲁科技等
紫竹高新技术产业园区	英特尔全球研发中心、微软亚太研发总部、惠普全球（中国）软件中心、意法半导体、欧姆龙、东丽、雅马哈、花王、博格华纳等

资料来源：各开发区网站。

三、开发区建设重塑城市空间结构

城市功能的转型往往带动城市空间结构的演化（侯学刚和彭再德，1997）。城市功能的不断增加，导致城市用地结构发生分化，而这种分化效应产生的空间效果有两个方面：一是导致旧的城市空间的改造与功能提升，比如城市内部原来的传统工业用地转换为现代都市型工业用地或服务业用地；二是推动城市向未开发地区的扩展，满足新的城市功能的需要，加快了城市郊区化进程，如城市边缘区大量涌现的开发区等。

（一）开发区加速了城市空间的外部扩张和内部重组

伴随着城市化进程的不断加快，人口和产业容量迅速膨胀。上海的城市空间也不断加速向外扩展，城市建设用地规模屡屡突破规划的用地量。从 1990~2013 年，经过 20 多年的城市建设和发展，上海市城镇用地面积从 562.4 km^2 扩大到 1098.8 km^2，以平均每年 23.32 km^2 的速度在增长（表 3.11）。但从总体上看，增长幅度在趋缓。

中国城市经济空间

表 3.11 1990~2013 年上海城镇用地面积变化趋势

项目	1990 年	1995 年	2000 年	2005 年	2013 年
城镇用地面积 /km²	562.4	760.9	777.9	914.0	1098.8
年均增长量 /km²	—	39.7	3.4	27.22	23.1
年均增长率 /%	—	7.06	0.45	3.50	2.53

资料来源：根据周翔（2015）的数据整理。

上海于 1986 年设立了第一个开发区虹桥经济技术开发区，面积仅为 0.6 km²，经过 21 年的开发建设，截至 2014 年底仅市级以上开发区规划面积已达 567 km²，其中累计已建成面积达 444.38 km²。开发区从中心城区的边缘区或近郊区拓展到近郊区边缘和广大的远郊区，上海城市发展的空间也随之扩大到 6000 多平方千米的整个市域。最具有代表性的就是浦东的开发开放带动上海城市空间越过浦江伸向海洋。

同时，开发区的规划建设及在郊区的大量布局，吸引了大量工业企业外迁到郊区，为中心城区导入新的功能腾挪出空间，加速了中心城区内部空间改造、重组的进程。中心城区的用地结构不断调整，各类房屋的建筑面积也发生较大变化（表 3.12）。工业用地比例不断下降，至 2014 年已低于 10%，1999~2014 年工厂的建筑面积减少了 584 万 m²；居住用地比例整体有所上升，近几年一直维持在 30% 左右，居住房屋建筑面积增加了 8280 万 m²；公共设施和市政设施用地则逐年增加，其相应的办公和商场店铺房屋建筑面积增加了 3208 万 m²；绿地的用地比例也有了大幅增加，至 2007 年已近 5%。以上数据的变化说明中心城区内部空间发生重构，居住和服务功能相对加强，工业生产的功能则不断减弱。

表 3.12 1999~2014 年上海市中心城区分类建筑面积变化

项目	居住面积 / 万 m²	工厂面积 / 万 m²	办公面积 / 万 m²	商场店铺面积 / 万 m²
2014 年	19849	2681	3848	1983
所占比例 /%	58.03	7.84	11.25	5.80
2007 年	16686	3016	2471	1388
所占比例 /%	61.60	11.13	9.12	5.12
1999 年	11569	3265	1585	674
所占比例 /%	58.55	16.52	8.02	3.41

资料来源：《上海统计年鉴》（2015）。

（二）开发区驱动城市空间形态由单中心向区域化和多中心发展

上海开发区大多位于城市轴向扩展的主轴线上，与城市主要拓展方向一致，开发区的规划建设对城市空间形态的演变具有较为明显的导向和强化作用。

1. 无开发区建设时期：单中心摊大饼式向外蔓延

新中国成立初期，根据苏联城市规划的理论与经验要把上海由消费城市转变为生产城市，强调发展工业，城市空间结构也是照顾工业布局，当时形成了"一圈（外围工业区），一轴（黄浦江港口工业轴线）"的工业格局。由于已有的工业多布局在沿江地区，这一时期的上海城市也是沿黄浦江、苏州河轴线发展。

随着"充分利用，合理发展"工业发展方针的提出，为了适应工业布局和结构调整的需要，上海开始建设近郊工业区和远郊卫星城，市域范围进一步扩大，江苏省的宝山、嘉定、川沙等10个县划归上海市。先后规划建设了闵行、吴泾、安亭、松江、嘉定5个以某一工业为主体的新型工业卫星城。从20世纪70年代开始，上海重点发展杭州湾北岸和长江南岸地区。但这一阶段，中心城仍维持着单中心圈层式蔓延的形态。

2. 开发区建设鼎盛时期：圈层式近域推进为主导兼具轴线扩展

由于国内特殊的政治经济条件，上海的卫星城镇并未发展起来，导致上海在空间形态上仍然是围绕中心城区，沿黄浦江和苏州河两条传统轴线发展。1984年以后，上海开始了大规模的开发区建设，中心城区的虹桥、漕河泾，浦东的金桥、外高桥、张江，近郊区的闵行经济技术开发区等国家级开发区先行规划建设起来，随后成立的九大市级工业园区也大多布局在中心城的边缘区和近郊区，加速了中心城区向外呈圈层式近域蔓延的态势。尤其是1990年浦东经济特区的开发开放，促使上海的城市发展跨越浦江直指海洋，城市空间发展的东西轴线和滨海轴得到大大强化。

交通区位条件是开发区选址的重要影响因素，因此上海的开发区多沿对外联系的主要交通干线布局，如沿沪杭高速公路布局的松江开发区集群、闵行开发区集群等，沿沪宁、沿江高速布局的嘉定开发区集群、宝山开发区集群等，沿黄浦江从南到北的宝山开发区集群、浦东开发区集群、闵行开发区集群等。通过历年上海用地现状的对比可以发现上海在保持圈层式向外蔓延的同时，形成了沪宁、沪杭、沪青平、沪港、沪杭（杭州湾）、滨江沿海等几条主要的发展轴线，并呈现出明显的工业用地扩张带动。在已具雏形的几条主要发展轴线上也都是开发区的主要集聚带，开发区的大规模建设对城市空间形态由同心圆圈层式蔓延向轴线扩展的过渡具有明显的引导作用。

3. 开发区建设成熟时期：区域化、多中心发展

为了维持城市经济增长的持续性和社会的稳定性，在世界发展比较成熟的各大都市圈规划中，政府从城市区域的角度出发，通过开发城市远郊地区的新城分散大城市压力，尝试通过建立新城，为城市人口和产业发展提供必要的空间以及相应的设施，维持其增长的持续性。新城建设成为城市空间从单中心都市区向多中心都市圈以及大都市连绵带扩展的核心手段，新城建设的旋风席卷世界各大都市。世界典型大都市圈中，以往作为新城市地区进行开发建设的区域经过40~50年的发展已经成为次级城市中心，或分担大都市的某项特定功能，或相对独立与大都市在空间和功能上形成了互补关系。

中国城市经济空间

上海在 2006 年的近期建设规划中确定了"1966"城镇体系规划，规划建设 9 个新城，疏解中心城区的人口和产业压力，阻止城市摊大饼式的无序蔓延。且近期公布的 2017~2035 年城市总体规划中，上海市明确提出以提升全球城市功能和满足市民多元活动为宗旨，结合城镇空间布局，建立多中心功能体系的目标。目前，上海开发区已呈现出遍地开花之势，为上海郊区新城、新市镇的发展提供了强有力的产业支撑，增强了新城对人口和产业的集聚力，如松江试点园区成为松江新城的两翼；南桥新城将奉贤经济开发区包括在内；嘉定汽车产业园区和嘉定工业园区支撑起嘉定组团式新城；金山工业园区和上海化学工业园区塑造了金山新城。正是这些开发区内形成的特色产业集群塑造了"个性"鲜明的新城，在新城的总体规划中形成了各自的发展目标：航天闵行、汽车嘉定、石化金山、装备临港、精钢宝山等。上海通过建设开发新城带动了郊区县的发展，开创了城乡一体化的新格局，逐步向"区域化、多中心"的大都市区空间结构过渡。

第四章　崛起中全球城市制造业企业部门布局

经济全球化带来了全球产业布局的空间重构。以金融保险等为代表的高等级生产性服务业和制造业总部经济成为伦敦、纽约和东京等这些全球城市最为突出的特征，而制造业生产环节则向其他城市和其他国家转移。改革开放以来，我国逐渐融入了全球化进程，北京和上海作为中国大陆最主要的经济中心城市，目标定位为全球城市，其中央商务区也同样集聚了高等级生产性服务业，但对其制造业生产布局我们却所知甚少，这构成了本章研究重点。通过对北京和上海的制造业企业部门空间布局分析以及与发达国家全球城市对比，结果显示，北京与上海呈现出与发达国家全球城市不一样的特征，不仅具有一定比例的制造生产环节，而且多数生产环节都分布在自己行政辖区之内。

第一节　北京制造业企业部门布局

一、主要制造业

新中国成立之初，北京优先发展重工业，是当时中国重要的现代化工业基地，在此后的若干年里先后建成了西郊石景山钢铁工业区，西南郊丰台桥梁、机车制造工业区等20余个工业区。1960年，北京市开始对市区内的产业进行严格限制，主要以第三产业发展为主，并禁止新建工厂。

2012年北京从业人员规模排名前五位的制造业是：汽车制造业、计算机通信和其他电子设备制造业、专用设备制造业、通用设备制造业以及非金属矿物制品业（表4.1）。五大制造业从业人员占北京制造业总量的40.82%，其中比例最大的汽车制造业占10.49%，其次计算机通信和其他电子设备制造业占比10.35%。北京汽车工业是中国汽车工业的发起者之一，是中国汽车工业的重要组成部分，目前已形成了顺义制造业基地，以及以北京现代为代表的轿车板块、以北京奔驰为代表的越野车板块、以北汽福田为代表的商用车板块。北京的计算机通信和其他电子设备制造业也是优势行业，借力北大清华北京邮电等著名高校，计算机通信和其他设备制造业具有强大的发展潜力。专业设备制造业的从业人员在北京所有制造业中位列第三，拥有首钢机电、中煤煤矿机械等以往传统优势企业。通用设备制造业拥有制造业中较多的法人单位数，占北京制造业总量的 8.79%，拥有远大空调等重要的企业总部。非金属制造业也是北京重要的制造业之一，法人单位数占北京制造业法人单位总数的 7.62%。

表 4.1 北京前五大制造业行业从业人员数和法人单位数（2013）

行业类别	从业人员			法人单位数		
	人数/万人	占制造业从业人员比例/%	占所有行业的比重/%	单位数/个	占制造业企业比例/%	占所有行业的比重/%
汽车制造业	14.54	10.49	1.31	724	2.19	0.11
计算机、通信和其他电子设备制造业	14.34	10.35	1.29	1134	3.43	0.18
专用设备制造业	10.41	7.51	0.94	2269	6.86	0.36
通用设备制造业	9.08	6.55	0.82	2905	8.79	0.46
非金属矿物制品业	8.18	5.90	0.74	2518	7.62	0.40
五大制造业总计	56.55	40.82	5.09	9550	28.89	1.51
制造业总计	138.55	100.00	12.47	33055	100.00	5.24

数据来源：北京市第三次全国经济普查主要数据公报。

二、城市圈层的划分

为了便于国内外城市对比，本章对于所有全球城市圈层划分与定义，参照了 Saskia S（1991）对纽约的空间划分方式，打破行政界限，根据面积接近和功能相似的原则把全球城市分为核心区、内环、外环、近郊和远郊 5 个圈层，该种定义方式仅在本章语境内有效。按照这种划分方式，北京核心区为东城区及西城区，内环区域为朝阳区、丰台区、石景山区以及海淀区，而门头沟区、房山区、通州区、顺义区、昌平区及大兴区是北京都市圈的外环，其余的怀柔区、平谷区、密云区以及延庆区是都市圈的近郊区，远郊区为北京周边的天津市、唐山市、保定市、廊坊市（图 4.1）（郑国，2006），北京市都市圈人口分布如表 4.2。

表 4.2 北京都市圈人口分布情况

项目	面积/km²	2011年常住人口		2008年法人单位从业人员	
		数量/万人	占区域比例/%	数量/万人	占区域比例/%
核心	92.39	2162568	11.0	1463188	19.1
内环	1276.4	9554052	48.7	4049276	52.7
外环	8007.32	6321797	32.2	1743718	22.7
近郊	7296.33	1573951	8.0	420848	5.5
远郊	约15000	—	—	—	—

注：常住人口及法人单位从业人员占比计算中，以核心区、内环区、外环区及近郊区为总体区域。远郊面积按北京周边 100km 半径以内但不包括前四个区域的地带计算。

第四章　崛起中全球城市制造业企业部门布局

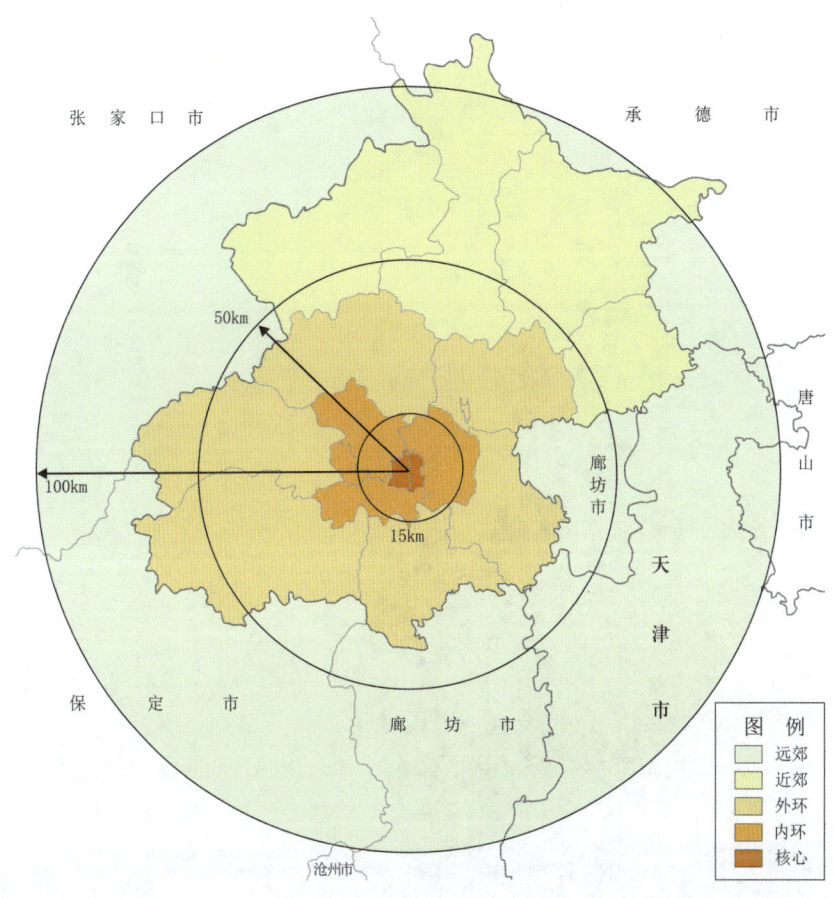

图 4.1　北京都市圈范围

资料来源：根据城市行政边界自绘

三、企业部门布局特点

在北京市五大制造业行业的每个行业中选取两家典型企业，展示企业内部不同部门的空间区位，揭示制造业企业部门分布特征。

北京的中心核心区面积约为 92.39 km²，是首都的核心功能区，随着城市空间战略和发展规划的实施，核心区作为"生产空间"的功能被逐渐弱化，相反服务功能、管理功能和创新功能得到强化。在本章选择的十大案例公司中，有 4 个服务部门和 1 个制造工厂位于该地区。

北京内环地区为 1276.4 km² 范围的 4 个区，分布了 4 家公司的企业总部，17 家服务部门，2 家研发部门以及 3 家制造部门（图 4.2）。这几个区位于核心 CBD 的周围，吸纳了无法在核心区生存的制造业总部和服务部门，但本区域制造部门仍然占比较少。

北京都市区的外环地区，分布着 6 家企业总部，25 家服务部门，1 家研发部门，以及 7 个制造部门。这一区域存在较多的总部、服务和制造业部门。近年来随着区县

中国城市经济空间

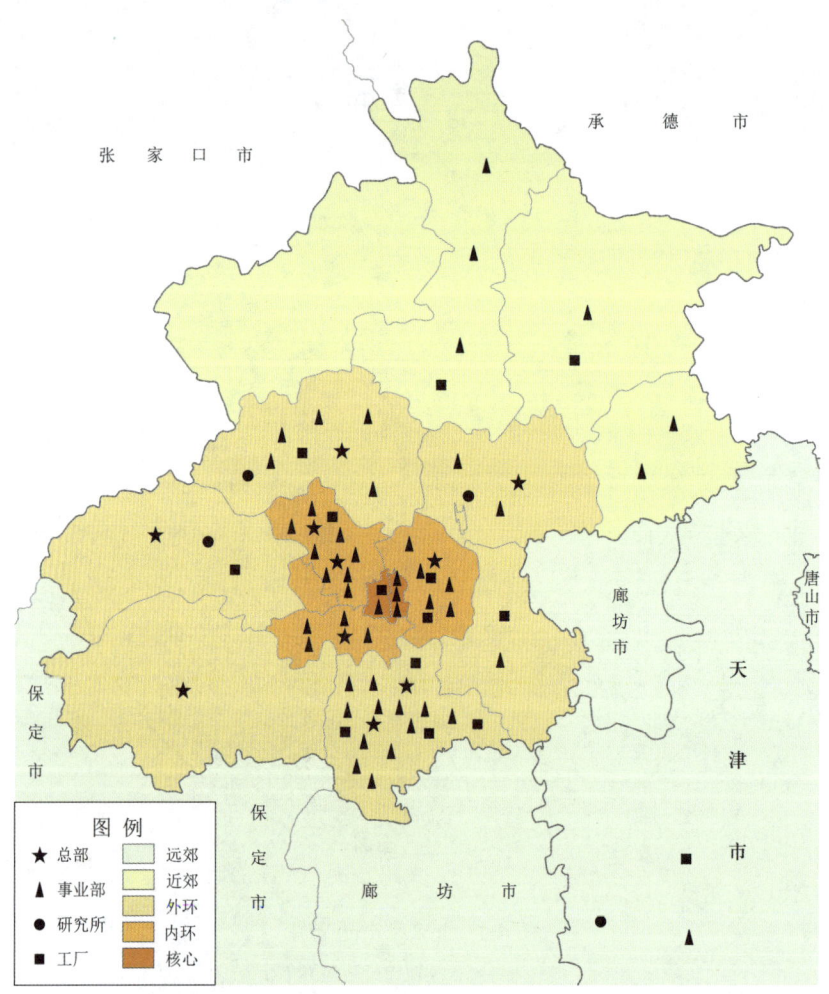

图 4.2　北京都市圈主要制造业企业生产链分布[①]
资料来源：根据城市行政边界自绘

经济的快速发展和远郊开发区的建设，这区域是北京目前制造业发展的重要基地，存在多个重要经济技术开发区和制造基地。

北京都市圈的近郊区分布着6个服务部门和2个制造工厂。由于北京近郊区距离主中心较远，较大的制造业企业在此区域布局较少。

北京都市圈最外缘包括了天津和河北的部分地级市，天津分别布局了1个服务部门，研发基地和工厂。

---

① 图中所选择的案例企业有：汽车制造业，北汽福田汽车股份有限公司和北京汽车制造厂有限公司；计算机、通信和其他电子设备制造业，联想（北京）有限公司和北京松下电子部品有限公司；专业设备制造业，北京精雕科技有限公司和北人印刷机械股份有限公司；通用设备制造业，SMC（中国）有限公司和北京鑫华源机械制造有限责任公司；非金属矿物制品业，北京市琉璃河水泥有限公司和中铁丰桥桥梁有限公司。

第二节 上海制造业企业部门布局

一、主要制造业

在计划经济年代和改革开放之初,上海制造在长达几十年的时间里一直在全国居于领先地位。但步入20世纪90年代后,随着珠三角制造的崛起,上海知名品牌纷纷陨落。由此,上海开始淘汰部分没有竞争力的轻工制造业,努力发展第三产业,同时对制造业进行升级,旨在增强上海中心城市的辐射功能,但目前上海的产业转型仍然面临着巨大的挑战。

上海市2010年从业人员规模排名前五位的制造业分别为:电子设备制造业、交通运输设备制造业、通用设备制造业、电子机械及器材制造业、金属制造业(表4.3)。五大制造业从业人员占上海所有制造业的50%,其中电子设备制造业占比最大,占所有制造业比重的14%。作为全市九大高新技术产业之一,电子信息制造业在浦东发展最为迅猛。上海市的电子设备制造业重点布局"一江三桥"(张江、康桥、外高桥、金桥)。交通运输设备制造业是上海的传统优势制造业,有上海通用、上海大众、上海汽车等多家大规模的制造企业,其规模在全国范围内也处于领先地位。通用设备制造业是装备制造业中的基础性产业,上海的通用设备制造业从业人员和产值规模位列第三,单位数量是所有制造业之最。上海的多种通用设备制造业的子行业都在全国处于领先地位。电器机械及器材制造业也在上海制造业的发展中占有一席之地,其中上海电气集团是国内最具规模的制造企业之一。金属制品是城市重要的基础行业,宝山钢铁的存在以及长三角对金属制品的需求为上海金属制品业的发展提供了优越的条件。

表4.3 上海前五位制造业行业从业人员数和单位数(2010)

行业类别	从业人员			单位数	
	人数/万人	占制造业比例/%	占所有行业的比重/%	单位数/个	占制造业企业比例/%
电子设备制造业	40.73	14	3.73	719	4
交通运输设备制造业	29.69	10	2.72	999	6
通用设备制造业	29.67	10	2.72	2156	13
电气机械及器材制造业	26.59	9	2.44	1476	9
金属制品业	17.46	6	1.60	1560	9
五大制造业总计	144.14	50	13.21	6910	42
制造业总计	289.04	100	26.50	16593	100

数据来源:上海2011年统计年鉴。

二、城市圈层的划分

与北京一样,为了便于国内外城市对比,上海城市圈层划分参照了Saskia S(1991)

对纽约的空间划分方式,打破行政界线,根据面积接近和功能相似的原则分为核心区、内环、外环、近郊和远郊 5 个圈层,该种定义方式仅在本章语境内有效。上海城市圈层划分如表 4.4 所示,中心城核心区主要包括黄浦、虹口、静安区,S20 以内为上海都市圈的内环,都市圈的外环为周边郊区及郊县,近郊区为苏州、嘉兴,远郊区为无锡、南通、常州。

表 4.4　上海城市圈层的划分

项目	面积 / km²	2011 年常住人口		2011 年从业人员	
		数量 / 万人	占区域比例 /%	数量 / 万人	占区域比例 /%
核心区	52	2170	39.4	1104.3	32.0
S20 以内(不含核心区)	608				
S20 以外上海市域	5680				
苏州、嘉兴	12403	1502	27.3	1218.6	35.3
无锡、南通、常州	17000	1837	33.3	1128.6	32.7

数据来源:《上海统计年鉴》(2012)。

三、企业部门布局特点

在上海市五大制造业行业的每个行业中选取两家典型企业,分析企业内部不同部门的空间分布特征。

上海的中心城核心面积约 52 km²,是上海中心城人口最密集的地区,也是商业、贸易、金融等第三产业相对繁荣的地区(图 4.3)。本区工业主要是大楼工厂和区属街

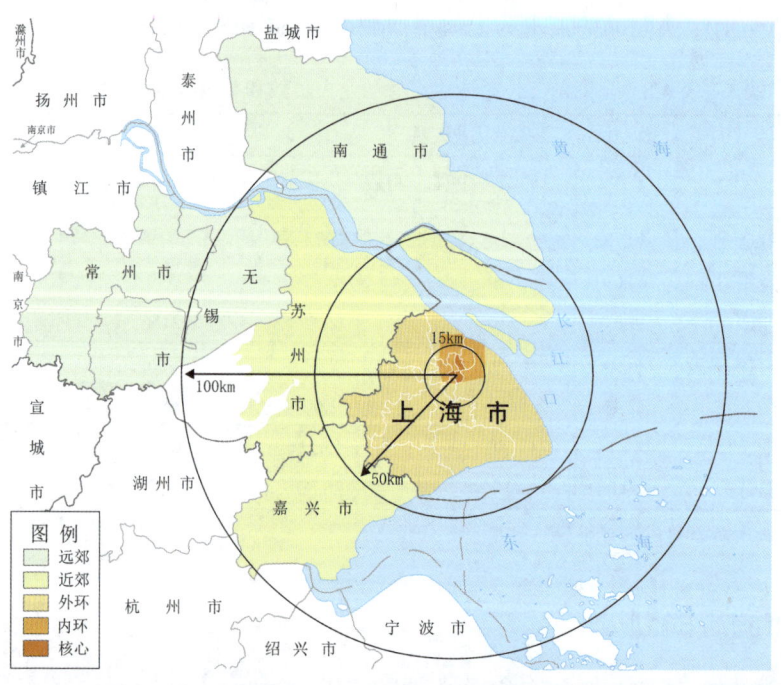

图 4.3　上海都市圈范围示意图
资料来源:根据城市行政边界自绘

道工业，案例中仅有上汽公司将总部和一个销售部门设立在此。

内环为 S20 环线内部，分布了 4 家企业总部，3 家制造环节的部门，6 家服务部门和 4 个研发部门。内环区域是百余年上海工业发展发祥和积累之地，随着中心地价的升高和对人居环境要求的提高，一些企业部门开始外迁。

上海 S20 以外，市域以内分布着 5 个企业总部，10 个服务部门，4 个研发部门和 10 个制造部门。这一区域以制造环节的部门为主，也存在着较多的服务、总部和研发部门。目前是上海制造业主要分布的区域，尤其是浦东张江的通信设备、电子元件，嘉定的汽车产业，松江区的通用设备，宝山钢铁等，已经形成了较大的规模（图 4.4）。从选择的 10 家企业案例来看，仅有 3 个制造部门分布在上海都市圈周边远近郊城市，在实际企业的运行中，以外包和代工为主，企业内部联系较少；另外，由于交通和信息网络的发展，一部分企业已经将部分价值链环节的部门转移到中西部地区。

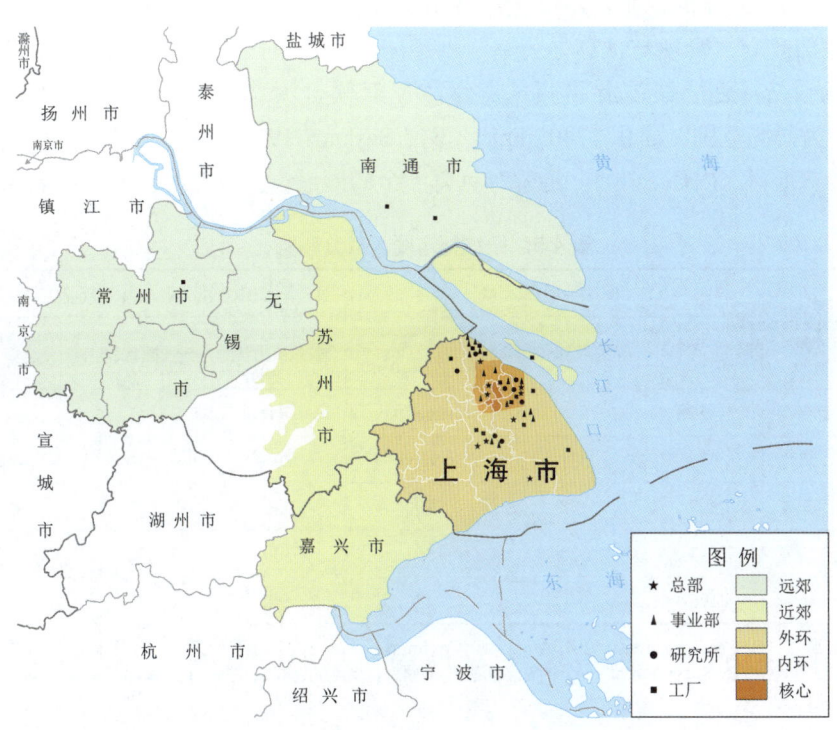

图 4.4　上海都市圈主要制造业企业生产链分布[①]

资料来源：根据城市行政边界自绘

---

① 案例企业有：通信设备、计算机及其他电子设备制造业，上海广电 NEC 液晶显示器有限公司和上海大亚科技有限公司；交通运输设备制造业，上海汽车集团股份有限公司和上海通用汽车有限公司；通用设备制造业：上海振华重工集团股份有限公司和上海汽轮机有限公司；电气机械及器材制造业，上海冷气机厂和上海胜华电缆厂；金属制品业，宝山钢铁股份有限公司和海亚泰特钢有限公司。

第三节　与发达国家全球城市的比较

一、发达国家全球城市制造业企业部门布局

（一）纽约

尽管纽约以金融保险等高端生产性服务业为主导，但在市场规律引导下，还是选择性地保留了一部分的制造业。纽约都市圈内企业数最多的五大制造业依次为金属产品制造、印刷及相关行业、食品制造、家具及其产品制造和服装生产业。这五大行业企业数占都市圈内制造业总数的51%。在以上五个主要制造业行业中，每个行业内选2个典型企业[①]，分析企业内不同生产环节在纽约都市圈的空间分布情况。选择1999年美国联邦政府"管理与预算办公室"划定的纽约都市区，即"纽约－北新泽西－长岛，纽约－新泽西－康涅狄格州－宾夕法尼亚联合大都市统计区"（NY-NJ-CT-PA CMSA）为研究范围，面积17405 km²。参照Saskia（1991）划分方法，纽约都市区可以划分为核心区、内环、外环、近郊和远郊5个的圈层，人口与面积分布如表4.5所示。

表4.5　纽约都市圈人口分布概况

项目	面积/km²	2010年居住人口			2010年就业人口（16岁以上）		
		数量/万人	占区域比例/%	密度/（人/km²）	数量/万人	占区域比例/%	密度/（人/km²）
核心	59	159	7	26879	84	8	14227
内环	737	676	31	9165	297	30	4033
外环	7556	597	28	790	236	23	312
近郊	13902	543	25	391	300	30	215
远郊	14696	198	9	135	90	9	62

资料来源：U.S. Census Bureau，2010American Community Survey；NY-NJ-CT-PA CMSA 划分根据白宫发布 METROPOLITAN AREAS 1999 标准；各个圈层面积是 CMSA 涉及的县的累加，并未剔除某些县部分不被包括在 CMSA 内的镇。

纽约主要制造业企业不同生产环节在纽约都市圈的空间分布如图4.5所示。纽约核心区为曼哈顿，虽面积狹小，仅59 km²，却是重要的金融中心，美国500强企业总部有三分之一以上位于此区域。该区域地价高昂，主要分布着纽约的商业、贸易、金融、保险公司，制造企业数目较少。从案例企业部门分布来看，分别有2个企业总

---

① 企业案例有：金属产品制造，Vasspipe and steel 和 Alcoa；印刷业，St.Alban's Digital Printing 和 LMN Printing；食品制造，Krinos Foods 和 The Hain Celestial Group；家具及相关产业，Murphy Bed EXPRESS 和 Carlylesofa；服装生产业，Paradise fashions 和 CitiShoes Inc.。

第四章 崛起中全球城市制造业企业部门布局

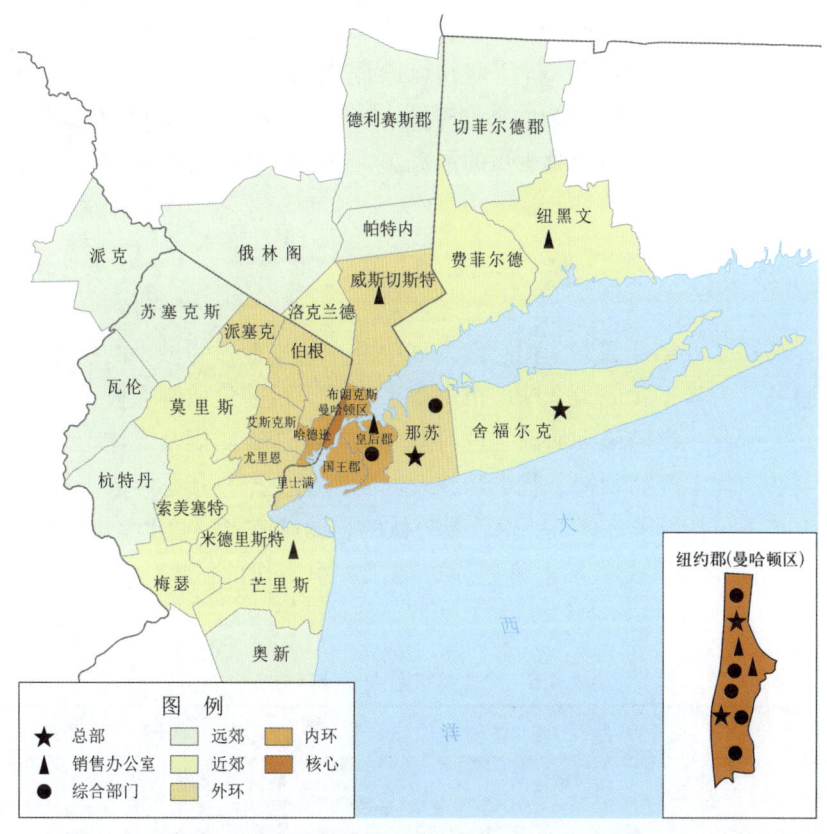

图 4.5 纽约都市圈主要制造业企业生产链分布
资料来源：根据城市行政边界自绘

部、5个综合部门和2个销售部门分布在曼哈顿，主要负责企业的管理、决策和服务功能。

纽约内环地区包括纽约州的国王郡，皇后郡，布朗克斯郡和新泽西州的哈德逊。因曼哈顿高昂地价而外迁的企业很多不愿选择离曼哈顿较近的内环地区，而是直接落户于更加外围的地区。因此，内环地区在流失大量劳动岗位的同时，就业补充来源也相对较少。在选择的案例企业中，仅有1个综合部门和1个销售部门分布在内环地区，与曼哈顿形成较大的反差。

纽约外环地区包括纽约市周边的7个县，分属于纽约州和新泽西州（纽约州的里士满、威斯切斯特、那苏；新泽西州的艾斯克斯、帕塞克、伯根、尤里恩）。若企业无法支付中心地区高昂的地价，或是需要大面积的企业用地，则会选择城市边缘。纽约都市圈的外环地区一共汇集了1个企业总部、1个综合部门和2个销售部门。

纽约的近郊区包括纽约州、新泽西州和康涅狄格州的9个县（纽约州的舍福尔克、洛克兰德；新泽西州的米德尔斯特、芒冒斯、莫里斯、索美塞特、梅瑟；康涅狄格州的费菲尔德、纽黑文），部分县分布着一些富人区，各方面设施配套并不落后。长岛上的

87

舍福尔克分布有1个企业总部，另在大陆上芒冒斯和纽黑文分别分布有1个销售部门。

纽约的远郊区为纽约州、新泽西州、康涅狄格州、宾夕法尼亚州外围的县域（康涅狄格州的切菲尔德；纽约州的德利赛斯、帕特内；新泽西州的俄林阁、苏塞克斯、瓦伦、杭特丹、奥新；宾夕法尼亚州的派克），本章所选择的案例企业在该区域没有生产部门分布。

（二）伦敦

尽管伦敦以工业革命兴起，但后续发展中并未将工业作为城市的主导产业，转而发展金融服务，为其正式成为全球城市赢得了先机。目前伦敦制造业企业较少，且集中分布于几大行业，规模最大的前五位行业为食品制造、印刷及媒体记录产品制造、基础金属制造、化工产品制造、基本药物及药物制剂生产，其总产值占伦敦制造业的比例达65%（不包括近远郊区）。伦敦是公认的全球城市之一，也是最早的全球城市。伦敦都市圈的范围为大伦敦加上伦敦周边与之关系密切的城镇，人口与面积分布如表4.6。

表 4.6 伦敦都市圈人口分布概况

项目	面积 /km²	2008年人口（16岁以上）			2009年就业人口（16岁以上）		
		数量 /万人	占区域比例 /%	密度 /（千人/km²）	数量 /万人	占区域比例 /%	密度 /（千人/km²）
伦敦市	2.6	0.6	0.1	2308	0.6	0.1	2308
内伦敦	316.3	214.3	22.2	6775	148.9	20.0	4707
外伦敦	1254.2	294.5	30.4	2348	219.0	29.3	1746
近郊	10289.8	168.4	17.4	164	139.3	18.7	135
远郊	14952.2	289.6	29.9	194	238.5	32.0	160

数据来源：面积数据来源于维基百科；人口和就业数据来源 ONS, Regional Labor Market Statistics, April 2010。

在伦敦五个主要制造业行业中的每个行业内选2个典型企业进行区位分析，伦敦市制造业企业部门的空间布局特点如下：伦敦市是整个伦敦甚至全球的商业与金融中心，该区域土地面积小，附加值相对较低的制造业在此区域无法生存，因此，案例中仅有1家销售部门位于伦敦市。内外伦敦土地资源的含金量仅次于核心区。内伦敦东北部分布了较多的制造业企业总部和综合部门（综合部门即为生产、销售、服务为一体的部门）。内伦敦共分布有4家总部，2家综合部门，1家销售部门。外伦敦地区有2家综合部门。伦敦都市圈的近远郊区[①]土地面积广阔，但由于离市中心

---

① 近郊区包括：埃塞克斯郡、郝特福德郡、白金汉郡3区、伯克郡3区、萨里郡、西萨塞克斯郡1区、肯特郡6区；艾萨克斯郡、牛津郡、汉普郡、东萨塞克斯郡、萨里郡，贝德福德郡及近郊区涉及郡的其他区。

距离较远,主要为卫星城镇,与中心城之间又有大面积的绿带阻隔,因此,制造业分部门分布较少,案例中仅有 1 个销售部门位于近郊区和 1 个销售部门位于远郊区(图 4.6)。

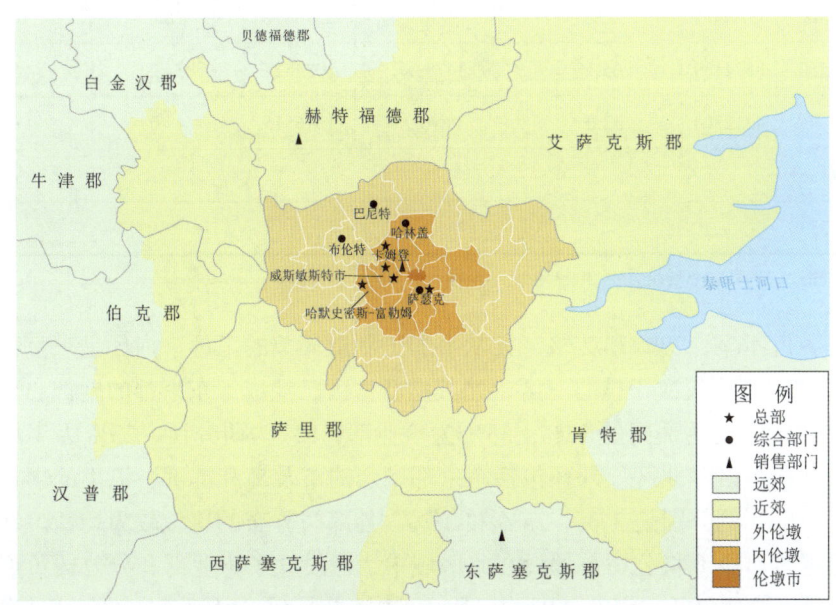

图 4.6 伦敦都市圈主要制造业企业生产链分布[①]
资料来源:根据城市行政边界自绘

(三)东京

2008 年东京都从业人员最多的五大制造业行业分别为:印刷及相关行业、食品制造业、金属制品业、运输用机械制造业和电气机械业。五大制造业就业人数总计占东京制造业的 50.4%,其中印刷业所占比例最高,占制造业总就业的 18.7%。东京都总面积 2187.65 km^2(2009 年),由区部、市部、郡部和岛部组成。根据区域的人口和就业密度,结合以往的研究经验,将东京都分成三大圈层,外围七县划分为近远郊,人口与面积分布如表 4.7。

从东京五大制造业中选取代表性的 10 家企业,分析其不同生产环节在东京都市区的空间分布情况,如图 4.7 所示。东京都市圈的核心区由中央区、港区、千代田区构成,是整个东京也是整个日本的发展核心,密集分布着案例企业的总部、事业部和

---

① 案例企业有:食品制造业,Alara Whole Foods 和 Leo Foods;印刷及媒体记录产品,Bright Side Online 和 Perfect Colours;基础金属制造,Pamicon minor metals 和 Orsu Metals Corporation;化工制造,Birchwood Chemicals 和 Peter Whiting;基本药物及药物制剂生产,Ananta Medicare(United Kingdom)和 Astra Zeneca。

表 4.7　东京都市圈人口分布概况

项目	面积/km²	2008 年总人口			2009 年就业人口		
		数量/人	占区域比例/%	密度/(人/km²)	数量/人	占区域比例/%	密度/(人/km²)
核心	42	375308	2.9	8936	2670872	28.8	63592
内环	580	8574139	65.1	14783	5024527	54.2	8663
外环	1566	4212304	32.0	2690	1576515	17.0	1007
近郊	11369			—			
远郊	23330			—			

资料来源：东京都总务局统计部 2009 年统计年鉴。

研究所，各占 46%，27% 和 27%，无从事加工制造环节的工厂。内环是东京都的其余 20 个区，繁华程度仅次于核心三区，尤其是新宿区已经成了东京都的副都心。这里拥有总部的数量为案例部门的 13%，56% 为事业部，8% 为研究所，23% 为工厂，工厂主要分布在板桥区和北区。外环包括东京都剩余的市及岛和郡部，汇集的事业部、研究所、工厂的比例分别是 37%、25% 和 38%，各部门分布的比较较为均衡。在案例企业中，已经没有企业将公司总部设在此区域中，但设立了事业部和分公司负责该地区业务的发展。近郊包括东京都外围的三县，即神奈川、千叶及崎玉，这个区域事业部、研究所、工厂的比例为 23∶26∶51。企业部门以加工制造环节的工厂为主，为大都市提供产业生产环节的支撑，其中神奈川县集中了半数的研究所和工厂。东京都市圈的远郊四县即山梨、群马、栃木和茨城，这 4 个县内 19% 为事业部或分公司，10% 为研究所，71% 为工厂。该区域内工厂占了绝对主导地位，事业部和研究所数量较少。

二、中外比较和启示

根据中外案例比较分析，我们总结得到了中外城市制造业企业部门布局四方面的结论：

1. 东京和上海存在制造业的生产制造环节，伦敦、纽约的制造业以服务部门为主

5 个城市制造业企业内部部门的分布情况存在着差异，如图 4.8 所示，伦敦和纽约内已经无制造部门存在，而总部或综合部门占有重要地位，比例在 50% 以上，营业部门及分公司比例约为 30%；东京情况很不同，总部的比例仅为 6.6%，主要集中分布在核心区域，东京都还存在着占比约 42.1% 的制造环节，远远超出其他两大全球城市。上海的总体情况与东京比较相似，总部数目为 19.6%，另外也存在 31.4% 左右的制造部门。北京具有较大比重的营业部门，占所有部门的 67.9%，同时也存在一定量的制造部门，约占 16.7%。

第四章 崛起中全球城市制造业企业部门布局

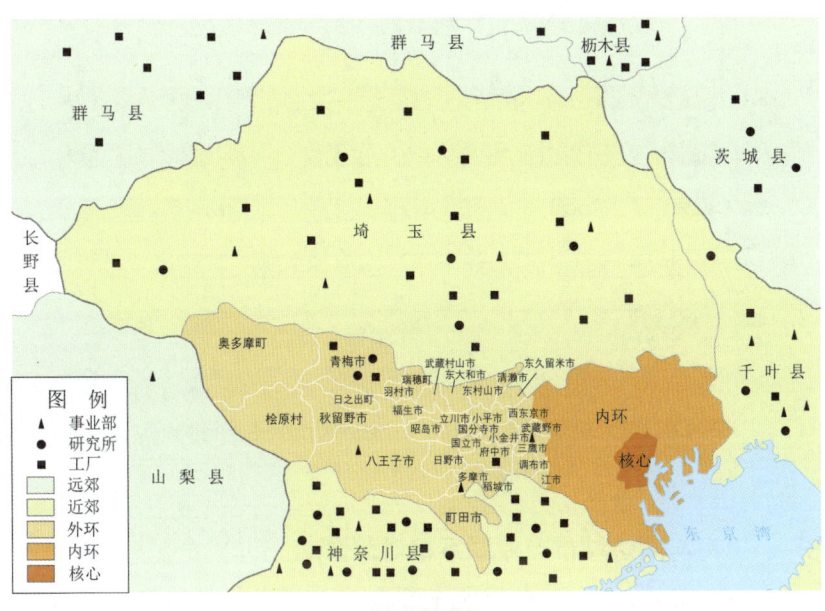

(a) 都市圈范围

(b) 内环范围

图 4.7 东京都市圈主要制造业企业生产链分布[①]

资料来源：根据城市行政边界自绘

---

① 图中所采取的案例公司有：印刷行业，大日本印刷公司和凸版印刷公司；食品行业，Sonton 食品工业株式会社和大和食品工业株式会社；金属产品业，新日本制铁公司和 JFE 建材株式会社（建材分公司）；输送用机械，三菱汽车和富士重工业株式会社；电气机械制造，东芝和三菱电机股份有限公司。

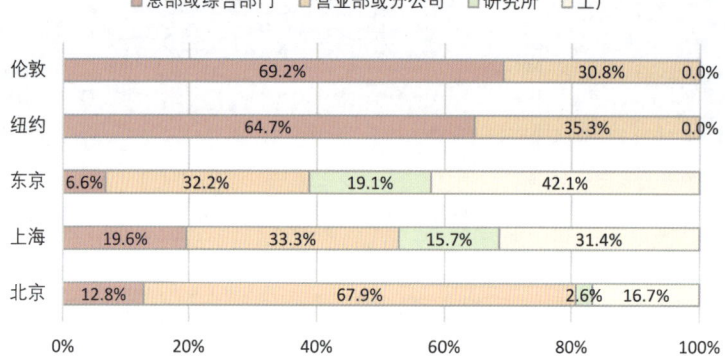

图 4.8 三大全球城市和北京、上海的制造业生产链构成对比
资料来源：根据所选择的案例公司官网数据自绘

2. 北京、上海与周边城市产业联系相对薄弱

从各个部门分布的情况来看，东京和北京、上海之间存在着很大的差距，东京都内企业的总部有半数分布在核心区，另一半分布在内环之内；而上海企业总部仅有 10% 分布在中心城核心区，40% 分布在 S20 环线以内，另 50% 在 S20 环线以外；北京和上海情况接近，40% 位于内环地区，60% 的总部在外环区域。而服务、研发、制造部门在东京都的外环内仅占 5%~7%，多数企业将部门外迁到城市之外的近远郊地区，然而在与此范围相当的上海市域内，这三类部门的比例都占到了 50%~63%，北京的外环地区这三类部门有 35%~50% 的比例，很少有企业的部门布置在北京或上海城市之外的都市圈近远郊地区。

3. 不同企业部门的分布符合土地租金理论

大都市内制造业的不同环节在选择区位时有所分异。核心区主要以总部或者综合部门为主，占比达 43.3%，而制造部门在核心区难以立足。内环中总部的比例降低了约 20 个百分点，为 22.0%，外环约占 18.5%。到了近郊与远郊，总部和综合部门的比例便急剧下降，近郊为 2.4%，远郊不存在总部，制造部门开始占据主导地位，远郊的制造部门更是达到了 72%。

从中外城市总体来看，管理控制环节依然位于城市的中心，而研发创新活动多数位于中心区外围的特定地区，制造环节已经多数转移到城市郊区甚至其他城市地区（图 4.9）。

4. 都市型工业是全球城市制造业发展的新动力

从三大全球城市制造业主要的制造业部门来看（表 4.8），都市型工业具备了一定的竞争力和生命力。东京的印刷业和伦敦的食品制造分别是城市的第一大制造业。此外，东京的食品制造，小型电气产品，纽约的印刷、食品制造、家具、服装生产以及伦敦的印刷业都占城市制造业较大的比例。可见，即使在东京、纽约、伦敦这样发

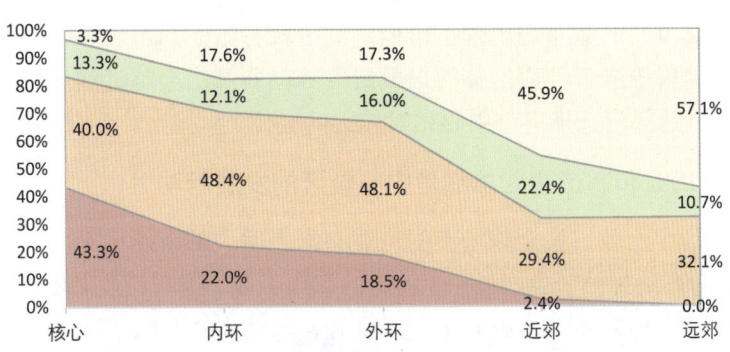

图 4.9　5 个全球城市分圈层制造业企业生产链分布情况

资料来源：作者自绘

达的全球城市，制造业并没有完全消失，只是在产业结构的调整过程中，淘汰了部分类别的制造业并对制造业的部门进行了选择。而北京和上海规模最大的五大制造业中没有都市型工业的出现。

表 4.8　三大全球城市与北京、上海的主要制造业对比

位次	东京	纽约	伦敦	北京	上海
1	印刷业	金属产品制造	食品制造	汽车制造业	电子设备制造
2	金属制品	印刷及相关行业	印刷及相关产业	计算机、通信和其他电子设备制造业	交通运输设备制造
3	电气机械	食品制造	基础金属制造	专用设备制造业	通用设备制造
4	食品制造	家具及其相关产品制造	化工工业	通用设备制造业	电气机械
5	交通运输设备制造	服装生产业	药物及试剂产品	非金属矿物制品业	金属制品

数据来源：东京产业劳动局；美国联邦普查局；英国 ONS 普查办公室；北京第三次经济普查公报；上海统计年鉴。

基于中外对比研究，我们得出对我国建设全球城市的三点启示：

1. 适当保留大都市内部服务性质的制造企业部门

制造业服务化的趋势越来越明显，然而在现实中，制造企业并不是完全将服务环节外包给生产性服务业。本章案例表明，在全球城市中可以存在制造业的企业部门，如总部、销售、研发等创新部门，甚至可以存在制造环节。因此我国正在崛起的全球城市进行产业结构的调整时，除了转移制造业，积极发展生产性服务业，也应该充分考虑到制造业服务部门在城市的存在与发展，这样不仅能保证城市在国家甚至世界的经济地位，保障城市经济稳定持续的发展，也能拥有全球城市的控制能力。

中国城市经济空间

每个制造业内部不同环节处于的价值链区段不同，决定了其所能承受的最高地价也不同，导致城市的产业布局出现了价值链的区段分工。总部、综合部门等具备控制能力的部门，销售等服务性质的部门以及研发等创新部门会临近城市中心分布，而负责制造加工环节的部门选择离市中心相对较远的区位。

2. 都市型工业和制造企业总部是中心城区的发展新动力

东京、纽约、伦敦三大全球城市的产业布局表明大都市的中心仍然可以存在部分制造业，一般为高附加值、少能耗、少占地的都市工业。这些产业对城市空间、环境、交通的要求较少，却需要大都市人才、信息和技术的支持。为了降低城市中心制造业的外迁所带来的空心化风险，北京、上海应借鉴已有的全球城市产业布局的经验教训，保留竞争力强的抑或是具备国际扩张能力的制造企业及部分制造企业部门；同时与周边区域的制造业进行有效的整合，减少恶性竞争，使得城市内部的产业结构升级顺利进行。

3. 加强与周边城市的联系

三大全球城市，尤其是东京都市圈的发展经验表明，区域之间形成产业层次明晰的分工体系，使得整个都市圈的综合功能大于单个城市功能的简单叠加。而全球城市这一概念的关键之处即在于其控制力和指挥力。北京与上海必须依托周边腹地的力量，形成以自身为中心的世界级城市密集群。从企业布局的数据结果来看，北京和上海目前产业布局在空间上相对封闭，呈现出分割状态。尤其是上海不同的功能区之间、城区与郊区之间、上海与周边地区之间，缺乏互动。这导致，一方面，中心城市制造业无法转移，内部产业结构升级受阻，高技术含量、高附加值的产业无法得到发展的空间；另一方面，产业结构难以升级，使得无法和周边区域的制造业进行有效的整合，从而损失整体的利益。因此，我国城市未来的发展应该积极借鉴三大全球城市的经验，优化产业的布局，促进区域的统筹与协作。

第五章　生产性服务业空间格局

近年来，随着信息技术与知识经济的发展，中国城市经济呈现"工业型经济"向"服务型经济"转型的发展趋势，服务业从制造业中逐渐分离，成为城市经济发展的重要动力，并对中国城市经济空间产生重要影响。本章对生产性服务业的发展态势进行分析，然后以北京、上海、杭州、西安、兰州和芜湖等大中城市为例，重点分析中国城市生产性服务业的总体空间分布格局及分行业空间分布格局，并对生产性服务业空间分布的影响因素进行探讨；最后，以北京等城市为例，探讨中国城市生产性服务业的集聚区即城市 CBD 的空间演变及其特点。研究表明，生产性服务业由中心城区向郊区呈现圈层分布，总体上向心集聚，但空间郊区化不断发展。生产性服务业的空间格局主要受区位和交通条件、地价和租金、集聚与扩散机制、以及政府政策等因素影响。CBD 一般位于城市中心城区核心区，一些大城市的 CBD 由单中心向多中心发展。

第一节　生产性服务业发展态势

生产性服务业（producer services，又称为生产者服务业）与消费性服务业（consumer services，又称为消费者服务业）相对应，主要是面向生产者，为生产者提供服务，而不是为消费者提供服务和劳动的企业和组织（刘曙华，2012）。结合我国的统计情况和与国际研究接轨的考虑，阎小培（1999）认为生产性服务业包括金融保险业、房地产业、信息咨询服务业、计算机应用服务业、科学研究与综合技术服务业，体现为"中间投入"，是信息、知识和技术密集的产业，不直接参与生产或者物质转化，但其中间功能提高了生产过程中不同阶段的产出价值和运行效率。生产性服务业的发展呈现以下态势。

一、生产性服务业不断壮大

随着知识逐步成为经济发展的主要因素，生产性服务业获得了迅速的发展，如那些以知识技术为主导，高附加值的专业服务业诸如法律服务、管理服务、工程设计服务以及金融服务、计算机服务等行业。在中国工业化进程中，生产向知识化、信息化、专业化发展，企业对金融、保险、审计、设计、运输等生产性服务行业具有较强的市场需求。无论是对传统服务业改造，还是对新兴服务业的推动，在某种程度上都是一个服务业知识化的过程。正是由于信息技术、高新技术与知识经济的产生与发展，为服务业的发展与革新提供了重要的支撑，也带来了产业结构的调整与升级。

二、生产性服务业创新促进了新技术的发展

进入 21 世纪以来，服务业的创新主要表现在 3 个方面。一是产品和服务的创新；二是服务方式或模式的创新；三是业务流程的创新。这三方面的创新都对新技术的产生和发展有着强大的推动作用，如金融机构开发出新的金融衍生产品，消费者需要异地交易等，都需要借助信息技术和网络技术得以实现，无形中对新技术起到了促进作用（李强，2014）。服务业的创新包括生产性服务业的创新。

三、生产性服务业和制造业融合发展态势明显

伴随着制造业服务化和服务业制造化，生产性服务业与制造业之间的界限越来越模糊。生产性服务业和制造业的融合互动发展主要表现为以下几个方面：一是制造业服务化与服务业制造化相向发展成为产业特征；二是产业集聚成为制造业、服务业相互融合的主要产业组织形式，各类产业园区、产业集聚区成为制造业、服务业融合的重要载体，这种集聚化能够使制造商和服务提供商共享基础设施、技术、人才等资源要素，同时大大降低双方的信息搜寻成本、交通成本、生产成本、服务成本、交易成本等，提高了双方市场机会，促进双方合作交流，共享规模经济收益；三是信息技术是促进制造业与服务业融合的黏合剂和推进剂，在信息技术的推动下，智能制造、创新设计等革命性的制造方式，电子商务、网银等新的业态、新的商业模式不断涌现，都推动了制造业与服务业产业融合不断深化、范围不断拓展，制造业与服务业呈现出"你中有我、我中有你"的特征（李强，2014）。

四、生产性服务业集聚效应明显

生产性服务业在不同尺度均呈现明显的空间集聚特征（邱琳和方创琳，2013）。服务业集聚化产生的效应主要有分工效应、规模经济效应、市场效应、创新效应、品牌效应。随着中国现代制造技术不断进步和产品档次的提升，企业对产品的研发、设计、策划、包装、宣传、运输、销售服务等方面的需求不断增加，从而形成了对生产性服务业的旺盛需求，为生产性服务业的迅速发展提供了极大的发展机遇（高玫，2012）。

五、生产性服务业在中国国民经济中的地位逐步上升

随着产业结构不断软化和优化，中国经济呈现"工业型经济"向"服务型经济"转型的趋势，服务业从制造业中逐渐分离，成为策动经济发展的重要动力和经济现代化的重要标志，并在整个国民经济中占据战略性地位（柳坤等，2012）。生产性服务业主要为第二产业服务，这与现阶段中国整体上仍处于工业化中期阶段、第二产业在国民经济中占据主导地位的基本国情相符。2013 年，中国服务业增加值占比首次超过

第二产业,服务业将逐渐成为中国经济增长的新引擎。

第二节 生产性服务业的空间格局

一、总体空间格局

(一)生产性服务业呈圈层分布

无论是大城市,还是中小城市,生产性服务业在城市内部由中心城区向郊区呈现圈层分布的特点。中心城区主要为银行保险、科学研究、工程技术服务等行业,是生产性服务业的主要集聚区;近郊区集中分布科技服务、信息咨询服务、商业经纪等行业;远郊区主要为区县或乡镇行政驻地,以传统的金融、商业服务、信息服务为主,多为从属于政府机构的事业单位,其服务对象主要是地方政府和地方经济。

赵群毅等(2009)利用北京第二次全国基本单位普查数据,以街区为基本空间单位,应用因子分析和聚类分析方法分析了北京都市区生产者服务业地域结构的特征、模式及内在机制,提炼出北京都市区生产者服务业圈层分布的特点(图5.1)。

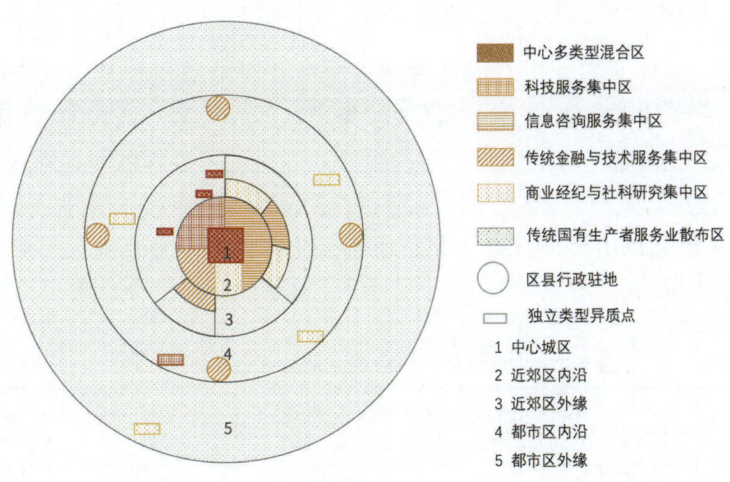

图 5.1 北京都市区生产者服务业地域分布

资料来源:根据赵群毅等(2009)图3修绘

中心城区为多类型混合区。由银行保险和房地产、传统金融和技术服务、商业经纪和社科研究等几种生产者服务业类型彼此交错共同构成。中心城区集中分布金融保险、科学研究、工程技术等行业门类,多为国有企事业单位,主要服务对象为其所隶属的政府机构,因此空间布局以靠近服务对象为原则。

近郊区内沿生产者服务业地域同质性较强,形成了4种地域类型区:以IT技术服务业和科学技术服务业为代表的科技服务区；以律师事务所、社会调查业公证业、广告业等为代表的信息咨询服务区；以商业经纪与代理业、社会科学研究、技术监督为代表的商业经纪和社科研究区；以信用合作社、地震和财务公司为代表的传统金融与技术服务区。

近郊区外缘和远郊区的广大地域除了个别独立的类型异质点外，多为传统国有生产者服务业散布区。但朝阳区的部分街区却体现一定程度的地域同质性，分别形成了小规模的商业经纪与社科研究集中区、信息咨询服务集中区，西南部丰台区形成了小块传统金融和技术服务集中区。

远郊区的区县行政驻地生产者服务业类型以传统的金融、信息咨询服务和技术服务为主，这些行业多为从属于政府机构的事业单位，其服务对象主要为地方政府和乡镇经济。

（二）总体上向心集聚，但空间郊区化不断发展

生产性服务业主要位于中心城区，空间结构呈现从中心城区向郊区逐渐递减的格局，但近年来空间郊区化比较明显。中心城区是生产性服务业主要集聚区，成为生产性服务业的综合中心（核心区）；中心城区外围的生产性服务业较中心城区相对减弱，但是与中心城区联系较为紧密，生产性服务业发展水平也比较高（次核心区）；近郊区生产性服务业主要集中在比较传统的行业，发展水平相对于次核心区要差，但是相对于远郊区要强；远郊区是生产性服务业最薄弱的地区，以传统服务业、消费性服务业为主。总体来看，中心城区生产性服务业企业数量和从业人员所占的比例均高于郊区，生产性服务业在中心城区比较集中，但近年来一些大中城市的科学研究和技术服务业、金融业、房地产业、商务服务业等呈现向近郊区和远郊区逐步转移的趋势。

根据2014年北京市经济普查，北京市各区生产性服务业从业人员和企业单位数如表5.1、表5.2所示。

表5.1 北京市生产性服务业从业人数（2014年） （单位：人）

地区		批发和零售业	交通运输、仓储和邮政业	信息传输、软件和信息技术服务业	金融业	租赁和商务服务业	科学研究和技术服务业	合计
中心城区核心区	东城	132600	41916	37305	67720	127027	55391	461959
	西城	135130	56529	56514	207555	147721	4247	607696
	小计	267730	98445	93819	275275	274748	59638	1069655
中心城区外围区	朝阳	413410	100485	124033	83871	462991	221180	1405970
	海淀	272480	108020	590219	45811	232399	327960	1576889
	石景山	50021	11202	31470	5546	29489	20592	148320
	丰台	140300	139700	28900	3400	154700	95300	562300
	小计	876211	359407	774622	138628	879579	665032	3693479

续表

地区		批发和零售业	交通运输、仓储和邮政业	信息传输、软件和信息技术服务业	金融业	租赁和商务服务业	科学研究和技术服务业	合计
近郊区	昌平	49000	12000	22000	1000	47000	46000	177000
	平谷	11489	11955	897	389	7184	3164	35078
	顺义	40527	130698	2398	13756	41152	12958	241489
	通州	61131	13488	3848	362	28244	15767	122840
	大兴	56557	23515	4042	510	35787	14935	135346
	小计	218704	191656	33185	16017	159367	92824	711753
远郊区	门头沟	11783	1113	1560	318	15162	3456	33392
	怀柔	15278	4977	1471	829	11304	5443	39302
	房山	31848	13500	5055	787	26383	11336	88909
	延庆	5346	1883	168	177	11895	1758	21227
	密云	16652	3248	880	330	20683	4946	46739
	小计	80907	24721	9134	2441	85427	26939	229569
全市总计		1443552	674229	910760	432361	1399121	844433	5704456

资料来源：2014年北京市经济普查数据。

表5.2 北京市生产性服务业企业单位数（2014年） （单位：个）

地区		批发和零售业	交通运输、仓储和邮政业	信息传输、软件和信息技术服务业	金融业	租赁和商务服务业	科学研究和技术服务业	合计
中心城区核心区	东城	10409	466	1902	320	11355	3678	28130
	西城	12550	501	2133	601	11603	4168	31556
	小计	22959	967	4035	921	22958	7846	59686
中心城区外围区	朝阳	40160	2887	5916	1074	39268	20091	109396
	海淀	37026	1042	26460	830	23558	16577	105493
	石景山	5613	184	1948	101	3794	2210	13850
	丰台	24100	1900	2300	200	10100	9000	47600
	小计	106899	6013	36624	2205	76720	47878	276339
近郊区	昌平	10435	825	737	71	5646	4104	21818
	平谷	2637	377	223	43	1933	666	5879
	顺义	5381	1404	358	165	3207	1169	11684
	通州	11542	828	777	41	5983	2773	21944
	大兴	9767	2019	620	47	4208	1862	18523
	小计	39762	5453	2715	367	20977	10574	79848

续表

地区		批发和零售业	交通运输、仓储和邮政业	信息传输、软件和信息技术服务业	金融业	租赁和商务服务业	科学研究和技术服务业	合计
远郊区	门头沟	2877	191	355	18	1729	522	5692
	怀柔	4254	473	400	125	2952	890	9094
	房山	8012	808	790	47	3907	1398	14962
	延庆	872	86	53	24	1229	176	2440
	密云	3634	215	237	36	3646	974	8742
	小计	19649	1773	1835	250	13463	3960	40930
全市总计		189269	14206	45209	3743	134118	70258	456803

资料来源：2014年北京市经济普查数据。

从表5.1和表5.2中可以看出，北京市不同的生产性服务业具有不同的分布特征，交通运输、仓储和邮政业主要集中在朝阳区、丰台区、顺义区和大兴区；金融业主要分布在朝阳区、西城区、东城区和海淀区；科学研究和技术服务业主要集中在海淀区、朝阳区、丰台区、东城区和昌平区；批发和零售业主要集中在朝阳区、海淀区、丰台区、西城区、东城区和通州区；信息传输、软件和信息技术服务业分布更加集聚，主要分布也是海淀区、朝阳区和丰台区；租赁和商务服务业则主要分布在朝阳区、海淀区、丰台区和西城区。总体来看，中心城区（西城区、东城区、朝阳区、海淀区、石景山区和丰台区）生产性服务业从业人员所占的比例远高于近郊区和远郊区，生产性服务业在中心城区比较集中。

从上海的情况来看，2001年上海市中心城区的生产性服务业企业22496个，占法人企业总数的65.3%；郊区企业11911个，占法人企业总数的34.7%。2013年上海市中心城区的生产性服务业企业80500个，占法人企业总数的58.2%，企业数量增加58004个；郊区企业60714个，占法人企业总数42.8%（表5.3），企业数量增加48803个。总体来看，中心城区核心区仍然是企业区位选择的主要区域。从动态变化来看，2013年中心城区生产性服务业比重比2001年有所下降，郊区生产性服务业比例有所上升，传统中心城区集聚程度减弱。但中心城区生产性服务业企业的数量和企业所占的比例均高于郊区，中心城区仍然是企业区位选择的主要区域。

从上海市4个圈层的生产性服务业企业数量演变来看，企业布局由中心向外围扩散，空间分布呈现郊区化趋势。2001年中心城区核心区（包括黄浦、静安区）、中心城区外围区（包括徐汇区、长宁区、虹口区、闸北区、杨浦区和普陀区）、近郊区（包括浦东新区、闵行区、宝山区和嘉定区）和远郊区（包括青浦区、松江区、金山区、奉贤和崇明县）的企业数量所占比重分别为19.63%、45.74%、23.77%、10.84%。至2013年，中心城区核心区、中心城区外围区、近郊区和远郊区的企业数量所占比例分别为8.74%、49.54%、30.15%、13.81%。近13年来，4个圈层生产性服务业数量

表 5.3　2001 年与 2013 年上海市生产性服务业企业、从业人数

区县			企业数 / 个		从业人数 / 人	
			2001 年	2013 年	2001 年	2013 年
中心城区	核心区	黄浦区	4335	3541	170273	249066
		静安区	2420	5434	66905	148654
		总和	6755	12083	—	—
		比例 /%	19.63	8.75	—	—
	外围区	徐汇区	4234	8746	137453	331927
		长宁区	3132	6512	80024	251006
		虹口区	2186	7012	127359	236513
		闸北区	1588	5186	73988	150500
		杨浦区	2130	34552	73790	149089
		普陀区	2471	6410	70486	157000
		总和	15741	68417	—	—
		比例 /%	45.75	49.54	—	—
郊区	近郊区	浦东区	4209	17700	170220	871800
		闵行区	1457	7432	38814	186443
		宝山区	1642	5861	65342	154576
		嘉定区	872	10642	25094	156703
		总和	8180	41635	—	—
		比例 /%	23.78	30.15	—	—
	远郊区	金山区	705	5482	19360	60070
		松江区	957	6738	22537	105069
		青浦区	901	2285	16830	81518
		奉贤区	791	1570	15206	37516
		崇明县	377	3004	8571	47280
		总和	3731	19079	—	—
		比例 /%	10.84	13.81	—	—

资料来源：《上海统计年鉴》（2002 年、2014 年）。

均实现较快增长，但核心区生产性服务业所占比例下降 10.89%，降幅明显；外围区生产服务业所占比例略有下降；近郊区和远郊区生产服务业企业数量所占比例均呈现上升的态势，其中近郊区企业数量所占比例上升 2.38%，远郊区企业数量所占比例上升 2.97%。企业布局空间多中心性增强，由中心城区的集聚分布逐渐向郊区的"多核心多片"发展，这与上海市城市内部地域结构的多核心发展相呼应（毕秀晶等，2011；

吴元波和吴聪林，2009）。生产性服务业郊区化的趋势，也将进一步重塑上海市城市空间格局。

杭州市生产性服务业基本形成以城市中心为主体、外围局部地区集聚的空间格局。商务服务业、科学研究、交通运输仓储及邮政通讯业、计算机应用服务业等企业集中分布在距市中心 3~5 km 的圈层范围内。这一范围内企业数量分别占该行业企业总数的 24.5%、24.9%、21% 和 25.7%。其次为 1.5~3 km 的圈层，分别占该行业企业总数的 22.2%、15.3%、12% 和 17.7%。两个圈层是这类企业集中的主要区域。金融业高度集中于 1.5~3km 的圈层，在 1.5~3km 处形成波峰，占金融业企业总数的 28%。交通服务业、计算机应用服务业与科研服务业分别在 9 km 与 11 km 圈层出现另一个小波峰，说明这些行业除了中心城区，在外围地区形成集中发展的次级区域（蒋海兵等，2015）。

对于中小城市来说，生产性服务业集聚区的建设能有效促进生产性服务业的发展，因此中小城市的生产性服务业也表现出一定的向心集聚特征。对安徽省中等城市芜湖市的研究表明（曹贤忠和张化文，2013），生产性服务业呈现出较为显著的行业集聚现象，金融业、科技服务业、现代物流业、教育培训业集聚度高，呈现出明显的集聚特征，这些行业的共同特点是专业技术水平要求高，主要分布在中心城区。房地产业地理集聚度中等，租赁和商务服务业集聚度较低。近年来金融业、房地产业等不断向郊区发展。金融业、房地产业作为附加值较高的产业能够带动地方经济发展，同时其巨大的利润空间也吸引了各区县的关注和重视，这可能是引起金融业、房地产行业分散化的主要因素。

二、不同类型生产性服务业空间格局

不同类型的生产性服务业在城市内部的空间分布有所不同，并呈现不同的空间演变特点。金融业主要集中在中心城区，近年来向外小幅扩展；交通运输、仓储和邮电业主要布局在中心城区外围，逐步向近郊区转移；信息传输、软件和信息技术服务业、科学研究和技术服务业进一步向高校或科技园区周围集中，具有高校或科技园区指向性；租赁与商务服务业分布比较广泛，并逐步向边缘地区发展。由于批发和零售业在下一章中会有详细论述，因此分行业分布格局中对批发和零售业不做介绍。

（一）金融业主要集中在中心城区，近年来向外小幅扩展

金融业主要集中在中心城区，但近年来金融业由中心城区核心区向中心城区外围区与近郊区转移，呈现向外扩展的发展趋势。

例如，北京市金融业分布情况如图 5.2 所示。北京市金融业呈现出典型的集聚特点，金融业主要集中在中心城区核心区的西城区和东城区，西城区的区位商指数始终在 4 以上，其次是东城区。另外 2014 年朝阳区通州区、昌平区和顺义区的金融业有所发展，专业化程度有所提高。

第五章 生产性服务业空间格局

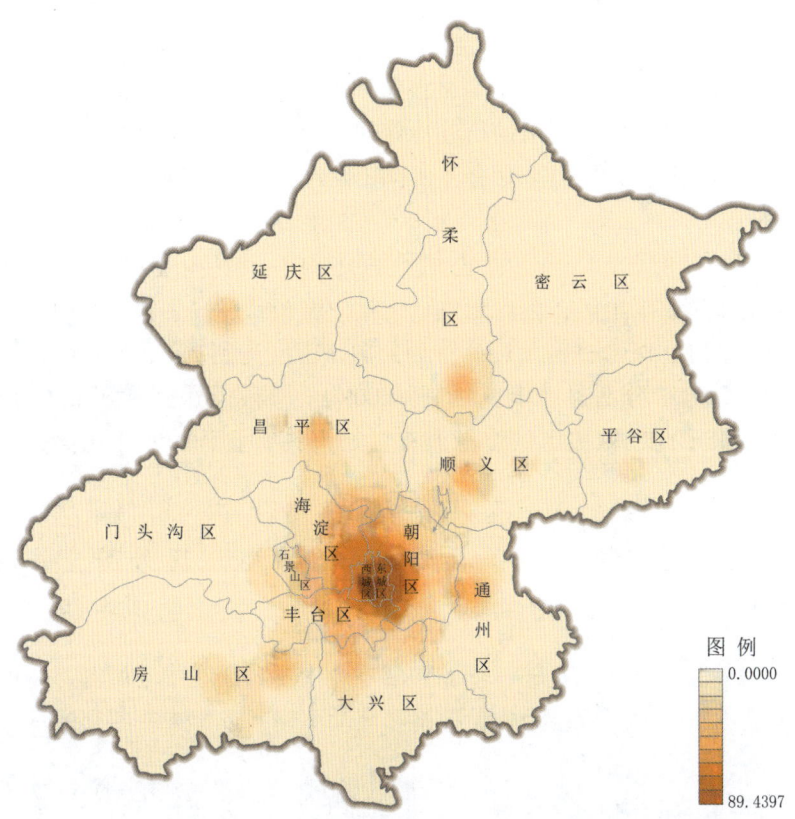

图 5.2 2014 年北京市金融业企业分布核密度示意图
资料来源：根据 2014 年北京市经济普查数据自绘

2013 年上海市中心城区金融业企业总数量 918 个，占全市 51.25%，比 2001 年增加 5.87%；近郊区金融业企业总数量 792 个，占全市 44.20%，比 2001 年增加 7.83%；2013 年远郊区金融业金融企业总数量 82 个，占全市 4.55%，比 2001 年降低 1.27%，该类企业较少布局远郊区。中心城区核心区 2013 年金融业数量相较于 2001 年下降 2.80%，中心城区外围区 2013 年金融业企业数量相较于 2001 年上升 7.75%。从 2001 年、2013 年金融业企业从业人口空间格局来看，从业人口仍主要分布在中心城区，但近年来从业人口空间格局向中心城区外围的东南方向发展，以徐汇区为主，而近郊区的浦东新区是该类企业空间扩展的主要方向。

20 世纪 90 年代以后，随着南京市产业结构的调整与优化，中心城区的新街口地区商务空间不断增加，吸引了大量金融机构进驻，包括金融资产管理、银行、保险、证券与期货、信托与投资、租赁、财务公司等产业。2003 年，金融服务业高度集中在新街口地区，并沿着中山路向北和向南蔓延。新街口向西的汉中路沿线也分布着相对较集中的金融服务业。到 2004 年，新街口仍是金融业集聚中心，汉中路一线也较集中。较多的金融业开始向张府园以南集聚，夫子庙也有了金融业的明显增加（甄峰等，2008）。近年来南京市金融业集聚与分散并存的态势一直在延续，金融业主要集中在

103

南京市中心城区，但呈现向外发展的趋势。

曹贤忠和张化文（2013）对中等城市芜湖市的研究表明，芜湖市的金融业主要集中在城中组团，呈现出较为显著的行业集聚现象。但近年来随着各区县社会经济的发展和金融需求的上升，各区县金融分支机构不断增长，金融业也呈现向外均衡发展的趋势。

我国西部地区的城市，金融业也主要集中在中心城区。例如西安市城市中心区是传统的金融保险业聚集区，区内聚集了包括中国银行、民生银行、中国人寿等众多国内外知名的金融、保险机构及资产管理公司，密度达到 22.75 个 /km^2，远远大于其他区段，集聚趋势十分明显（李普峰等，2009）。城关区作为兰州的中心城区，金融机构大量汇聚于此，城关区的金融业在兰州市具有显著的专门化优势（梁珍等，2018）。

（二）交通运输、仓储等主要布局在中心城区外围，并向近郊区转移

为便于对外联系，交通运输、仓储和邮电业主要布局在中心城区外围地区，但随着城市建成区不断向外扩展，为避免拥挤和流动不畅，近年来一些交通运输、仓储和邮电业企业逐步向近郊区转移。

例如，2014 年北京市交通运输、仓储和邮电业主要分布在丰台区、东城区和朝阳区的外围地区。近年来顺义区、通州区和大兴区等近郊区发展比较迅速，交通运输、仓储和邮电业的集聚程度有所提高（图 5.3）。

2013 年上海市中心城区该类型企业数量达到 36027 个，占全市的 80.57%，与 2001 年相比增加了 30.22%，其中中心城区核心区企业数 819 个，所占比例较 2001 年下降了 6.48%，而核心区的外围区企业数 35208 个，比 2001 年所占比例上升了 16.7%。郊区该类企业数量 8683 个，占全市的 19.42%，与 2001 年相比下降了 10.22%，但近郊区企业数量所占比例呈增长趋势，与 2001 年相比上升了 3.9%。

蒋海兵等（2015）研究指出，杭州市交通运输服务业主要分布在中心城区外围交通枢纽与火车或客运站点附近，具有交通枢纽指向性，包括火车站、石祥路、秋涛路、绕城高速、中河高架等沿线地区，这些地区未来将成为重要的物流业集聚区。

对芜湖市的研究表明（曹贤忠和张化文，2013），芜湖市的交通运输、仓储和邮电业具有很高的集聚度，主要分布在城中组团。芜湖市交通优势明显，公路、铁路、水运比较齐全，已有长江市场园、南翔万商物流等物流集聚园区，主要分布在中心城区外围地区。

西安市交通运输和仓储业主要分布在城墙的东西两侧，接近铁路沿线，靠近郊区，地价比较低（李普峰等，2009）。西安市邮政通信服务业分布相对较为分散，在各个区段都有分布，但近年来有向近郊区转移的趋势。

第五章 生产性服务业空间格局

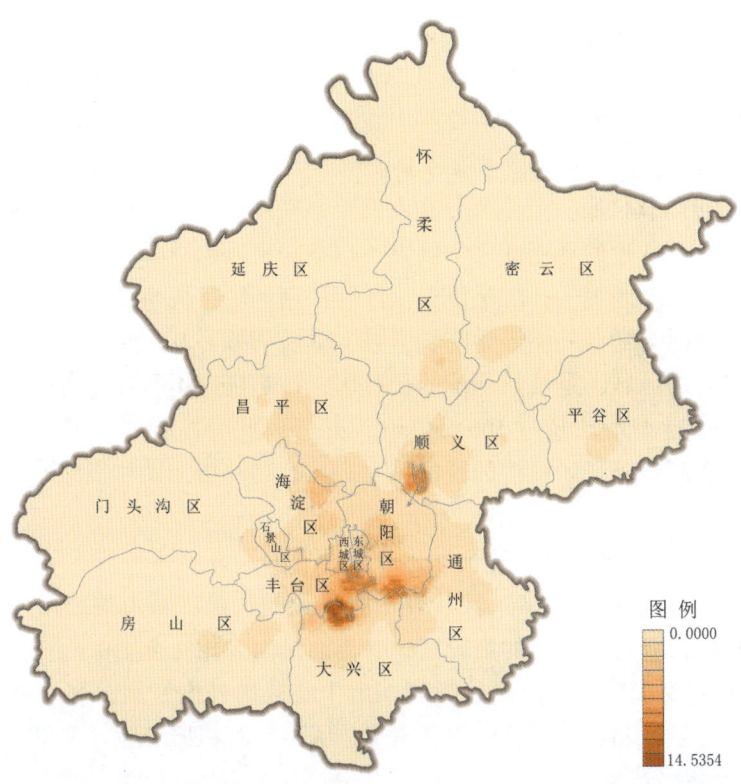

图 5.3 2014年北京市交通运输、仓储和邮电业企业分布核密度示意图
资料来源：根据2014年北京市经济普查数据自绘

（三）信息传输、软件和信息技术服务业具有高校或科技园区指向性

信息传输、软件和信息技术服务业呈现明显的空间集聚特征，该类企业在中心城区分布较少，主要集中在大学和科研机构所在地或者郊区的开发区和科技园区，近年来呈现郊区转移趋势。

例如北京市信息传输、软件和信息技术服务业主要分布在大学和科技园区比较集中的海淀区，该类行业在海淀区的区位商由2004年的2.269上升到2014年的2.344，集聚程度仍在提高。

再如上海市的开发区或科技园区也是信息传输、软件和信息技术服务业集聚的主要空间载体，浦东新区有浦东软件园、陆家嘴软件园，徐汇区有漕河泾软件园等。2013年郊区信息传输、软件和信息技术服务业企业数量达到6942个，占全市50.89%，比2001年增加22.55%，其中近郊区和远郊区企业所占比例均呈现上升趋势，分别比2001年上升17.93%与4.62%。中心城区信息传输、软件和信息技术服务业企业所占比例较2001年下降22.55%，中心城区核心区和外围区的信息传输、软件和信息技术服务业企业所占比例均呈下降态势，分别比 2001 年下降 19.01% 与 3.54%。浦东新区、嘉定区企业新增数量较大。从 2001 年、2013 年从业人数空间格局来看，信息传输、软件和信息技术服务业主要集中在浦东新区与徐汇区。郊区的开发区或科技园区是信息传输、软件和信息技术服务业企业集聚的主要空间载体。

杭州市信息与软件服务业主要分布在两个高密度区，形成两个重要的集聚中心：一是位于文三路及邻近的环浙江大学区域（包括阿里巴巴总部、西湖数源软件园、东部软件园、天堂软件园等）；二是位于滨江区江南区块（杭州高新软件园）。以浙江大学本溪校区北园与浙江外国语学院科学技术学院为核心，由文二路、文三路、教工路与马塍路围合的区域，是杭州传统的文教区，计算机应用服务业与科学研究与综合技术服务业的企业密度均超过 500 个 /km^2，并且以此为核心向外围密度逐渐下降，表明该行业具有高校等科研机构的区位偏好，具有高校指向性和集聚性（蒋海兵等，2015）。

西安市软件和信息技术服务业主要分布在西安高新技术开发区，占据了整个行业的近 57 %（李普峰等，2009）。计算机服务业的数量在城市中心区并不多，城市中心区未能形成计算机服务业的集聚区，一方面是因为相比金融保险业，计算机服务业对于面对面的要求较低，因而易脱离城市中心区向外围发展；另一方面是因为西安市高新产业开发区和城南科教区更具有优势吸引计算机服务业在那里布局（刘佳，2011）。

（四）租赁与商务服务业逐步向中心城区边缘区发展

该类行业在城市内部分布比较广泛，在中心城核心区及外围区、近郊区、远郊区等均有分布，并逐步向中心城区边缘区发展。图 5.4 为 2014 年北京市租赁与商务服务业企业分布核密度示意图。从图 5.4 可知，北京市租赁与商务服务业分布比较广泛，中心城区边缘地区分布比较集中。近年来远郊区的延庆区、密云区和门头沟区的专业化程度有明显的上升，租赁与商务服务业呈现边缘化发展的趋势。

上海市 2013 年郊区租赁和商务服务业企业数量由 2001 年的 292 个增加到 26167 个，所占比例由 47.10% 上升到 58.16%，比 2001 年上升 11.06%，近郊区与远郊区分别上升 2.85% 与 8.21%；2013 年中心城区核心区租赁和商务服务业企业数量 4438 个，较 2001 年上升 4.38%，而中心城区外围区租赁和商务服务业企业数量 14385 个，下降 15.45%。其中企业数量增加最多的是浦东新区和嘉定区。从 2001 年、2013 年从业人口空间格局来看，该类行业主要集聚在中心城区核心区的静安区，以及外围区、郊区的徐汇区、浦东新区。

曹贤忠和张化文（2013）对芜湖市的研究指出，芜湖市的租赁和商务服务业集聚度较低，租赁与商务服务业分布比较广泛，并逐步向外围地区发展。因为租赁和商务服务业服务的对象更多是地方和企业，需要面对面的直接交流，所以在区位选择时不能集中于某一区域。

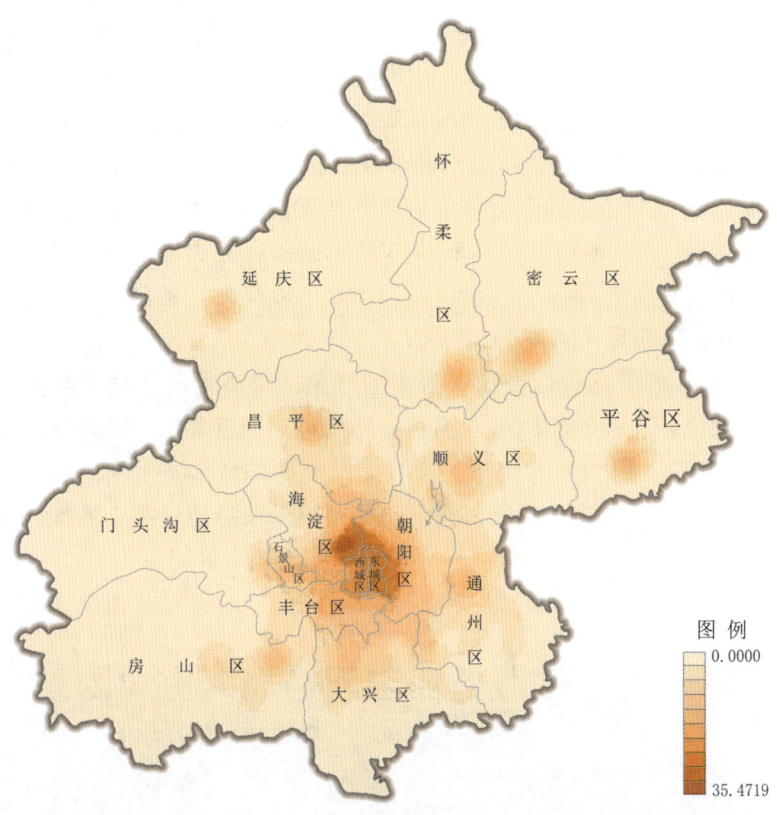

图 5.4 2014 年北京市租赁与商务服务业企业分布核密度示意图
资料来源：根据 2014 年北京市经济普查数据自绘

（五）科学研究和技术服务业进一步向高校或科技园区周围集中

科学研究和技术服务业在城市内部的空间分布与信息传输、软件和信息技术服务业基本相似，呈现明显的空间集聚特征，该类行业在中心城区分布较少，主要集中在大学和科研机构所在地或者郊区的开发区和科技园区，近年来呈现郊区转移趋势。

例如，2004 年北京市科学研究和技术服务业主要集中在海淀区和丰台区等地区，而 2014 年该类行业发生了转移，向海淀区、昌平区移动，这是由于许多科研园区在海淀区、昌平区建立。该类行业的总体集聚程度有小幅度的上升，部分地区该类行业专业化程度明显提升。

上海市 2013 年郊区科学研究和技术服务业企业数量由 2001 年的 1760 个增加到 2013 年的 9085 个，所占比例由 27.82% 上升到 54.66%，其中近郊区与远郊区分别增加 4876 个和 2449 个。中心城区科学研究和技术服务业企业数量所占比例由 2001 年 72.17% 下降到 45.34%。核心区、核心区外围区、近郊区、远郊区该类企业所占比例分别为 5.47%、39.86%、35.81%、18.85%，呈现"中心—外围"分布模式。其中增加数量最多的是嘉定区与浦东新区，黄浦区转出企业数量最多。从 2001 年、2013 年该类行业从业人员空间分布来看，核心区有所下降，中心城区外围区的虹口区、杨浦区、徐汇区增加较多，郊区的嘉定区、闵行区和松江区有所增加。总体来看，科学研究和技术服务业由核心区的西北和东南方向向外发展。

西安市科学研究与技术服务业主要分布在西安高新技术开发区，呈现明显的空间集聚特征（李普峰等，2009）。科学研究与技术服务业脱离城市中心区向外围扩散，主要是西安市高新技术开发区的建设，吸引了众多以高新技术产业为核心的科学研究与技术服务业在那里布局（刘佳，2011）。

科学研究与技术服务业作为知识密集型产业，对高素质劳动力的需求大。对于我国西部城市来说，高校的作用更加明显，高校对知识密集型产业布局的影响更大。兰州市安宁区拥有 17 所大中专院校，能够提供充足的高素质人才，吸引了一大批高科技企业入驻，使安宁区成为兰州市科学研究与技术服务业最集中的地区（梁珍等，2018），科学研究和技术服务业向高校周围集中的态势十分明显。

第三节　影响生产性服务业空间格局的主要因素

一、区位和交通条件

生产性服务业最重要的特征是生产者和消费者需要面对面的接触，因此区位和交通条件是影响生产性服务业企业选址的重要因素，该类企业倾向于聚集在具有优越区位和交通条件的特定区域。例如信息传输、计算机服务和软件业比较依赖高校和科研机构，北京市中关村地区毗邻北京大学、清华大学等著名高校，又是中国科学院许多研究机构所在地，因此中关村地区是许多科学研究和技术服务业、信息传输、软件和信息技术服务业等集聚的地区。根据陈红霞（2019）的研究，距离最近地铁站的距离对北京市生产性服务业的分布具有重要影响，距离地铁站越近，生产性服务业越集聚。兰州市生产性服务业企业基本沿城市路网分布，路网密度越高的区域，生产性服务业企业越多，分布越密集。兰州市城关区路网密度最高，达到 5.72km/km^2，集中了 4132 家生产性服务业企业；安宁区和七里河区的路网密度相对较低，分别为 3.81 km/km^2 和 3.25 km/km^2，企业数量也相对较少，分别为 598 家和 965 家；西固区路网密度最低，为 2.06 km/km^2，企业数量也最少，仅有 396 家。从兰州市路网缓冲区内的企业数量来看，主次干道缓冲区内共集中了 5268 家企业，占兰州市生产性服务业企业总数的 86.5%，说明生产性服务业企业分布对道路交通具有较高的依赖性（张志斌等，2019）。

近年来，中国城市交通发展迅速，促进了城市中心区一些商务办公活动向城市边缘区交通便利的地段迁移。例如，随着南京市地铁一号线的建设，不仅强化了南京市中心城区新街口地区商务办公气氛，同时也提升了地铁一号线沿线地区商务办公业的发展（甄峰等，2008）。

二、地价和租金

地价和租金是影响生产性服务业企业区位选择和再选择的重要因素。20 世纪 80 年代以来，我国相继颁布了一系列法规、条例，促进了城市土地由无偿使用向有偿使用转变，形成城市土地市场。城市地价和租金由于土地区位差异及用途差异呈现距离衰减规律，离城市中心越远，地价和租金越低；越接近城市中心，地价和租金越高。由城市中心区到近郊区、远郊区，地价和租金总体上呈梯度下降。

根据张志斌等（2019）的研究，商务服务业、金融保险业和租赁业相对于其他生产性服务行业具有较强的地价和租金支付能力，这类企业趋向于高地价区布局，在兰州市前三级地价高值区域中分布密度最大，这类区域具有人气旺、可达性高、地价高、租金高、商机多的特点，多位于城市中心区。此外，从生产性服务业企业布局来看，较大规模企业主要布局在前三级地价区，这与较大规模企业具有较强的地价和租金支付能力有关。相较于中小规模企业，较大规模企业一般具有较强的地价和租金支付能力，因而往往在城市核心区域的高地价区形成集聚。

在条件允许的情况下，选址或迁往地价和租金较低但条件成熟的郊区成为一些生产性服务业企业的最新选择。从上海生产性服务业企业空间郊区化趋势来看，郊区低价土地成为上海生产性服务业企业外迁的一个重要因素。南京城市中心区新街口地区长期作为全市的商业中心，开发密度一直较大。高昂的地价和租金已促使一些商务办公活动向城市边缘区环境较好、交通便利、信息基础设施比较发达的地段迁移（甄峰等，2008）。

三、产业基础

生产性服务业的出现与发展并不完全是由偶然因素所导致，而是与本地产业结构的专业化与多样化程度有关，往往是技术交叉和产业融合的结果。浦东新区成为上海生产性服务业扩展的主要地区，特别是信息传输、软件和信息技术服务业以及科学技术服务业，这与浦东新区集中的产业园分布、良好的科技产业基础等有关。位于青浦区的上海移动智地生产性服务业功能区转移原先的低端手机制造业，升级定位于移动互联网产业，引进"青橙"等品牌，发展移动终端产品研发和品牌运营、移动互联网相关产业的研发设计、培训教育等生产性服务业；位于金山区的上海产业互联网生产性服务业功能区更是在原先的电子商务产业园的基础上，创新建设产业互联网生产性服务业功能区，打造联系江苏、浙江等省市的跨区域产业互联网合作平台。

四、集聚与扩散机制

生产性服务业在空间分布上呈现中心城区集中发展的空间格局，主要是受到集聚经济的影响。集聚能够产生集聚引力。上海生产性服务业在中心城区的相对集聚，一方面能够降低生产成本（如交通费用、水电费用等），相互之间开展分工与合作，促进知识的传播与学习，从而使企业通过外部的合作而获得规模经济；另一方面集聚地往往成为产品的市场中心和信息中心，不仅有利于降低营销成本，还可以产生"区域品牌效应"，获得营销优势（李小建，2008）。许多学者通过实证研究证实了生产性服务企业具有集聚特性，生产性服务业的区位模式呈现出总体集聚态势下的局部分化倾向（赵群毅等，2008；陈前虎等，2008；蒋丽，2014）。但是当集聚规模超过一定限度时，将会产生聚集不经济现象，会带来经济效益减少、地价上涨、交通拥堵、生活费用和生产成本大幅度上升、环境污染等问题，从而造成生产性服务业报酬逐渐下降。为了避免规模不经济，生产性服务业将会寻求都市边缘适合生存发展的区位，产生向郊区转移的现象。但在寻求合适发展区位的同时，仍会受聚集经济的影响，所以在空间分布上仍会有集中发展现象的产生（高汝熹等，2001）。

五、政府政策

政府政策对一个区域形成某种产业环境具有非常重要的作用（许学强等，2010）。政府积极通过规划影响城市空间的发展方向，从而影响生产性服务业发展及其企业的空间分布（宁越敏，2000）。近年来，上海市政府出台的《关于上海加速发展现代服务业的若干政策意见》和《国务院关于推进上海加快发展现代服务业和先进制造业建设国际金融中心和国际航运中心的意见》等系列政策文件，推动了上海市生产性服务业的发展。《上海市城市总体规划（1999—2020年）》明确指出疏解中心城区的人口和产业压力，向郊区转移，缓解集聚所带来的交通拥堵、土地供应不足、环境恶化等负面效应，促进多数企业外迁，寻找新的发展机会，减轻成本（劳动力、土地）压力，而各区级政府出台的发展政策，加速了企业的外迁力度，如嘉定、松江、青浦郊区新城建设促进了企业布局郊区化。

政府政策对北京市生产性服务业空间结构形成及演化的影响尤为突出。政府从宏观上对城市生产性服务业空间集聚进行引导和调控，不仅对城市生产性服务业快速发展及其企业区位选择产生重要影响，也直接影响城市生产性服务业空间结构格局及过程（周孝和冯中越，2016）。北京市土地使用制度改革促使市场机制在城市生产性服务业企业用地配置中发挥主导作用。北京城市发展方针政策调整引发的服务业快速发展促使城市产业布局和土地利用格局发生根本性改变。政府对北京CBD、金融街、中关村科技园区、物流园区等重点功能区的规划建设直接影响北京市生产性服务业的企业区位选择。北京城市历史文化名城保护政策要求下的"旧城整体保护"以及中心城区所承担的重要"行政办公职能"对城市生产性服务业企业区位选择及其空间集聚具有明显的制约作用，该制约使得部分产业难以在旧城区继续发展。

杭州市政府为鼓励生产性服务业更好地发展，在土地、人力资源等方面给予大力扶持，将生产性服务业纳入到政府相关规划，编制了现代服务业集聚区总体布局规划，明确服务业的总体布局，明确各园区重点鼓励产业与限制禁止类产业，鼓励从分散到集中，形成合理的地域分工。在规划引导下，高新技术区、钱江新城、杭州经济开发区等地区生产性服务业得到快速发展（蒋海兵等，2015）。

对于西安、兰州等经济并不非常发达的西部城市来说，完全依靠市场经济作用下的自发力量发展生产性服务业是不现实的，政府的引导显得尤其关键。政府通过对中央商务区 CBD 的规划建设，投入大量资金，进行基础设施建设并引进项目入驻，是发展生产性服务业的主要手段。

第四节　生产性服务业中央集聚区 CBD

一、中国城市 CBD 发展历程

中央商务区（Central Business District，CBD）指一个国家或地区的主要商业和商务活动集中的区域，主要涵盖金融、贸易、商业、信息及中介服务等相关产业，是生产性服务业集聚的主要表现形式。随着美国学者伯吉斯（E.W.Burgess）于 1923 年在其同心圆理论（concentric zone theory）中提出 CBD 的概念之后，许多国家或地区开始对 CBD 进行研究与建设，并产生一些国际知名的 CBD，例如纽约的曼哈顿、东京的新宿以及香港的中环，等等。

改革开放以来，尤其是 20 世纪 90 年代以来，随着经济全球化的进一步发展，以及我国改革开放政策的进一步深化和现代服务业的进一步发展，我国许多大中城市开始提出建设城市的 CBD。由于中国各城市的经济社会条件不同，目前中国城市 CBD 呈现多层级发展态势。我国香港、北京和上海的 CBD 已具备跻身国际级 CBD 之列的实力，广州 CBD、深圳 CBD 居于国家级 CBD 之列，重庆、天津等 CBD 属于大区级 CBD，具有很强的区域影响力。中国城市 CBD 发展呈现以下三个阶段：

（一）第一阶段（20 世纪 50~70 年代）：停滞与萎缩时期

20 世纪 50~70 年代，在计划经济体制下，我国城市发展主要通过执行指令性计划来实现。城市以发展工业为主要任务，城市中不同层次的第三产业均被人为抑制，金融、商业服务业和其他为生产服务的行业作为附属手段，没有得到足够的重视。作为城市金融、商业服务业和其他第三产业载体的 CBD 在这一期间没有得到正常的发展。一些城市中心区的商业、金融设施通过行政命令方式进行社会主义改造，改作工业等用途。例如新中国成立前上海外滩有 100 多家金融机构，新中国成立后减少为 8 家，大多数银行被改作工厂、机关和宾馆（修春亮，1998）。

（二）第二阶段（20 世纪 80~90 年代）：恢复与聚集时期

20 世纪 80~90 年代是我国改革开放和社会主义市场经济不断发展深化的时期，城市发展与CBD的演变机制发生了根本性变化。20世纪80年代以来，我国许多城市开始实行土地有偿使用制度，城市中心区工业逐步退出，工业用地被商务用地取代，城市中心区商务功能逐步得到恢复与发展，城市中心区商务功能进入强化发展时期，迅速完成了初步聚集。同时城市中心区金融和其他办公事务也得到快速发展。

这一时期的CBD过于强调金融、贸易等商务功能的集聚，其他商业、文化及生活配套功能比较弱，用地比例低。

（三）第三阶段（2000年以来）：加速发展与多中心形成时期

2000年以来，尤其是随着我国加入WTO，在全球经济一体化的背景下，CBD在城市、区域乃至国家经济发展中的中枢作用越来越显著。城市中心区的工业进一步外迁，同时住房制度改革加快了中心城区人口向外疏解，城市中心区商务功能得到进一步发展。这一时期我国CBD的建设理念发生较大转变，由以前的以金融、商务为主导的比较单一的开发模式转向以混合开发或产城融合思想为指导的CBD建设，将居住、商业、生态、文化、休闲、创新等生产性和生活性服务有机地融入CBD中。在物质环境上表现为用地混合、人文环境改善、公共空间增加、景观环境的生态性与游憩性有所上升。CBD逐渐转型成为产业多元化、功能聚集、空间丰富、公共设施完善的中央活动区。例如北京商务中心区起源于20世纪90年代，2002年调整为发展人文社区，建立混合功能区。除商务办公，配建了居住、娱乐、科技、文化等功能，辅以大量公园、广场、绿化带，以实现CBD景观的可持续发展。北京CBD建设体现了典型的产城融合思想，在保证商务功能主导的前提下，商务、居住、商业、娱乐及开放绿地有机组织、融合（杨俊宴和吴明伟，2006）。随着工业和人口外迁，生产者服务业集中的商务中心与零售、娱乐等集中的商业中心产生空间分异，在区位与交通条件比较优越、人口和产业比较集中的工业园区、高新技术产业开发区和大型居住社区等地区形成城市新的次一级CBD，CBD由单中心向多中心发展。

二、中国城市CBD的空间格局

（一）中国城市CBD空间格局的一般特征

1. CBD一般位于城市中心城区核心区

我国城市CBD一般位于城市的中心地区，具有很高的可达性，具有城市最发达的内部和外部交通联系，交通便利，是城市最重要、最方便的交通节点。国内外大量的金融、商业、科技、文化、教育、办公机构在CBD内集中，商务机构云集，密度高。CBD地区建筑物密集，高楼林立，土地利用强度大。地价昂贵，寸土寸金。

2. CBD由单中心向多中心发展

在早期发展阶段，一座城市一般在中心城区核心区培育和发展一个CBD。随着城市社会经济的发展和服务需求的提升,以及中心城区核心区可利用土地的减少和高地价的限制,原有的单中心CBD已不能满足发展需求,在城市内部区位与交通条件比较优越、人口和产业比较集中、地价相对较低的地区往往会形成城市新的次一级CBD,CBD由单中心向多中心发展。如2008年北京市提出"一主、一副、三新、四后台"的金融业发展总体布局,随着这一政策的出台,除原来一直重点建设的北京中央商务区(CBD)之外,北京金融街、海淀中关村西区、丽泽金融商务区、通州新城金融服务区等地区已逐步建设成为北京的次级CBD。上海市目前除全市性的CBD外还规划建设了4个CBD副中心,分别是徐家汇、花木、五角场以及真如,突破CBD单中心发展架构,形成核心CBD与次级CBD结构体系。西安市传统市中心区的总功能类型不断减少,中心区工业不断消退,而商业服务功能日益突出。一系列中心城区大型更新改造建设项目,也凸显和强化了传统市中心区的商务功能,城市商务与商业中心趋于空间分离化,高新技术产业开发区正崛起成为西安市的中央商务区(CBD),西安市"双极多核"的CBD体系正在发育形成(王慧等,2007)。

3. 产业结构以生产性服务业为主,功能多元

CBD主导产业主要集中于金融、商贸、信息服务、文化创意和房地产等高附加值行业。大量国内外大型企业总部向CBD集聚,形成总部企业基地。例如上海陆家嘴CBD、北京CBD和重庆解放碑CBD集聚的总部企业数量均已超过100家,其中北京CBD集聚的跨国公司地区总部数量占全市的80%以上。CBD内商务活动频繁,商贸活动活跃,既是办公区域,又有居住、购物、娱乐等功能。相对于东部地区的城市,西部地区城市CBD发展相对滞后,商务功能有待加强(张理茜,2008)。例如,目前兰州市CBD主要是以商业为主,金融、商贸、文化、娱乐、信息服务等功能还未得到充分全面的发展。

4. 占地面积较大,商务办公面积相对较低

国际大都市纽约、伦敦、东京等城市的CBD用地规模基本在1~4 km²。中国城市CBD的用地面积较大,许多城市的CBD面积超过10 km²。国际大都市CBD的功能构成一般以商务办公、商务酒店和配套商业三大功能为主,并且商务办公往往占据绝对比例。例如伦敦CBD和东京CBD的商务办公面积分别占各自总建筑面积的71%和89%。我国许多城市CBD的商务办公面积占比并不突出,甚至不足30%,住宅、商贸用地的占比较高(刘敏,2015)。

5. 空间布局呈现现代化和人文化特征

目前我国一些城市CBD纷纷提出"生态CBD""人文CBD"的建设策略,如北京CBD正围绕生态环境建设、人文建设进行改造,建设了大量的绿化带和绿荫广场。深圳CBD在中轴处布置了大片的绿地和水域,除拥有先进的基础设施和高密度的建筑群之外,CBD区域还具备怡人的居住环境和优越的人文景观。

（二）案例分析：北京 CBD 空间格局

北京 CBD 的空间格局在中国城市中具有代表性，反映了中国城市 CBD 的基本特征。1993 年国务院批复的《北京城市总体规划（1991—2010 年）》首次提出在朝阳门至建国门、东二环至东三环一带，规划建设北京商务中心区，即北京朝阳 CBD。2001 年北京朝阳 CBD 规划编制和建设正式启动。北京朝阳 CBD 提出了"国际金融服务"的建设理念，致力于打造和发展国际金融业，以吸引国际金融机构入驻为发展目标。2004 年，北京开放了对外资银行经营人民币业务的限制，有力地促进了北京朝阳 CBD 及周边区域向国际金融机构总部集聚的方向发展。2008 年，北京市明确提出"一主、一副、三新、四后台"的金融业发展总体布局。随着这一政策的实施，北京金融街、海淀中关村西区、丽泽金融商务区、通州新城金融服务区等地区已逐步成为北京的次级 CBD。目前北京 CBD 的空间格局具有如下特点。

1. 以金融产业为龙头，现代服务业为主导的产业结构

北京 CBD 在经历了 2000 年的概念推出、2001 年的规划编制及 2003 年的产业定位与发展三个阶段后，于 2004 年进入全面、快速发展时期（祁敬宇，2007），2008 年进入多中心发展阶段。目前形成了以金融产业为龙头，保险、证券、咨询中介、IT 通信、传媒、文化创意等现代服务业为主导的现代服务业集聚区域，高度集中了金融、商务、贸易、商业、信息与中介服务等活动。

2. 土地利用功能分区明确，注重品质

北京 CBD 的发展具有很强的政策导向性，政府在 CBD 规划建设中发挥了十分重要的作用。北京 CBD 坚持高起点规划、高标准建设，土地利用功能分区明确，注重品质，各项建设有序推进。例如，北京朝阳 CBD 正逐步被打造成特色鲜明、以人为本、充满活力、绿色生态的城市核心区，目前占地面积 6.99 km^2，已初步形成金融业集聚区、文化传媒产业集聚区、高端商务集聚区、生活居住区等功能分区。近年来北京朝阳 CBD 陆续在东南、东北、西南以及西北 4 个不同方位，建成 4 块总面积达 10 万 m^2 的大型绿地，使北京朝阳 CBD 形成一个比较完整的环形绿化系统，有效拓展地区绿色空间，提升场所品质。

3. CBD 多中心格局初步形成

由于 2008 年北京市"一主、一副、三新、四后台"的金融业发展总体布局的带动，目前北京 CBD 呈现三足鼎立的局面。除东部朝阳区 CBD 作为传统的北京 CBD 之外，西部西城区的金融街、东部东城区的东二环商务区和北部海淀区的中关村西区已逐步成为北京的次级 CBD（图 5.5）。另外，近年来，丰台区丽泽金融商务区、通州区通州新城金融服务区等地区取得较快发展，都在向城市 CBD 的方向发展，北京 CBD 多中心格局初步显现。

第五章 生产性服务业空间格局

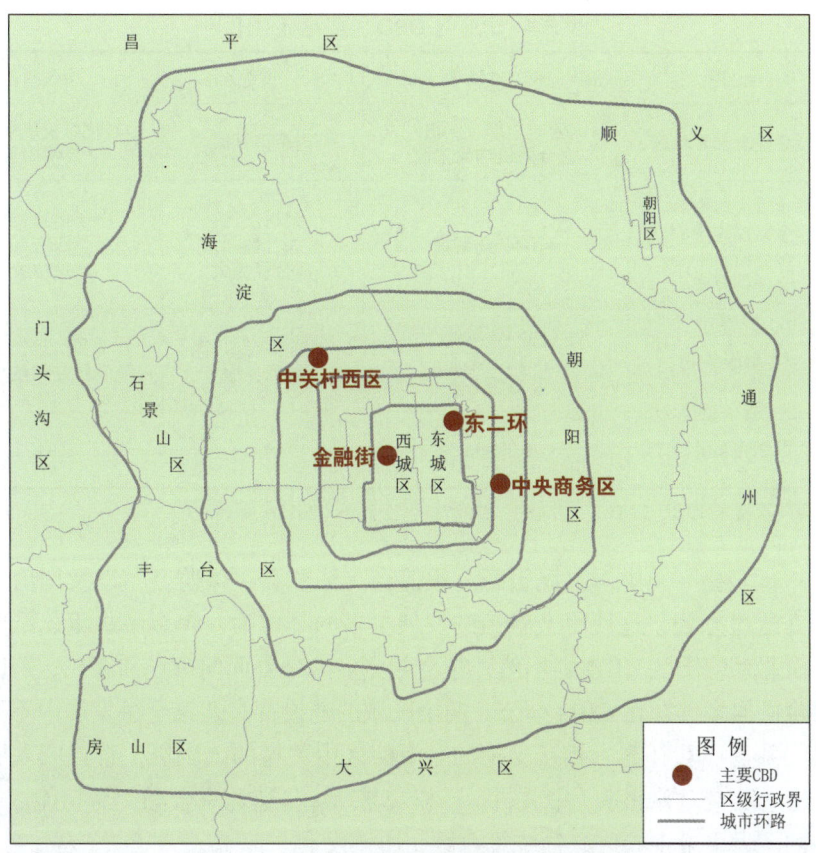

图 5.5 北京市主要 CBD 空间分布示意图
资料来源：作者自绘

北京 CBD 目前已呈现多中心发展格局，每一个商务区都有其自己的特点和使命。金融街主要以金融业和信息技术服务业为主；朝阳 CBD 整体来说产业配置均匀，呈现出以金融产业为中心，其余业态均衡发展的特点；中关村西区在高科技服务业和软件信息服务业上较为突出。通过对比发现，不同商务区的特点不一，主导产业功能不尽相同，商务区之间的协调发展共同支撑着北京市的经济发展（表 5.4）。

三、中国城市 CBD 的发展对策

（一）加强各 CBD 的合作与互补

目前，我国许多城市 CBD 的多中心格局已初步形成，但各 CBD 之间存在产业雷同、功能重复等问题，需要进一步深入分析各 CBD 的功能定位和分工，实现互补协作，错位发展。例如，北京西城区金融街的发展已颇具规模，并与北京朝阳区 CBD 形成犄角之势。二者近隔咫尺又都定位于"金融中心"。因此，需要加强这两个区域金融发展的合作和互补，避免不必要的功能重复与冲突。金融街聚集了国家金融决策、指挥

表 5.4　北京各 CBD 主要指标对比

	金融街	朝阳 CBD（中央商务区）	东二环商务区	中关村西区
功能定位	金融业总部聚集区	跨国公司总部、国内外大型金融机构聚集区	国企集聚区	转化科技成果的高端要素聚集区
发展优势	金融决策中心 金融监管中心 金融信息中心 金融结算中心	高端产业聚集	交通发达 综合性强 整合优势大	电子信息技术先进 科学研究专业服务 地理位置优越
主导产业	金融服务业	国际金融业 文化传媒业 高端服务业	能源信息服务 金融商务服务	软件和信息技术服务业 科学研究和技术服务业
占地规模	2.59 km²	6.99 km²	5.39 km²	0.946 km²

资料来源：根据宋泓明（2005）、祁敬宇（2007）、王卫华（2013）等整理。

部门，"一行三会"（中国人民银行、银监会、证监会、保监会）以及国内各大银行的总部都在这里办公，这使得金融街的发展更多的是成为一个金融决策、结算、指挥的中心。而北京朝阳区 CBD 则不然，其金融更多的是要面向市场和客户，跨国银行、证券、保险机构多选择在 CBD 办公。两个区域的建设都是北京金融发展中不可或缺的方面，其关系是相互补充、相互支持的。海淀区中关村的金融区，重点应发展金融产权交易，通过发展完善北京（中关村）产权交易所，打造北京金融交易功能区。总之，北京市内的三大金融中心区必须统筹兼顾，协调发展。

（二）加速相关领域的人才培养，全方位提升经营管理和研发水平

世界服务业加速现代化和全球化的趋势，使服务业日益告别传统的地缘导向发展模式，不断打破时间、空间乃至文化、观念的隔离，进入全新的发展阶段。这不仅使服务业的全球重组和资源优化配置达到了空前高度，也正在使世界各国经济、产业、技术创新乃至经营管理模式出现全方位变革，对世界经济的重大影响日益显现。为适应世界服务业现代化、全球化的潮流，加快 CBD 以金融业为核心的现代服务业的发展和升级，必须加速金融、信息等相关领域的人才培养，全方位提升现代服务业的经营管理和研发水平。同时，还要加强对现代服务业全球化趋势的跟踪研究，及早筹划参与现代服务业全球化的重大战略选择和可行的政策措施，以开放促改革、促发展，进一步提高我国 CBD 现代服务业发展水平。

（三）进一步优化 CBD 的发展环境

加强各 CBD 税收、土地、交通、文化生态等方面的管理，进一步完善税收、土地等政策支持体系，进一步优化和提升 CBD 的发展环境。土地是城市功能的载体，如何对 CBD 区域内的土地进行合理开发利用关系到未来 CBD 的发展潜力和方向。CBD

的土地开发应遵循绿色生态原则、可持续性原则、配套先行原则、分期有序原则（王卫华，2013）。应合理规划CBD用地面积，控制公寓住宅比例，提高商务用地比例，为保持CBD区域的高产能和核心凝聚力提供空间保障（刘敏，2015）。进一步改善各级CBD及其周边地区的交通条件，建设立体交通网络，进一步提高通达性。重视以人为本的城市社区建设，进一步挖掘历史人文底蕴，重视文化功能，强调文化设施与商务设施有机融合，重视生态环境建设，在满足商务活动的同时，完善文化、科技、娱乐、居住等其他功能，创造舒适的工作与生活环境。

第六章　商业空间格局与演变

商业是中国城市经济中非常重要的产业类型和地域组织形式，随着中国的改革开放和社会经济的快速发展，城市商业空间格局发生了剧烈的重构。本章主要以北京为例，探讨中国城市商业空间格局的演变与特点，以及商业中心地等级体系的空间演变。分析表明，我国城市商业中心数量不断增长，空间分布不断由城市核心区向郊区扩展，商业郊区化现象日益明显，目前大多数城市已形成多中心商业空间格局。区位与交通可达性、集聚经济、土地价格、人口分布，以及城市规划与城市空间发展战略是商业空间格局演化的主要影响因素。对北京市商业中心地等级体系的分析表明，商业中心地数量增加明显，但各等级的数量比例基本稳定，等级序列与中心地理论中的中心地体系基本相符。

第一节　中国城市商业空间格局的演变

目前中国城市商业类型主要包括：①大型综合商业中心，一般集百货、娱乐、餐饮、办公、超市于一体，商品种类齐全，购物环境舒适整洁；②百货商场，一般具有多种商品和综合优势，是一种生活化、综合化的商业业态，消费者可以购买到日常所需的生活用品、服装、食品等；③批发市场，一般面向大批量购买者，经营生产分散、品种繁多、消费变化迅速的商品，如日常生活用品、文化用品、小百货、小五金等；④专卖店，专门销售某品牌商品或者某一类商品的专业性零售店，一般位于繁华商业区，如商店、百货店或购物中心内；⑤超市，采取自选销售方式，主要销售食品、副食品和生活用品，满足顾客每日生活需求的零售业态；⑥零售便利店，以速成食品、饮料、小百货为主，具有即时消费性、小容量、应急性等特点，以开架自选货为主。中国城市商业最发达的城市都是国家和区域性的中心城市。2020年中国商品零售总额共计391981亿元，其中上海、北京、重庆、广州、深圳、成都、苏州、南京、武汉和杭州位居城市排名前10位。排在前三位的上海、北京、重庆的商品零售总额都超过10000亿元，分别为15932.5亿元、13716.4亿元和11787.2亿元。广州、深圳、成都、苏州、南京、武汉、杭州、泉州、青岛和郑州在5000亿~10000亿元之间。

随着中国的改革开放和社会主义市场经济的快速发展，商业空间格局发生了剧烈的重构，城市商业中心数量不断增长、空间分布不断由城市核心区向郊区扩展，目前大多数城市已形成多中心商业空间格局。

一、20 世纪 50~70 年代的城市商业空间格局

20 世纪 50~70 年代，我国城市商业主要是承袭新中国成立前城市商业的发展格局。这一时期我国城市以发展工业为主要任务，鼓励生产，限制消费，城市商业没有得到足够的重视。一些城市中心区的商业设施被改作工业等生产用途，商业发展出现停滞或倒退，城市商业主要是具有计划经济特色的大中型百货商场。总体上这一时期城市规模较小，城市空间结构简单，城市商业主要位于城市中心区（老城区），商业空间呈现集中块状单核心结构形态。

二、20 世纪 80 年代的城市商业空间格局

20 世纪 80 年代，我国开始实行改革开放政策，城市社会经济取得较快的发展。随着中国城市化进程的迅速推进，城市商业逐渐成为城市经济活动的重要组成部分，得到稳定持续的增长。但由于人们收入水平相对较低、受计划经济的影响较大等原因，城市社会消费品零售额增长幅度不大，商业发展比较缓慢。这一时期城市商业的主要形式仍然是大中型百货商场，主要分布在人口相对较多的中心城区（老城区）。同时出现一些小百货商店，主要分布在中心城区外围和近郊区的大型社区周围。

三、20 世纪 90 年代的城市商业空间格局

20 世纪 90 年代，随着改革开放和社会主义市场经济的不断推进，我国城市商业得到较快发展，商业空间格局向中心城区外围扩展。这一时期许多城市开始对商业设施进行改造或新建，如北京市在 20 世纪 90 年代相继建成天桥百货商场、燕莎友谊商城、西单商场、北京城乡贸易中心、北京建材经贸大厦等商业设施。这一时期我国城市商业设施仍然主要集中在中心城区（老城区），但中心城区（老城区）的外缘地区开始出现少量的次一级商业中心，商业中心开始向老城区以外地区扩展，原有的单中心商业空间布局模式被打破。

四、2000 年以来的城市商业空间格局

2000 年以来，随着改革开放的不断深入、商业经济的不断发展和人民收入与消费水平的日益提高，以及外国资本的进入和经营理念的转变，我国城市商业业态结构的多样化与多层次现象日益明显。商业业态日趋多元化，超市、巨型超市、便利店、购物中心、仓储式购物中心乃至电子商务等新业态不断出现，与百货商场等传统商业设施一起共同为居民提供不同层次的商业消费。这一时期我国许多城市中心城区人口不断向外疏解，伴随人口的外迁，商业中心进一步向城市外围地区扩展，在中心城区外围大型社区附近出现一些新的商业中心，形成了多个市级商业中心和次级商业中心，形成多中心分布的空间格局。

第二节　中国城市商业空间格局特点及其影响因素

一、商业分布的总体空间格局

（一）商业呈等级分布，表现出一定的层次结构特征

城市内部商业空间一般呈等级分布，高等级商业中心一般位于市区中心，低等级商业中心位于郊区居住区，形成多级商业中心的地域体系，表现出一定的层次结构特征。如目前西单、王府井和前门是北京一级商业中心，它们位于北京城市中心区；北京二环路至五环路依次分布若干二级、三级商业中心。上海市的商业中心可划分为 3 个级别（市级、区级、小区级）5 种类型，高级别的商业中心多分布在市区内部，其形成与市区各部分发展的时间、功能、地点的接近性和地价、消费者的购物行为、居民收入的分布有关（宁越敏，1984；宁越敏和黄胜利，2005）。杭州市已形成市级商业中心、市级商业副中心、片区级商业中心、社区级商业中心的多层次、多功能、多中心的网络体系。杭州老城区的商业总量较为充足，主要集中在上城区和下城区；西湖区、拱墅区和滨江区等外围地区的商业总量较少，商业等级配建不全，与快速增长的居住人口不相匹配（潘蓉等，2012）。广州市高级商业中心集中分布于中心城区，边缘区分布较低级别的新商业中心（吴郁文等，1988；张小英和巫细波，2016）。南宁市商业空间总体上呈现"大集聚小分散"的分布模式，商业空间主要集中在城市中心区，向外依次呈现高密度、较高密度商业用地分布格局，随着相对城市中心区距离的增加，商业用地比例随之减少（李丽琴，2017）。

（二）一般在市内交通优越的地区集聚

无论是高等级商业中心，还是低等级商业中心，一般都位于市内交通十分优越或比较优越的地区。例如，目前北京市大型综合性商业设施主要分布在交通线路的交叉点附近，如三环路向外各个方向的交通节点是北京市重要的购物中心、商业中心所在地，包括苏州桥附近（双榆树商业中心）、马甸桥附近（马甸商业中心）、新兴桥附近（翠微-公主坟商业中心）、木樨园桥附近（木樨园商业中心）、国贸桥附近（朝阳 CBD）、三元桥附近（燕莎商业中心）等（蔡安宁，2015）。北京市商业网点的扩散区域基本沿着交通干线发展，交通主干道附近的商业网点密度增加较明显，高于其他地区。昆明市高级别的商业服务业一般在市内交通优越的地段局部集聚，中高级别商业离心并沿换乘干线集结分布，较高级别的商业沿城心向外延伸的主要道路集结，低级别商业散布于市内各处（陈忠暖等，1999）。

（三）商业郊区化现象日益明显

商业的服务对象是消费者，一定程度上受人口的分布和居住空间的变化影响。近

十几年来，中国许多城市居住人口从中心城区外迁到近郊区，导致近郊区大量商业设施的出现，以满足外迁人口的购物需求，同时为接近购买力，中心城区一些商业企业不得不追随居民而迁往郊区。例如，20世纪90年代以前，北京商业空间主要集中在前门、王府井、西单等城市核心区。20世纪90年代以来，随着城市土地利用制度和住房制度的改革，城市居住郊区化不断发展，大型商业空间逐步向郊区新建的居住区转移。如北京市郊区的昌平区建设了回龙观、天通苑等大型居住区，居住人口近百万人，与人口居住相匹配，进行了大量的商业设施建设，带动了该地区商业的发展和北京市商业的郊区化。近20年来，杭州市城市的快速扩张与城市交通设施的建设大大改变了商业设施的空间分布格局，大型商业设施由城市中心集聚不断转向外围扩散，甚至出现部分城市边缘型的商业设施（尤其是超大型商业综合体），使得城市商业空间结构发生了较大改变（饶传坤和蔡异翔，2016）。虽然传统城市中心区商业仍保持领先地位，但其他区块在大型商业综合体开发带动及其他零售商业设施辅助下，逐渐形成了若干个片区性商业中心。

（四）初步形成多中心的商业分布格局

经过多年的发展，目前我国大多数城市已形成多中心分布的商业空间格局。除中心城区核心区（老城区）传统的商业中心外，在一些交通便利的地区、中心城区外围大型社区等地区形成一些新的商业中心。

例如北京市除中心城区核心区（老城区）的西单、王府井、前门三大传统的商业中心之外，中关村、东直门等商业中心已经非常突出，在城市中心外围或大型社区附近出现的商业中心有五棵松、燕莎、望京、亚奥、上地、回龙观、天通苑、西红门、旧宫等。从1990年（图6.1）到2010年（图6.2）从北京市商业空间格局的核密度来看，北京市商业空间格局发生了剧烈的重构，从三足鼎立的传统商业空间向"3+X"的多中心商业空间转变，目前基本上形成了多中心分布的商业空间格局（蔡安宁，2015）。

20世纪50~70年代五一路及黄兴路区域是长沙市的主要商业中心；改革开放至20世纪90年代初，长沙形成了五一广场、袁家岭、东塘三大商业中心区；20世纪90年代，长沙市商业快速发展，形成以五一广场市级商业中心为核心，多个区域级商业中心所构成的"一主多副"结构。进入21世纪以来，由于城市的不断扩大，受出行距离的限制，长沙市原有的单中心商业结构已越来越无法满足居民的消费需求，城市商业中心从单中心发展到多中心（廖敏清，2013）。在保留原来的商业中心的前提下不断地增加新的生长点，形成多中心、有主次的商业中心网络体系（表6.1）。

与东部、中部地区的城市相比，我国西部城市商业发展相对缓慢，城市中心区商业地位突出，商业郊区化相对滞后，但商业分布的多中心格局也已经出现。例如兰州市商业空间分布近年来呈现出多层次多中心的形态，部分商业中心如东部市场迅速崛起，西关十字、东方红广场等商业中心地位进一步提升（王若屹，2016）。兰州市商业中心分为三级，西关十字商业中心为市级商业中心，是全市的核心商业区；东部商

中国城市经济空间

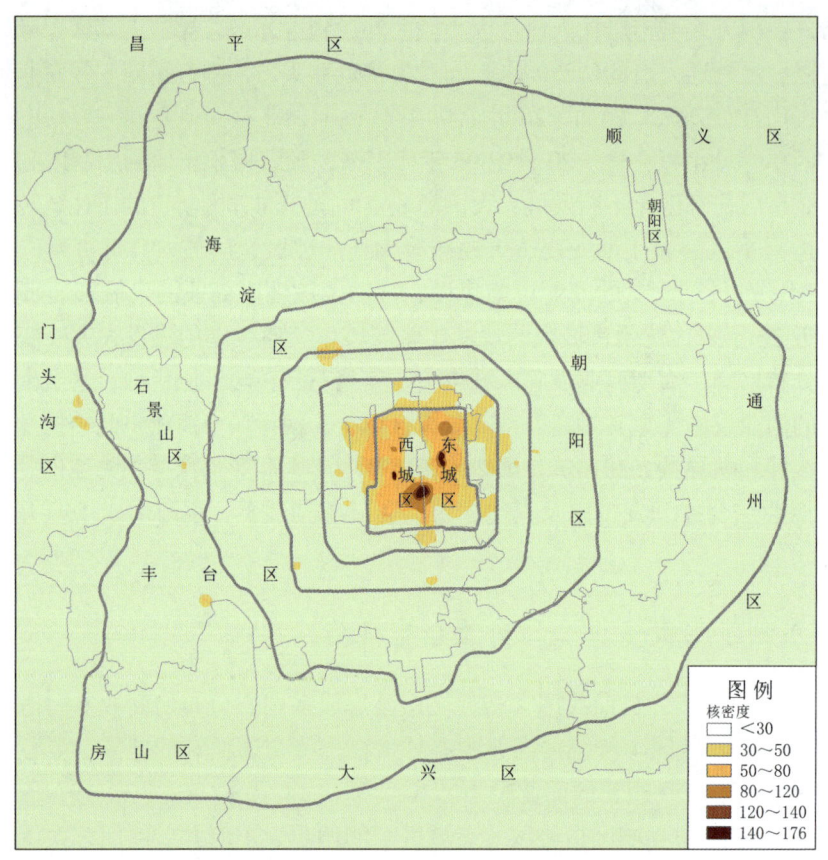

图 6.1 1990 年北京市商业空间格局

资料来源：根据蔡安宁（2015）图 3-24 修绘

表 6.1 长沙市主要商业中心

商业中心名称	等级	主要商业业态
五一广场商业中心	市级	商业综合体、购物中心、特色商业街
火车站商业中心	市级	专业大卖场、百货商店
伍家岭商业中心	市级	商业综合体
溁湾镇商业中心	区级	购物中心
东塘商业中心	区级	百货商店、商业综合体、大型超市
红星商业中心	区级	专业大卖场、大型超市
大托商业中心	区级	专业大卖场

资料来源：根据廖敏清（2013）整理。

业中心、西站商业中心、东方红广场商业中心为副市级商业中心；万达-大润发商业中心、盘旋路商业中心、南关十字商业中心、金牛街商业中心、西固城商业中心等为区级商业中心（表 6.2）。

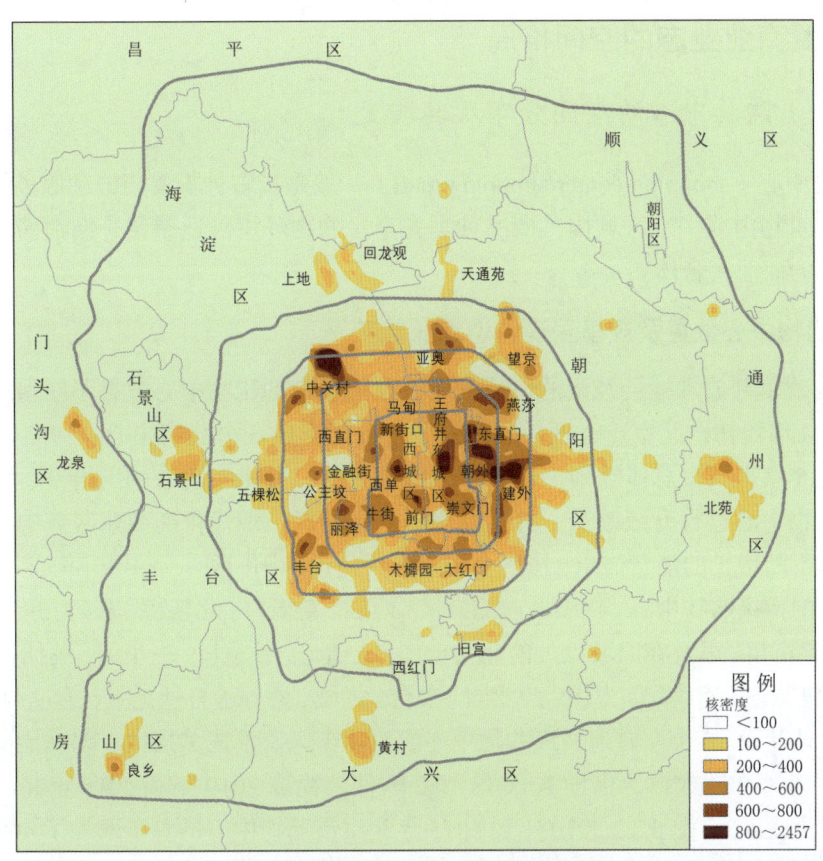

图 6.2 2010 年北京市商业空间格局
资料来源：根据蔡安宁（2015）图 3-26 修绘

表 6.2 兰州市主要商业中心

商业中心名称	等级	定位
西关十字商业中心	市级	综合型商业中心
东部商业中心	副市级	综合型商业中心
西站商业中心	副市级	综合型商业中心
东方红广场商业中心	副市级	综合型商业中心
万达-大润发商业中心	区级	高档商务商贸中心
盘旋路商业中心	区级	电子产品贸易中心
南关十字商业中心	区级	综合型商业中心
金牛街商业中心	区级	休闲娱乐商业中心
西固城商业中心	区级	中档商贸中心

资料来源：根据王若屹（2016）整理。

二、主要商业业态的空间格局

（一）购物中心的空间分布及其演变

购物中心（shopping center/shopping mall）一般是指多种零售店铺和服务设施集中在一个建筑物内或一个区域内，商品种类齐全，购物环境舒适整洁，向消费者提供综合性服务的商业集合体。

1. 购物中心数量及规模呈现快速增长趋势

随着改革开放和社会经济的快速发展，我国城市的购物中心数量不断增长。例如20世纪90年代初，北京市在西单、王府井、前门形成3个购物中心。1993年国务院批准的《北京市城市总体规划（1991—2010年）》，要求对已有的王府井、西单、前门三大购物中心进行升级改造，打造高水平、高档次、现代化的商业服务中心。同时根据人们不断增长的消费需求，按照多中心格局建设朝阳门外、公主坟、海淀、木樨园、马甸等新的市级购物中心。在旧城内的鼓楼、西四、新街口、北新桥、东四、东单、花市、珠市口、菜市口，以及在旧城以外的北太平庄、五道口、甘家口、三里河、酒仙桥、望京、六里屯、定福庄、南磨房、方庄、西罗园、丰台、古城、鲁谷等合适地点，通过调整用地，成街成片地建设70个左右地区级购物中心或商业街区，形成多层次、多功能的商业市场网络。通过POI数据，借助ArcGIS 10.2软件，提取2010年和2015年北京购物中心的数目见表6.3、图6.3。2010年到2015年北京市购物中心的总量增加了400多家，总增长率48.57%，年均增长率达到8.24%。

表6.3　2010年、2015年北京市各区县购物中心数量及增长率

县区名称	2010年数量/个	2015年数量/个	增长率/%	年均增长率/%
大兴区	26	67	157.69	20.84
丰台区	42	62	47.62	8.10
房山区	22	31	40.91	7.10
西城区	52	115	121.15	17.20
东城区	60	87	45.00	7.71
石景山区	13	26	100.00	14.87
通州区	29	68	134.48	18.58
朝阳区	127	249	96.06	14.41
海淀区	76	172	126.32	17.75
门头沟区	6	10	66.67	10.76
顺义区	150	122	−18.67	−4.05
平谷区	9	16	77.78	12.20

续表

县区名称	2010年数量/个	2015年数量/个	增长率/%	年均增长率/%
昌平区	222	218	−1.80	−0.36
延庆县	13	22	69.23	11.10
密云县	13	30	130.77	18.20
怀柔区	17	8	−52.94	−13.99
北京市	877	1303	48.57	8.24

资料来源：《北京统计年鉴》（2011年、2016年）。

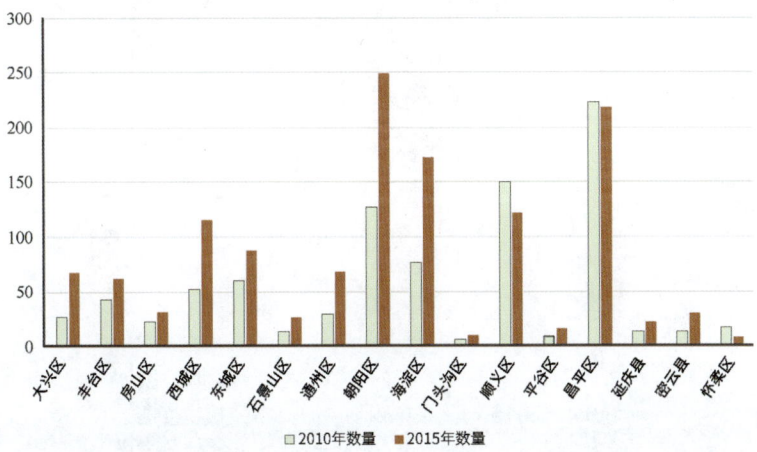

图6.3　2010年、2015年北京市分区县购物中心数量

资料来源：根据《北京统计年鉴》（2011年、2016年）数据自绘

从1996年广州第一个购物中心天河城开业经营，截至2013年广州购物中心的数量增长到27个。从不同时间节点可以将广州购物中心发展划分为4个阶段：1996~2000年，处于起步期，4年仅增至2个，增长缓慢；2001~2005年，增长较快，增至11个；2006~2008年，购物中心个数及规模未见增加；2009~2013年，购物中心数量与规模明显增长，由2009年的14个增加到2013年的27个（张小英和巫细波，2016）。由于2010年广州举办亚运会等因素，广州城市开发建设步伐加快，商业环境不断优化，为购物中心发展提供了有力支撑。

2. 购物中心的空间分布由集聚向集散并存方向发展

随着城市交通改善和中心城区人口不断外迁，购物中心的空间分布不断由中心城区核心区向中心城区外围区和近郊区扩展，空间分布由集聚向集散并存方向发展。例如20世纪90年代北京市的购物中心主要集中在老城区的王府井、西单、前门，购物中心的数量较少，呈现出集中在中心城区分布的格局。2015年北京市购物中心的空间

中国城市经济空间

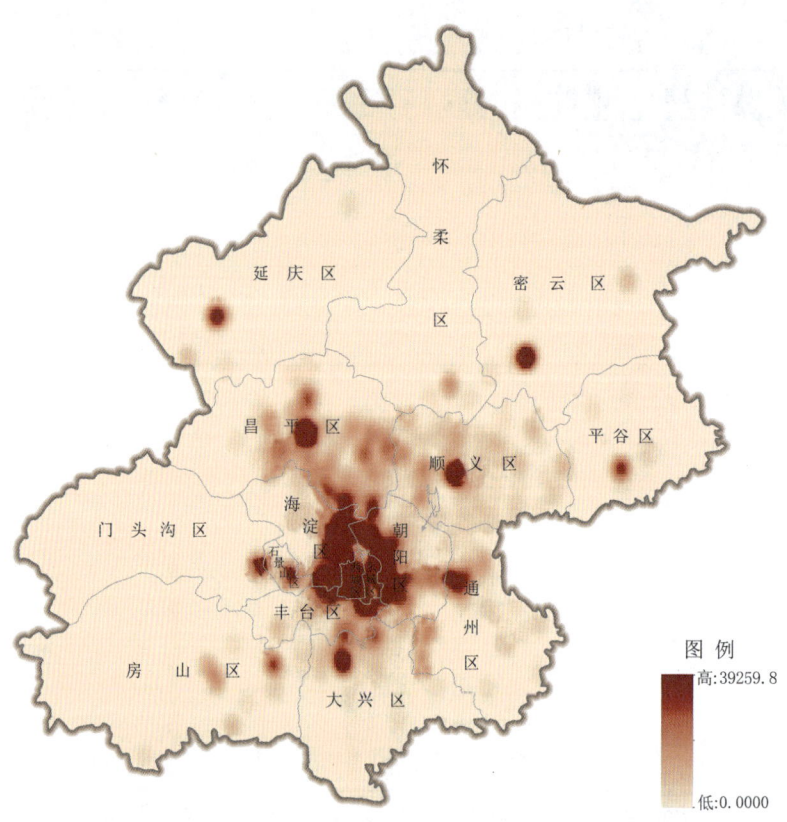

图 6.4　2015 年北京市购物中心分布的核密度图
资料来源：根据 2015 年百度 POI 数据自绘

分布已由 20 世纪 90 年代初的西单、王府井、前门三大中心向多中心格局演变。根据核密度的计算公式，借助 ArcGIS 空间分析工具，生成北京市 2015 年购物中心的核密度分布图（图 6.4）。从分布密度来看，中心城区核心区的东城区和西城区的购物中心密度最高，2015 年北京市购物中心的空间分布可以概括为中心片区和外围散点相结合的集散分布格局。从数量来看，中心城区外围区的朝阳区、海淀区和近郊区的昌平区、顺义区购物中心数量最多。从数量增长来看，朝阳区增幅最大，海淀区增幅较大，中心城区核心区和远郊区县增幅较小。

从广州的情况来看，购物中心发展初期一般选址于中心城区，例如，1996 年开业的天河城位于天河区，2000 年开业的中华广场位于越秀区。2001~2005 年，在新增 8 个购物中心中，有 6 个集中分布于北京路商圈、上下九商圈等传统商业中心及处于发展初期的天河路商圈。2006~2013 年，天河购物中心数量由 2005 年的 3 个增加到 11 个，万菱汇、太古汇等进驻天河路商圈，强化了天河路商业中心区地位，使之升级成为市级商业中心（张小英等，2016）。与此同时，海印又一城、奥园广场等向郊区的番禺集聚，白云万达广场、5 号停机坪等向郊区的白云集聚，逐步形成区域性商业中心，使广州商业空间布局由西向东发展转向东西轴与南北轴共同发展，总体上广州市购物中心空间分布已由集聚中心城区向集聚与扩散并存的方向发展。

（二）超市的空间分布及其演变

超市（超级市场的简称，super market）一般是指商品开放陈列，顾客自我选购，以经营生鲜食品、日杂用品为主，满足顾客日常生活需求的零售业态。超市采用自选的销售方式，以销售大众化生活用品为主。超市作为零售业态的"第二次革命"，20世纪50年代从美国传至日本、西欧各国以及中国台湾、香港等地，目前正在步入成熟期。中国大陆的超级市场是在20世纪80年代中后期由中国沿海地区导入的，在中国城市零售业中异军突起，成为各种零售业中发展最快、最具市场活力的一种独特的业态形式。

超市的分布及其演变具有一定的规律，主要受人口分布的影响。城市内部超市数量变化主要与城市内部人口迁移和居民居住区位的变化有关。一般来说，常住居民集中分布的中心城区是其最主要的集中场所，远郊区县的超市主要分布在人口比较集中的县城所在地。

例如，北京市2015年大小超市数量达9206个，各类超市已遍布北京市各个区域，但其分布具有一定的集中性，人口数量较多的朝阳区、通州区、海淀区位居北京市超市数量分布的前三位（图6.5）。

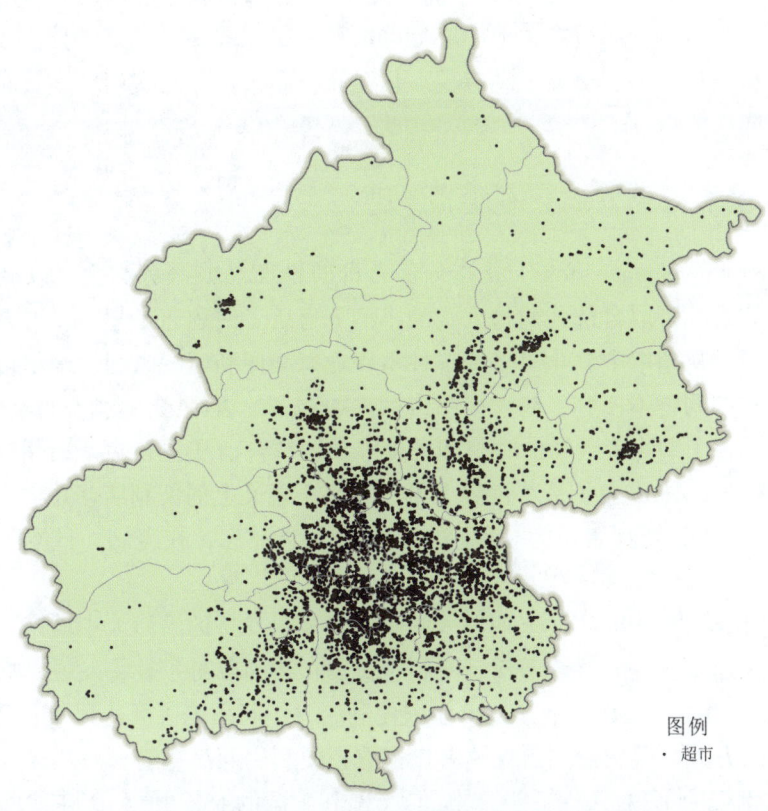

图6.5　2015年北京市各区县超市数量分布示意图

资料来源：根据2015年百度POI数据自绘

近年来，相对大型连锁超市在位置上选取繁华街区、繁华路段和伴随大型商场布局不同，各种中小超市的数量更多，分布也更广泛。小型化、便利化社区超市在各个业态中增长最快。例如北京市华润万家社区超市、百佳中小超市、永旺的食品超市美思佰乐、伊藤洋华堂的生鲜型食品超市、步步高的乐城微超等都加快了社区布局的步伐。这是由于越来越多的消费者倾向于追求便利，尤其是80后、90后以及白领人士倾向便利化需求，以及中国家庭少子化、独子化、老龄化现象的加重；同时也由于大型超市扩张成本压力加大，一二线城市中心网点趋于饱和的倒逼。

（三）专卖店的空间分布及其演变

专卖店（exclusive shop）指专一经营某类行业相关产品的专营店。专卖店一般以著名品牌、大众品牌为主，营业面积根据经营商品的特点而定，销售体现量小、质优、高毛利，注重品牌名声，从业人员必须具备丰富的专业知识，并提供专业知识服务。

专卖店业态满足了广大顾客对个性化和专业服务的需求，发展迅速，市场发展空间大。随着社会分工的细化，各个行业都有自己的专卖店，而且越来越细化。目前专卖店的类型很多，涉及门类五花八门，衣服、化妆品、摩托车、家用电器等一应俱全。

专卖店有的独立设店，有的分布在购物中心内。专卖店的空间分布主要受人口分布和交通便捷度的影响，一般位于繁华商业区、商业街或购物中心内。从宏观分布来看，城市中各区县都有专卖店分布，但中心城区数量相对比较多，远郊区县比较少，这主要与中心城区人口众多、交通便利有关。从微观分布来看，专卖店一般分布在交通便利的商业街或购物中心。

（四）便利店的空间分布及其演变

便利店（convenience store）是指以经营即时性商品或服务为主，以满足便利性需求为第一宗旨，采取自选式购物方式的小型零售店。便利店是超市发展到相对较为成熟的阶段后，从超市中分化出来的一种零售业态。便利店的兴起缘于超市的大型化与郊外化带来的购物不便利，如大型超市远离购物者的居住区，卖场面积巨大、品种繁多的商品消耗了购物者大量的时间和精力等。1927年，美国得克萨斯州的南方公司首创便利店原型，1946年创造了世界上第一家真正意义上的便利店，并将店铺命名为"7-Eleven"。此后便利店作为一种独特的商业零售业态，在美国、日本等国家得到了快速发展。

便利店于20世纪90年代末期进入中国经济相对发达的沿海大中城市。尽管起步较晚，但是伴随着经济的持续增长，便利店业态在我国取得了较快发展。据国家统计局统计，截至2015年我国共有16000余家便利店，年商品销售额达到356亿元，从业人员超过150万人。但从便利店规模占比来看，便利店商品销售额占当年社会商品零售总额的比例仅为1.2‰，远低于日本的6.6%和美国的5%。便利店在我国拥有十分广阔的成长空间。

便利店更强调即时性、可达性，消费需求是影响便利店聚集的主要因素。便利店的服务范围较小，作为一种新兴商业业态正逐步代替大型超市和购物中心的部分功能。我国城市的便利店通常位于居民住宅区、学校以及客流量大和各类人流活动密集的地区，营业面积在 50~150 m^2 不等，营业时间一般为 10~24 小时，经营服务辐射半径 500~1000 m，经营品种多为食品、饮料，以即时消费、小容量、应急性为主。便利店布局趋于分散，空间分布正逐渐从空间集聚向网络化模式发展（李伟和黄正东，2018），从服务商业区、居住区向服务城市综合体、商务区等空间扩展。

三、商业空间格局的影响因素

影响商业企业区位选择的因子一般包括两大类：一是商业本身因素（如商业规模经济、集聚经济、经营商品特色等）；二是消费者行为方面的因素（如消费偏好、消费出行方式、消费者数量与支付能力、消费心理与方式等）。商业企业区位选择的过程是在利润最大化前提下上述二者有机结合，其结果便形成了特定的城市商业空间结构与商业景观。城市商业格局的影响因素主要包括以下几个方面。

（一）区位与交通可达性

良好的区位与交通可达性是商业形成和发展的基本条件之一。区位与交通可达性影响辐射范围及消费出行方式，对商业企业区位选择具有重要指向作用。商业企业一般选择区位好、交通可达性高的地区布局，以便扩大其吸引和销售范围。百货商场与专卖店的区位选择一般遵循可进入性原则，即尽量接近交通可达性高的地区。城市中心位置由于通达性好、处于全市顾客购物平均距离最小处等优势，往往成为百货商场与专卖店等业态的选址目标。北京市商业空间发展与城市交通道路密切相关，便利的交通条件是城市周边地区商业快速发展的重要因素（张文忠和李业锦，2005）。许学强等（2002）选取 1998 年广州市 21 个营业面积超过 5000 m^2 的零售单位为研究对象，发放问卷 500 份，将出行距离、周边路网密度和营业额进行叠加，分析了广州市大型零售商场在空间上主要由市中心区向外围圈层结构分布，逐渐向多中心发展，交通因素是其中重要的影响因素。潘蓉等（2012）认为轨道交通发展对杭州市商业格局产生重要影响，轨道交通能够带来沿线地区良好的通达性，使一些原来商业并不发达的地区，形成新的片区或社区商业中心。如九堡、下沙等地随着地铁 1 号线的建成运营，其地区商业区位价值得到显著提升。陈晨等（2013）应用 UNA 测度长春市中心城区交通网络中心性，应用 KDE 法对交通网络中心性与商业网点进行空间插值，分析各类商业网点与交通网络中心性及二者关系的统计学特征，指出交通网络中心性对商业网点空间分布具有决定性影响。沈荣（2015）认为宁波市轨道交通的发展带来了城市框架的拉大，带来城市商业空间布局的巨大调整。随着地铁线路的延伸，商业空间依托交通轴线在大区域内扩展，形成新的商业中心。轨道交通的建设也促进了宁波老城区商业空间的融合与优化，重要枢纽站点的商业价值得到提升，并使商业层级关系更加清晰，商业形态更加丰富。

(二) 集聚经济

商业企业集聚可降低企业基础设施和公共设施运行成本，同时由于居民购物行为趋于复杂化，更多的消费者将购物、娱乐、康体休闲等结合在一起，他们不仅要求购物方便，也要求购物选择多元化，要求购物环境优雅舒适，要求带来多种体验，从而促进了商业企业的集聚和商业综合体的发展。王士君等（2015）以长春市大型商业网点调研数据为基础，选取专业店、专卖店、大型商场、大型超市等六种业态类型，应用点模式等研究方法，发现长春市大型商业网点的空间分布总体呈中心集聚与外围分散并存的态势，但集聚现象显著，并表现出沿城市综合性中心地、商业中心布局的特征，并总结得出业态类型及集聚特征是影响商业网点分布的最显著因素之一。

(三) 土地价格

近年来中国城市房地产市场发展迅速，地价成为影响产业布局的重要因素。随着中国城市的向心发展与近域推进，城市中心逐渐发展成为中央商务区（CBD）。出于城市中心地区地价高昂，只有盈利水平高、地租支付能力强的高档商店与购物中心及专卖店才能集聚在城市中心地区，形成全市最高级别的商业中心。盈利水平较低、地租支付能力较弱的一般商场只得选址在客流量较大的城市外围地区布局。例如刘念雄（1998）认为，对于北京市东城区、西城区等中心城区，高地价使得商业成本较高，传统商业面临较大压力，高端商业得到发展，而传统商业不断向郊区迁移。王乾等（2012）认为土地有偿使用政策的实行使地价重新成为影响南京城市商业空间结构的重要因素，高端商业因为能够承受较高的地租，开始向城市各级区域中心集聚。

(四) 人口分布

一定数量的人口规模和密度是商业发展的重要支撑条件，直接影响商业的时空演变（张小思和韩增林，2011）。百货商场与专卖店、杂货店的区位选择遵循接近性原则，即尽量接近顾客住地，以便顾客就近购物。吴郁文等（1988）构建指标，对广州市30个商业中心进行聚类分析，得出广州市区商业区位呈东西向带状分布，指出其分布特征与自然地理环境、交通可达性等因素有关，同时也与人口分布、居民购物行为等因素有关。王宝铭（1995）利用天津市商业调查和第四次人口普查资料对天津市人口分布与商业网点布局的相关性做了详细的分析，结果表明人口分布与商业网点存在明显的相互吸引效应。薛娟娟和朱青（2006）对零售商业网点空间分布与人口分布进行了协调程度分析，得到北京市零售商业网点与各区人口在地域上分布配合较好，人口稠密之处商业网点分布亦相应分布密集。赵梓渝（2014）基于城市空间、商业空间、消费者视角对长春市商业格局进行研究，得到长春市大型零售设施商业格局呈现商业中心突出、极化效应明显的空间特征；快速消费品零售设施呈内密外疏显著的空间扩散格局，主要受城市策略引导及人口分布因素影响。张小英和巫细波（2016）认为广州市各区域人口规模与购物中心数量及规模存在显著的正相关性。

（五）城市规划与城市空间发展战略

我国城市商业空间分布格局及其演变受城市规划与城市空间发展战略的影响较大。例如广州购物中心的选址受广州打造城市新轴线、天河中央商务区及白云新城、亚运城等重点区域的规划建设以及"东进""南拓"等城市空间发展战略影响，商业的空间布局与城市空间拓展的方向基本保持一致（张小英和巫细波，2016）。《北京市城市总体规划（1991—2010年）》要求按照多中心格局建设朝阳门外、公主坟、海淀、木樨园、马甸等新的市级购物中心，以及在旧城以外的五道口、三里河、望京、六里屯、定福庄等地区建设70个左右地区级购物中心或商业街区，规划的实施对北京形成多中心的商业分布格局发挥了重要的作用。

第三节 案例分析：北京市商业中心地等级体系空间演变

随着我国社会经济快速发展和城市化快速推进，居民消费水平不断提升，城市中不断涌现出新的商业业态。城市人口和居住郊区化、城市交通体系的发展、网上购物、消费需求的变化等对传统商业中心带来了冲击，城市商业空间不断进行着更新和重构。近年来地理大数据的出现为城市商业空间研究带来了新的研究内容和研究工具。本节运用2010年、2018年北京市六环内购物、餐饮等百度POI数据，采用核密度分析方法识别出2010年、2018年北京市商业中心地。然后运用系统聚类分析方法，构建北京市商业中心地等级体系，分析其变化过程，并与经典的中心地理论进行对比。

一、北京市商业中心地等级体系空间演变特征

（一）商业中心地数量变化特征

2010年至2018年间，北京市商业中心地数量增加明显，但各等级的数量比例未发生较大改变，说明商业中心地体系处于一个相对平衡稳定的状态。

2010年至2018年，北京市商业中心地数量增加了38个（表6.4）。其中，2018年新增识别98个商业中心地，而2010年所识别的60个街区级中心和专门化地区在2018年未被识别，说明这些商业中心地发展减慢，在其它中心地得到快速发展的同时，这些区域保留了原有街区级职能服务，或相对等级发生下降，因而未被识别。

表 6.4　2010 年、2018 年北京市商业中心地数量对比（单位：个）

	2010 年	2018 年
商业中心地总数	220	258
市级一等	2	2
市级二等	4	8
区级一等	9	9
区级二等	34	38
街区级	131	157
街区级一等		112
街区级二等		45
专门化地区	40	44

资料来源：根据 2010 年、2018 年百度 POI 数据分析并整理。

市级和区级中心地数量略有增加，街区级商业中心地数量增加明显。从不同等级商业中心地的数量来看（表 6.4），市级一等商业中心仍然为西单和王府井，数量保持不变；2010 年市级二等商业中心为三里屯、国贸、东大桥、人望路，2018 年新增 4 个，分别为长春桥、公主坟、朝外大街、崇文门；区级一等商业中心数量保持不变；区级二等商业中心地数量略有增加；街区级商业中心地数量增加明显，新增 26 个。等级越低，商业中心地数量越多。

（二）商业中心地空间分布变化特征

空间分布上，四环以内商业中心地较为密集，四环以外商业中心地较为稀疏，但总体上呈现环状放射状并不断向外扩展趋势（图 6.6、图 6.7）。2018 年西四环石景山区、北五环外海淀清河、昌平回龙观、昌平天通苑、东五环外朝阳管庄、通州城区等地商业中心地新增点明显。

从 2010 年至 2018 年间北京市不同等级商业中心地分布数量来看（表 6.5），市级一等商业中心地未发生变化，为位于城市中心的西单和王府井。市级二等商业中心地在空间上得到了发展，2010 年副市级商业中心为集聚于城市东二环至东四环间的国贸、三里屯等 4 个中心地，2018 副市级商业中心地数量增至 8 个，空间上得到扩展，除东二环至东四环集聚外，位于西三环的公主坟和位于西北四环的长春桥等由区级一等提升至市级二等。

区级一等商业中心地呈现向城市外围分布的态势。2010 年的 9 个区级一等商业中心地中，除五道口位于四环以北一公里，其余 8 个区级一等商业中心均位于四环以内；2018 年，原有部分区级一等商业中心地上升为副市级中心，另有距中心城区较远的大兴城区、通州城区、朝阳管庄、昌平天通苑等地的商业得到较大发展，形成了能满足当地区域居民中高档消费需求的区级一等商业中心，五环至六环之间新增 4 个区级一

第六章 商业空间格局与演变

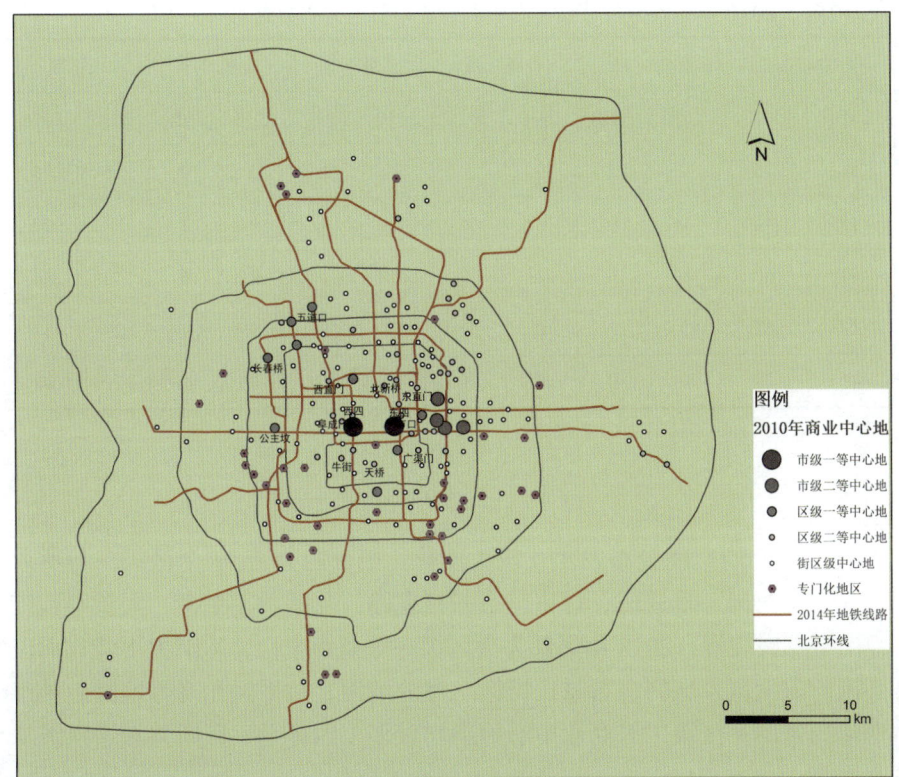

图 6.6 2010 年北京市商业中心地等级体系空间分布图

资料来源：根据北京市 2010 年百度商业 POI 数据整理并绘制

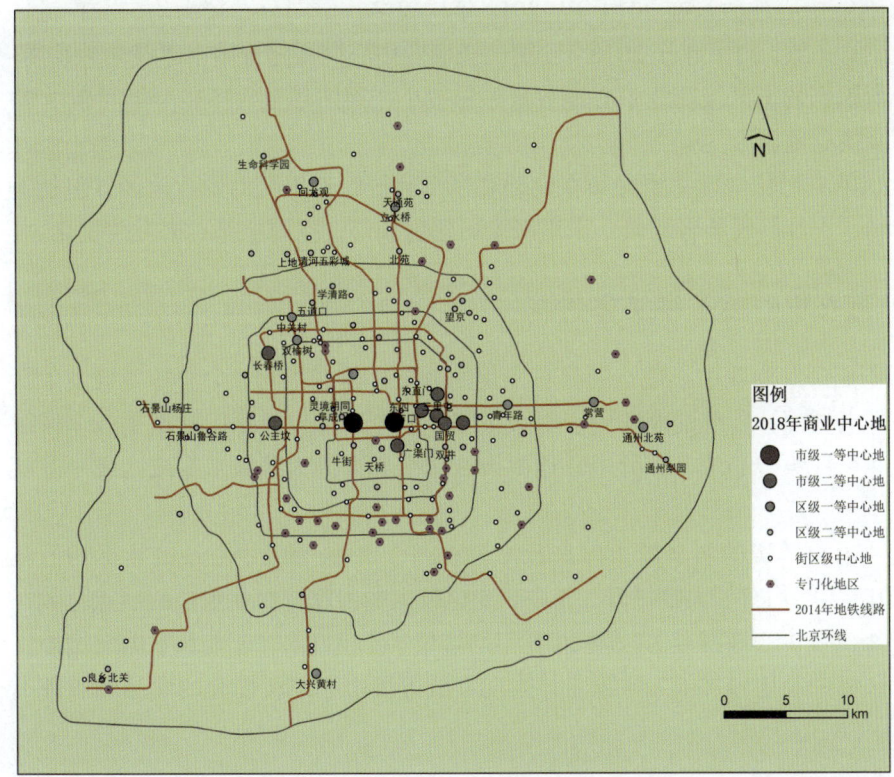

图 6.7 2018 年北京市商业中心地等级体系空间分布图

资料来源：根据北京市 2018 年百度商业 POI 数据整理并绘制

表 6.5　2010 年、2018 年北京市各环线不同等级商业中心地分布数量对比（单位：个）

年份	商业中心地总数		市级一等		市级二等		区级一等		区级二等		街区级	
	2010	2018	2010	2018	2010	2018	2010	2018	2010	2018	2010	2018
二环以内	31	25	2	2	0	1	2	1	11	4	15	16
二环至三环	46	40	0	0	3	4	2	1	9	3	28	27
三环至四环	52	60	0	1	3	4	1	5	6	30	34
四环至五环	49	55	0	0	0	0	1	5	10	29	37
五环至六环	42	78	0	0	0	0	0	4	4	14	29	48

资料来源：根据 2010 年、2018 年百度 POI 数据分析并整理。

等商业中心地。

区级二等商业中心的空间分布发生了较大变化。三环内共有 13 个区级二等商业中心地在下降，灵境胡同、阜成门、灯市口、张自忠路、北新桥、牛街、天桥等传统的商业中心地由于发展缓慢，2018 年降低为街区级一等商业中心，影响力下降；而位于中心城区外围的房山良乡城区、石景山城区、海淀清河、昌平回龙观等地随着城市建设和住宅变化的带动，区级二等商业中心地新增较多，四环至六环间共新增区级二等商业中心地 15 个。

街区级商业中心地数量在 2010 年、2018 年均较多，空间分布较为均匀和广泛。与区级商业中心一致，2010 年至 2018 年，街区级商业中心同样随着城市建设向外发展，二环至四环所识别的街区级商业中心地数量差异较小，而四环至六环在 8 年间新增 27 个街区级商业中心地。

所识别出的专门化地区主要分布在南部和东部环线附近等交通发达地区，包括新发地农贸市场、大红门服装轻纺城、十里河家居建材城等，空间上基本未发生变化。

（三）商业中心地等级变化特征

前述对不同等级商业中心地空间分布变化的分析，体现了商业中心地等级发生跃迁的特点，即老城部分传统的商业中心等级下降；城市四环以外地区新增了较多区级二等中心地和街区级中心地，部分中心地由街区级中心升级为区级二等或区级一等商业中心地。

从商业中心地等级的各聚类指标来看（表 6.6），不同等级中心地的指标均值在 2010 年至 2018 年间均有了大幅提升。其中，变化较大的为反映商业规模的网点总数，2018 年各等级商业中心地网点总数较 2010 年均增长了 1 倍左右。职能数量略有增加，各区级和街区级中心地增加 6-7 种职能，体现了低等级中心地所配套的商品和服务不断齐全。

表 6.6　2010 年、2018 年不同等级商业中心地聚类指标均值对比

年份	职能数 / 种		高级职能占比 /%		网点总数 / 个		大型商场数量 / 个	
	2010	2018	2010	2018	2010	2018	2010	2018
市级一等	45	46	77	81	1308	2501	9	11
市级二等	42	46	74	71	792	1502	6	7
区级一等	37	43	74	68	513	1024	3	3
区级二等	34	40	63	67	244	562	1.3	1.4
街区级	26	33	55	53	131	308	0.3	0.6
一等街区级		35		54		339		0.8
二等街区级		28		51		226		0.2

资料来源：根据 2010 年、2018 年百度 POI 数据分析并整理。

值得注意的是，上一级中心地的职能总数、网点总数 2 个指标对应的均值在 2018 年被划入下一级中心地，即同等规模的商业和相同职能种数的商品服务在 2018 年等级下降，如 2010 年区级二等中心地各指标均值与 2018 年街区级一等中心地指标均值较为一致（表 6.5）。这也一定程度上解释了三环内传统商业中心由区级二等降为街区级一等的原因，即商业发展相对较慢或停滞，未进行更新。

此外，2010 年聚类结果难以将街区级商业中心地进行细化，而 2018 年聚类结果显示街区级可细分为街区级一等和二等中心，2018 年职能总数、网点规模和大型商场数量较 2010 年增加明显。

二、基于中心地理论的北京市商业空间结构分析

为更好地认识北京市六环内商业空间结构，本文引入中心地理论进行对比分析。克里斯泰勒认为，中心地体系受市场原则、交通原则和行政原则的制约，在不同主导原则影响下，形成了 K=3、K=4、K=7 三个中心地理论模型（许学强等，2010）。限于篇幅，本文重点分析市场最优原则影响下北京城市内部的商业中心地等级体系，以西单为中心，将基于 POI 数据的北京市现状商业中心地等级体系叠加在中心地理论 K=3 理想模型中，通过对比揭示北京市现状商业空间结构与传统中心地理论理想空间结构的异同。

（一）等级序列与中心地理论中的中心地体系基本相符

北京六环内商业等级序列中，市级一等、市级二等、区级一等、区级二等、街区级商业中心地数量在 2010 年分别为 2、4、9、34、131，在 2018 年分别为 2、8、9、38、157，等级越高、数量越少，等级越低、数量越多，与中心地理论中的中心地体系

基本相符，但比例并未严格按照序列规律。2018年街区级商业中心地还可进行细化，划分为街区级一等、街区级二等，数量分别为112和45。

其中区级中心地数量偏多，与远离中心城区的昌平等地形成了独立的满足当地居民中高档需求的商业中心有关，但这些区级中心地与中心城区互动较弱。2018年等级差异更加明显，市级、区级、街区级均可细分为两级，其中区级二等中心地比街区级一等中心地数量少，与本文所选取的提取商业中心密度值有关，实际上研究区内还有一些街区和小区尺度的小规模商业集聚点本研究未获取，其商品和服务以初级职能为主。

（二）总体空间结构符合一定的六边形特征，但发生了一定偏移

以2018年空间结构为例，得到5个明显环带（图6.8）。最内层为老城中心，包括西四、前门、宣武门、阜成门四个主要中心地构成的六边形，它们同时具有各自的小六边形市场区；第二层以西到达二环外三里河，以东辐射到王府井地区，以王府井、天桥、车公庄、鼓楼为典型中心地；第三层为西三环至东二环组成的中心地，环带上新增东直门、朝外大街、广渠门、马连道等重要中心；第四层向外扩展到四环，形成了中关村、东二环与四环之间的国贸、三里屯、大望路等重要的商业区，此外大红门、五棵松、玉泉路位于六边形结构上；最外层为五环及以外的地区，商业分布较为分散，

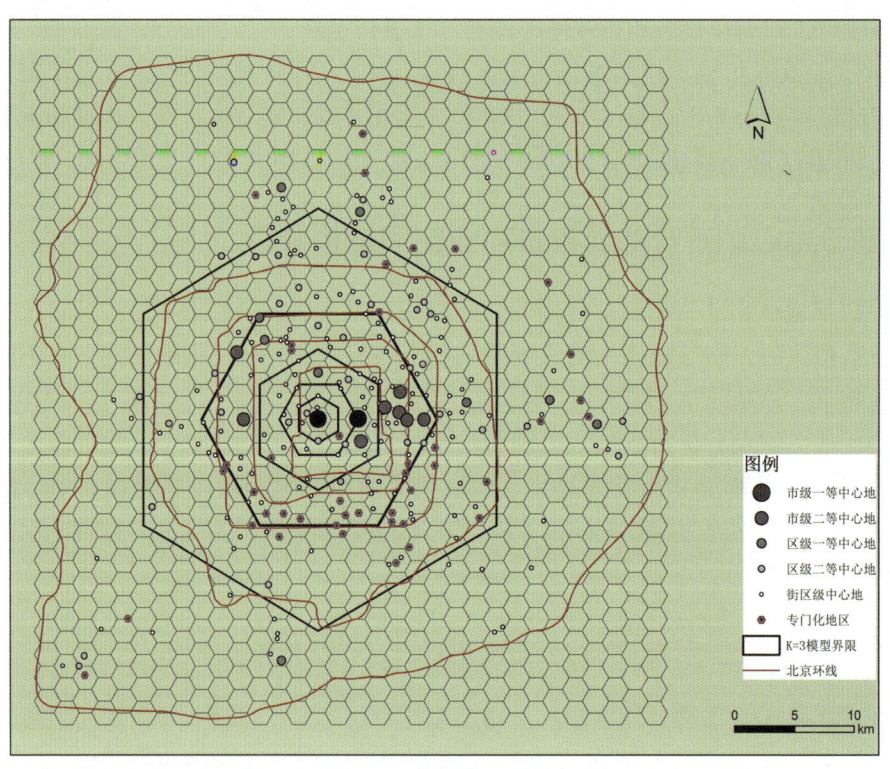

图6.8　2018年北京市商业空间结构现状与中心地模型界限比较

资料来源：作者自绘

较多的中心在 2010 年后形成，发展较晚，同时距离主城区较远，受主城区市场影响较弱，主要依托于郊区县行政中心或大型居住区设立，形成独立的商业区，受行政和放射状交通影响更大。以西单为中心的各层六边形顶点或边长中点也均形成了一定规模的商业中心，但未严格按照理想状态下的位置来分布。总体上看，北京市商业中心地位于六边形顶点或中点，但位置发生一定偏移，等级未严格按照中心性强弱来分布，总体上未改变六边形特征。

（三）越靠近城市中心，六边形结构越明显

越靠近城市中心（如四环内），商业中心数量分布越集中，空间分布越均匀，六边形中心、顶点或边长中点等关键性节点均有不同等级的商业中心分布，六边形特征也越为明显，如以西单为中心的五级、四级、三级区级边界上分布明显；而南三环大红门附近、发展较晚的西四环外石景山地区以及东四环以外望京、青年路等地规律弱于老城（图6.9、图6.10）。

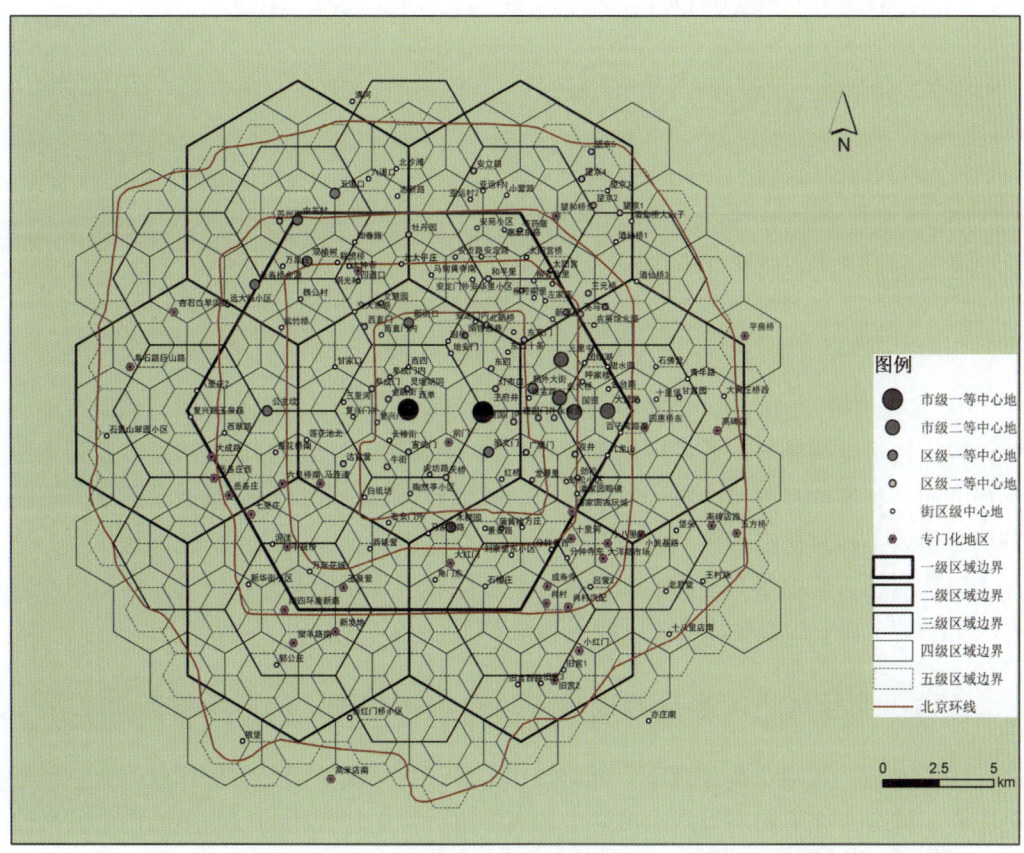

图 6.9 2010 年北京市商业空间结构与理想状态下 K=3 等级模型比较

（注：区域边界为 K=3 模型边界，六边形顶点为理想状态下中心地分布点）

资料来源：作者自绘

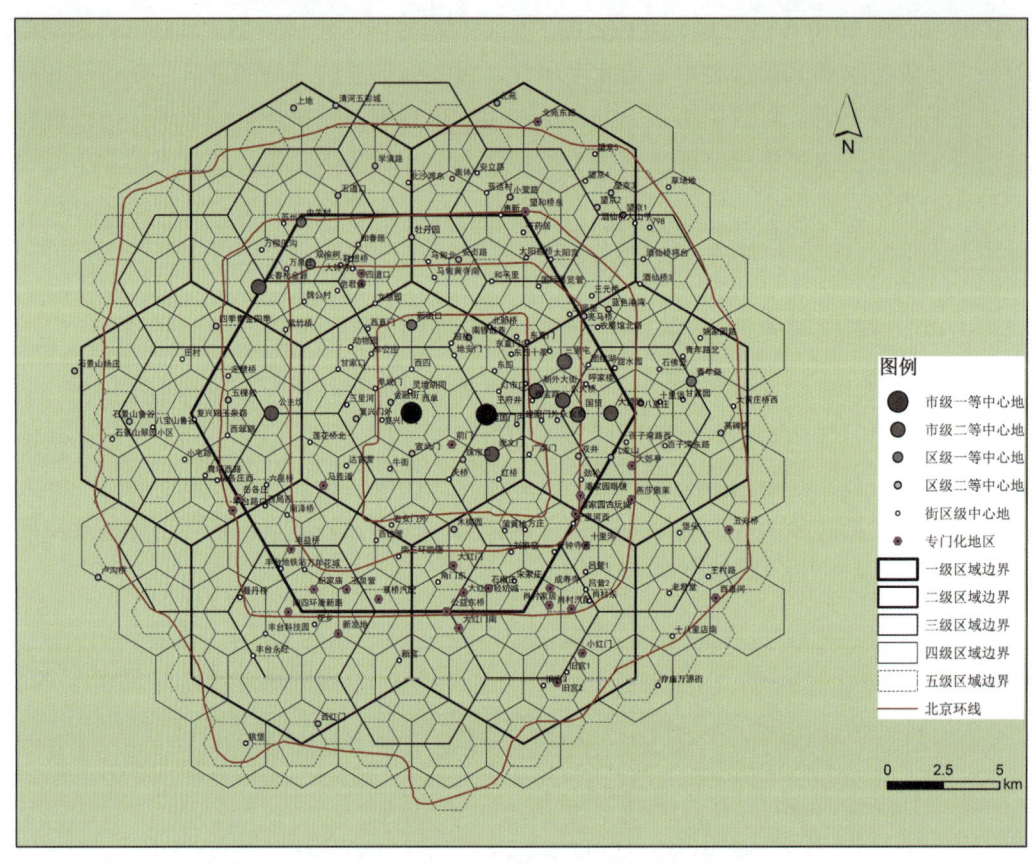

图 6.10 2018 年北京市商业空间结构与理想状态下 K=3 等级模型比较

（注：区域边界为 K=3 模型边界，六边形顶点为理想状态下中心地分布点）

资料来源：作者自绘

从 2010 年至 2018 年，老城中心的六边形结构未发生明显改变，而远离城市中心的地区六边形结构随着商业发展出现变化。结合北京的发展历史，城市的发展是由中心逐渐向外扩展的过程，老城区发展较早，其商业布局在人口等市场需求因素下不断调整，形成了相对稳定的体系。而北京四环以外地区，至今还处于快速发展阶段，受到人口、居住、产业布局等因素的影响，商业服务等设施配套暂未完善，商业中心分布较为稀疏，商业中心地体系还可能得到发展。

（四）高等级中心形成的区域六边形特征明显，以市场原则为主导

中心地理论市场最优原则下，低等级中心位于三个高等级中心所形成等边三角形的中心，即分布在不同层级六边形的中心或顶点。除上述分析的以西单为中心的六边形特征明显以外，我们发现 2010 年、2018 年王府井、东直门、鼓楼、公主坟、中关村、长春桥等高等级中心在 K=3 下均具有各自不同等级的市场区，且六边形顶点形成了商业中心（图 6.9、图 6.10）。

（五）存在与中心地理论六边形结构差异较大的地区

北京市东二环至东三环之间集聚了国贸、朝外大街、东大桥、大望路和三里屯等多个高等级中心，未严格按照中心地理论六边形模型分布。这与该区域高端商务发展定位有关，该地区为北京CBD地区，集聚了大量的金融机构、跨国公司、高端酒店、公寓和文化商贸服务等设施，同时大使馆区、使馆公寓区和上层社会居住区高度集中，人员消费水平较高，同时位于通州通往城市中心的快速交通线上，地理区位和交通条件优越，服务于较多的朝阳区和东部消费人口，该高等级中心以高等级商场和商品为主要特色。

此外，一些中心性较好的区域，暂时未形成较高等级的中心。如有研究曾推测三里河将在21世纪发展为区级商业中心（杨吾扬，1994），但发展至今，三里河与阜成门、牡丹园等区级中心还有一定差距，部分原因在于，三里河地区国家单位和小区集中，商业设施较少，同时该地交通发达，受东西交通沿线上西单、公主坟等高等级中心影响较大。

中心地理论建立在"理想地表"和"经济人"假设的基础之上，现实条件中商业的分布还受到历史、政策、用地布局、消费者属性与行为、多中心等因素的影响，使得传统的中心地理论不完全适用而出现一些特殊的区域。尽管如此，通过本文论证，中心地理论这一理想的经典理论经过80余年的发展，仍然能很好的解释基于POI大数据的北京市商业空间结构，体现了该理论的严密性和科学性。

第七章　互联网与新零售空间

近几年，中国网络购物市场规模飞速膨胀，对传统零售业产生了显著的冲击。事实上，零售业发展历史久远，业态层出不穷，但每种新的业态出现都有其历史必然性，同时也必然会对已有的零售业空间产生一定的影响效应。在各种业态的兴起和淘汰过程中，城市的零售业空间得到不断的演进。快速增长的网络购物带来了前所未有的经济前景，同时重新塑造着人们的购物习惯和行为，在一定程度上冲击着传统零售实体店，城市商业空间随之重构，并产生了众多商业组织创新和新型消费空间。本章对电子商务发展进程进行了简要回顾，并梳理了网络购物行为的空间特征及其影响，重点以上海为例，探讨城市商业中心在互联网时代的空间演变状况。研究发现，当前快速发展的新兴电子商务正在影响商家和消费者的活动，城市商业空间的传统中心地体系面临挑战。从商家角度来看，网上购物的出现引发了实体零售业利润空间的紧缩；但同时网上购物对消费者需求的触发也是显著的，其中尤以体验型消费最为突出。

第一节　电子商务对城市零售空间体系的影响

一、中国电子商务的发展

从 1995 年电子商务萌芽在中国出现以来，其发展已经历了 20 余年。回顾历程，中国电子商务发展大概可以分为三次浪潮。第一次浪潮是起步阶段，在 1999 年有多家电商企业成立，中国首家 B2C 网站 8848 以及阿里巴巴、当当网等相继出现。现在它们已经成为行业里有绝对影响力的网站，奠定了中国电子商务发展的基础。但由于当时电子商务发展环境与基础设施条件等不尽成熟，在经历起步期的快速发展之后，电子商务遭遇市场冷遇。第二次浪潮开始于 2003 年，席卷全国的 SARS 病毒为电子商务的发展提供了契机，极大地带动了网上交易，电子商务发展开始全面复苏。B2B、B2C 和 C2C 等电子商务模式均取得较快发展，出现了齐头并进的发展势头，带领电子商务进入了崛起增长期。在 2008 年金融危机之后，中国电子商务进入了第三次浪潮，进入了企业、政府、银行等多主体参与的电子商务转型升级的内涵式发展阶段。电子商务成了中小企业的新选择，伴随着移动互联网的发展，O2O 模式也开始兴起。

近些年，中国电子商务的发展呈现出势头强劲，带动性强的特点。据艾瑞咨询（iResearch）统计显示，2015 年中国电子商务市场交易规模达 16.4 万亿元，增长 22.7%，增长速度远超同期国民经济发展增速。电子商务的发展对促流通、扩消费和惠民生均起到了明显的推动作用，全国网上零售额相当于社会消费品零售总额的 12.7%（图 7.1）。同时，还促进了物流等领域的高速增长。由于电子商务的带动，2013 年以来，全国快递业务量实现了年均超过 50% 的高速增长。

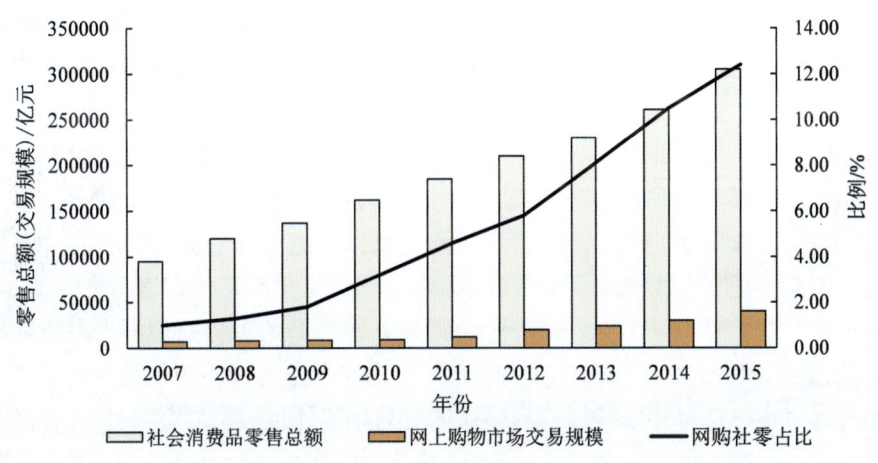

图 7.1　2007~2015 年社会消费品零售总额和网上购物的比较
数据来源：根据国家统计局、Wind 资讯、中国产业信息网数据整理绘制

在发展结构上，电子商务发展呈现以 B2B 模式为主导，网络购物快速发展的特点。B2C 和 C2C 为主的网络购物快速发展，成为电子商务发展的主要动力，2014 年网络购物交易规模市场份额达到 22.9%。中国已经成为全球最大的 B2C 市场，塑造了全球 B2C 市场的新格局。而支撑网络购物市场快速发展的是大量增加的中国网络购物用户。据《第 35 次中国互联网发展状况统计报告》显示，截至 2014 年 12 月，中国网络购物用户规模达到 3.61 亿，较 2013 年底增加 5953 万人，增长率为 19.7%，网民使用网络购物的比例从 48.9% 提升至 55.7%。

二、互联网技术影响下的零售业组织变革

电子商务作为一种有效的"破坏性"（disruptive）技术，为创新型的企业提供了创造性的商业模式的机会，从而改变原有产业的运行格局。电子商务对原有产业的生

产网络和价值链产生了"去中介"（disintermediation）和"再中介"（reintermediation）作用，即互联网缩短了生产网络和消费网络之间的连接（Currah, 2002; Wrigley et al., 2002）。在价值链重构过程中，互联网有可能绕过甚至剔除原有价值链中的关键节点，而直接把消费者与生产者及设计者联系在一起。如此，互联网帮助企业降低市场进入壁垒，减少了固定成本和沉没成本，因此会对零售商产生"去中介"作用，同时也提供了进入更大的消费者市场的途径（Wrigley, 2000）。互联网不仅有能力连接价值链中的每一个节点，而且它也可能作为全新的中介进入价值链，甚至在某些极端的案例中完全取代其中的节点，这就是所谓的"再中介"过程。在当前的商业实践中，还出现了一种新的基于网络的"信息中介"（infomediary）（Wrigley et al., 2002）。它为消费者提供购物决策所需的信息（如商品种类、价格、可获得性，以及零售商的相关情况等）（Evans and Wurster, 1997）。信息中介对于面临信息超载的消费者来说，作用日益显著。同时，这种状况也成为电子商务网站得以发展的重要基础。

20世纪90年代后涌现出大量基于互联网的零售商业形式，从这些众多的实践中可以总结出三种基本的网络零售模式。其中建设速度最快、成本最低的是"砖头加鼠标"（bricks-and-clicks）模式，零售商需要利用原有的实体店铺网络。另一种成本最高的模式则需要建立专用的电子商务配送中心，它们是没有实体店铺网络的"纯鼠标"（pure-play）电子商务营运商。第三种通常是一些小型的零售商把网上订货和顾客管理功能外包给一个前文所述的"信息中介"，这些中介的核心功能是在消费者和零售商之间传递库存、订单和发货等信息，而把商品分销外包给第三方物流。

三、网络零售企业的空间组织及其影响因素

从理论上而言，纯电子商务零售企业的目标市场是全国甚至全球性的，这种模式下的企业销售范围是可以没有边界的。但事实上，跨国购物的成本非常高，这造成大多数的外来电子零售商处于明显的劣势，国界成为电子零售商国际市场拓展的主要障碍之一（Chakrabarti and Scholnick, 2002）。已有的研究表明，电子商务的发展具有社会和地域根植性（汪明峰和卢姗，2009）。它的空间扩散受到配送能力、消费文化、制度等诸多因素的影响，往往被限制在一个特定的地域范围内。

在国家内部，电子商务作为一种新技术，其相关活动的空间分布特点具有鲜明的等级特征，通常是由大城市向小城市扩散（Weltevreden et al., 2008），由城市化程度高的市中心地区向城市化程度较低的边缘地区扩散（Weltevreden and Atzema, 2006）。从理论上看，小城市或是城市边缘地区由于购物便捷性差，"纯鼠标"零售业应该拥有更大的市场，但事实上，纯电子商务零售企业往往会先选择大城市或是城市市中心地区作为空间扩张的目标市场。其原因主要包括：①信息基础设施分布不均，大城市互联网普及率比小城市高，而互联网是进行电子商务交易的必要手段。②消费者对电子商务手段的接受状况不同，市中心消费者的眼界开阔，思想开放，易于接受

新事物,纯电子商务手段比较容易被认可。③交通运输条件差异,市中心交通便捷,运费低,便于货物配送和售后服务。

电子商务受地理区位约束的程度远超过人们的想象,而物流配送问题是其中的关键(Wrigley,2000;Murphy,2003;谭芳芳和金晓青,2006)。传统零售商建立店铺网络的成本非常高,网络零售商基本上都不得不跟随亚马逊(Amazon.com)的模式,采用各种以仓储为基础的分销模式(Wrigley et al.,2002)。配送经互联网订购的产品需要一些基础设施,包括专业化的物流服务,建立配送中心网络,而这些设施必然受到区位的约束,运行的成本也非常昂贵,同时仓储配送中心的多少和区位要依据商品的属性以及市场的规模和密度等条件来确定。由于"纯鼠标"零售企业缺乏实体店铺的支持,而不同的物流配送方式适用的地理范围不同,因此,具有不同空间组织和市场扩张战略的"纯鼠标"零售企业会相应采用不同的物流配送方式(表7.1)。

表 7.1 中国电子商务企业的主要物流配送模式

	自营配送	第三方配送	共同配送	邮政
优点	响应及时,全程监控;利于企业一体化作业	降低成本,提高配送效率	相互调剂仓储运输设施,提高配送设施的使用效率,降低成本	覆盖范围极广,可以将业务扩展到每一个县市
缺点	投资大,成本高;在线服务质量可能会受影响	不能直接控制物流,无法获取途中货物的情况	参与人员多而复杂,企业机密有可能泄漏	服务的质量不高,配送时间长,配送成本高
适用企业	大型集团公司	一般规模的企业	有共同利益的多家企业	有业务需要的各类企业
地域范围	省会城市等大城市	中小城市	由合作伙伴决定	县级市以及偏远山区

资料来源:引自汪明峰和卢姗(2011)表1。

电子零售商的生存往往依赖于两种方式的市场拓展:增加商品种类和扩大市场地域范围(Wrigley and Currah,2006)。2005年,国内较大的网络零售商之一"当当网"曾对服务城市范围进行了一次大规模的扩张。选取当当网扩张后覆盖的182个县级市以上城市作为样本,对该次大规模扩张的前后配送范围进行比较,可以发现其空间拓展的主要决定因素(汪明峰和卢姗,2011)。

以"当当网"扩张阶段为因变量,并采用城市等级、城市与三大物流中心的距离、城市总人口、城市市辖区人口/城镇人口、人口密度、GDP、人均GDP、限额以上批发零售贸易业商品零售总额和社会消费品零售额9个自变量,进行Logistic回归分析。结果发现,"当当网"配送城市范围的空间扩张战略主要受到城市人均GDP、城市等级和人口密度3个因子的影响。首先,人均GDP代表了一个地区的经济发展水平。作为一个综合指标,整体上反映了网上零售业赖以生存的诸多相关要素的发展状况。电子商业作为一种零售业的新形式,其发展势必需要有一定的经济基础作为保证。此外,一般新技术的扩散规律也是由经济发达地区向欠发达地区蔓延,地区之间的技术应用水平差异最终取决于经济差异。其次,"当当网"配送城市范围的空间扩张与城市等级的关系密切，总体上是从直辖市开始蔓延到副省级市和主要省会城市，进而向一些主要地级市扩散，最后覆盖县级市。在中国，城市的发展条件与城市的行政等级有着非常密切的关系。特别是，城市等级高意味着城市拥有较好的信息和交通基础设施（汪明峰和宁越敏，2006），可以为网上零售业提供有效的支撑。最后，人口密度也是当当网选择配送城市要考虑的重要因素。因为市场决定销量，"当当网"的扩张应以足够的市场需求为基础。人口密度高的城市市场基数大，从而市场需求将会较人口密度低的城市高。同时，较高的人口密度也意味着可能降低配送成本。

第二节 网上购物行为的空间特征及其影响

长期以来，中国城市商业空间结构的研究承袭了西方以中心地理论为理论框架的传统，侧重于从商业供给的角度对商业网点的规模等级空间分布进行理论和实证研究（仵宗卿等，2003）。然而，随着城市经济体制的转型以及城市商业经济的发展、人口分布的空间重构、零售新业态的涌现、居民消费水平的提高与消费方式的转变，城市商业的空间结构体系发生了许多新的变化。近年来，越来越多的国内学者逐渐从消费者行为角度对商业地理展开研究，把握城市商业空间的演变特征和趋势（柴彦威等，2008）。在有关电子商务对城市商业空间的影响研究中，较多的研究是从消费者视角展开的。

一、网上购物行为的空间特征

（一）网上购物与传统购物的关系

随着互联网的普及和电子商务的发展，中国城市中的网上购物现象也日益盛行，并在城市经济活动及市民日常生活中扮演着越来越为重要的角色。其中，北京、上海、广州、深圳是网上购物最为发达和成熟的城市（孙智群等，2009）。早在2007年，网上购物调查报告已显示以京沪穗深为代表的中心城市网上购物消费者在网民中的渗透率达到40%，4个城市中网上购物消费者总数达到1051万人（表7.2）。

表7.2 2007年中国部分城市网上购物状况的调查

	北京	上海	广州	深圳	武汉	成都	沈阳	西安
网民数/万人	754	809	480	477	288	298	171	105
网络购物人数/万人	340	408	154	149	89	92	39	32
网络购物金额/亿元	74	118	31	31	14	22	7	7
网络购物渗透率/%	45.1	50.4	32.0	31.2	31.0	30.8	23.0	30.6

资料来源：引自孙智群等（2009）表1。

孙智群等（2009）较早以深圳市为例，开展了城市居民网上购物行为调查，并总结了网上购物活动的主要特征，及其与城市实体空间之间的关系。当时，被调查居民的网上购物活动总体来说不够活跃，但消费品种类已较多，主要集中于书籍杂志和服装首饰、数码产品、音像制品、礼品等非日用品类商品以及充值卡等日用品。虽然购物频率和花费都比较低，与传统的实体购物无法相比，但是对网上购物的认可度较高。不管是否有购物需求，大多数被调查者都会经常浏览购物网站、查询商品信息。虽然更普遍的是查询而不是购买，但消费者表现出积极的态度也预示着网上购物较为乐观的发展前景。

汪明峰和卢姗（2012）较早研究了上海大学生的网上购物行为。2007年底的问卷调查显示，网上购物对消费者传统购物出行的影响并不显著，网上购物还只是作为消费者原有购物出行的一种补充方式，并没有对大多数消费者的传统出行频率和出行距离造成明显的影响。一方面，网上信息浏览和网上购物对传统日常购物出行的影响主要表现为消费者日常出行频率的缩减，多目的出行频率的上升以及日常出行距离的缩减。从不同类型的购物者比较中发现，在进行网上查询和购物活动以后，消费者的传统出行距离有所减少，但是这部分消费者仍然是以传统购物出行为主，因此消费者出行总的变化并不大。另一方面，网上信息浏览和网上购物可能使消费者非日常出行频率增加，单次出行距离增长。通过比较发现，网上购物者在网上购买大部分商品的同时，也可能因为在网上搜索到某些特殊商品的销售信息而前往较远的商店进行购买，这类商品往往不适合在网上购买，而且零售商的位置又较远。所以，表现在统计结果上，网上购物者的总体出行频率低于传统购物者，而出行距离远于传统购物者。总之，网上购物与传统购物出行的关系并不是简单的替代或者补充，而是要复杂得多。

近几年，伴随无线网络和智能手机的普及，信息技术对城市商业模式的重塑和居民个体行为特征的影响更加深刻和明显（陈丹等，2018）。建立在数字化和网络化平台上的虚拟商业，摆脱了传统意义上商业选址对区位的顾虑。它改变了人流、物流的商业销售路径和模式，产生了纯虚拟或半虚拟的商业新模式。网络和移动设备的结合与应用极大程度丰富、满足了人们的购物选择和购物需求，使得居民多任务购物行为方式的趋势愈加明显。实体店商家微区位选择往往迎合了市场的需要，是对消费者需求的直接地理反映。商业综合体内商户结构与购物者多任务购物之间是相互联系、相互影响的关系，因此，信息时代城市居民多任务购物行为正在对实体商业微区位产生深刻的影响（陈丹等，2018）。

（二）城市不同区位消费者行为的差异

通过问卷调查和统计分析，汪明峰等（2013）还进一步比较了上海内部不同区位的消费者在利用网络购物上存在的差异。从总体上而言，市区消费者比郊区消费者更倾向于网上购物，或者说，网上购物对市区消费者的影响要大于郊区消费者。这一调查结果在一定程度上验证了技术扩散的假说。尽管网上购物在商品价格和购物便捷性方面优于传统购物，但是在购物的服务质量上还远不及传统购物方式。因此，在现阶段，郊区传统购物出行的不便并没有在很大程度上造成网上购物频率的增加。

汪明峰等（2013）的研究结果还表明，不同区位的消费者在网上购物上的差异主要受到了配送时间和成本以及到传统商店的距离这3方面的影响。相对于郊区而言，市区往往拥有更好的配送条件，而且市区消费者对于购物出行距离更加敏感，这些因素使得市区消费者更容易接受网上购物方式。由此可见，网络经济并不是一种完全虚拟的经济，而是受到了城市实体空间包括基础设施条件的制约。已有不少有关电子商业的理论研究和实践都表明，物流配送是影响电子商业发展的关键性因素，而传统的零售业空间格局也会对网上购物的普及起到重要的作用（汪明峰和卢姗，2009）。

同时，席广亮等（2014）利用居民网上购物和团购消费的问卷调查数据，分析了南京市内城、外城和郊区3个圈层居民的网络消费空间特征。从2011年居民网上购物消费情况来看，南京内城居民进行网上购物的比例达78.9%，外城居民网上购物比例为70.7%，郊区居民进行网上购物比例为73.5%，表明目前南京不同圈层居民进行网上购物的人群比例均达到较高水平，网上购物已经成为城市中心和郊区居民较为普遍的购物方式（图7.2）。南京内城和郊区的移动信息化水平整体上高于外城，是内城和郊区居民网上购物比例较高的重要原因。

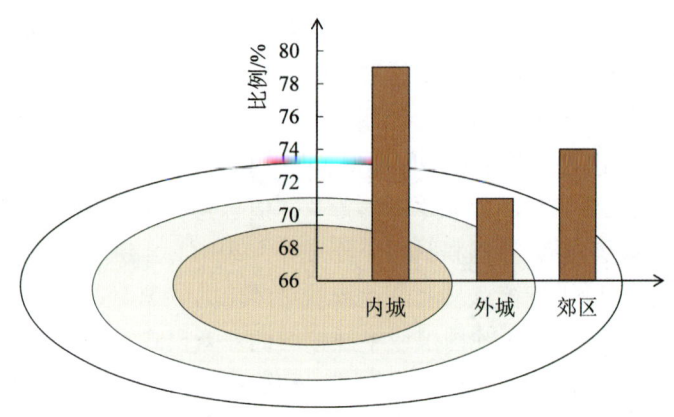

图7.2　2011年南京不同空间居民网上购物比例

资料来源：根据席广亮等（2014）图3重绘

南京的调查表明网上购物对交通出行产生了明显的作用（席广亮等，2014）。网上购物通过影响实体购物活动，进而影响居民交通出行和出行频率。由于居民网上购物类型、居住地及周边商业设施配套、个人消费偏好等因素的差异，其网上购物对实体购物空间以及交通出行的作用方式存在差异。56%居民认为网上购物减少出行，对实体购物产生一定程度的替代作用，进而减少居民的出行。同时，网上购物对城市居民交通出行的影响存在一定程度空间差异性，网上购物对郊区居民交通出行的替代作用较大，约57.6%郊区居民认为网上购物减少出行，29.0%认为"大量减少出行"；

网上购物对城市中心（内城、外城）居民的交通出行存在一定程度的替代，约37.7%内城居民和32.6%外城居民认为网上购物"稍微减少出行"（图7.3）。这表明当前网上购物对郊区居民的交通出行影响程度高于城市中心地区。由于城市不同空间和区位的信息接入能力存在显著差异，以及城市不同圈层居民存在一定程度的社会分异，这必然会影响城市不同空间居民的出行行为。

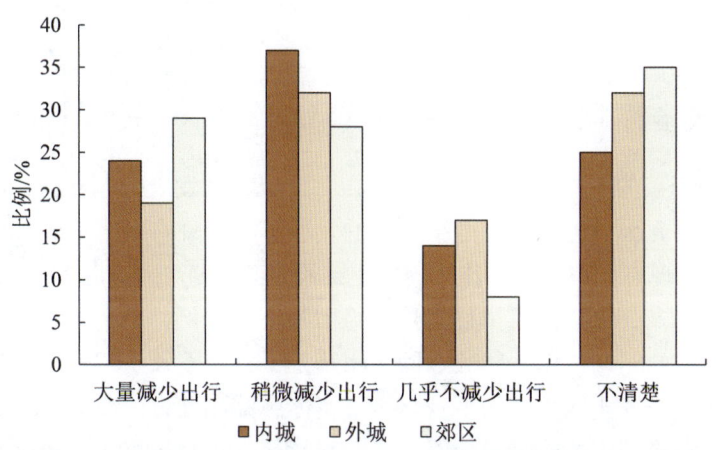

图7.3 不同空间居民网上购物对出行的影响情况

资料来源：根据席广亮等（2014）图7重绘

除了交通出行之外，网络消费也对居民的消费活动空间范围产生了一定的影响（席广亮等，2014）。网络消费对居民消费活动空间范围的影响程度，与网络消费模式有着密切的关系。根据网络信息技术对消费环节的不同影响，可以将网络消费方式分为单纯依靠网络型消费和互动型消费，单纯依靠网络型消费以网上购物消费为主，互动型消费以团购等网上购物与实体店消费相结合的方式为主。当前网上购物消费对实体消费产生一定作用，但对居民的实体消费空间范围没有产生影响。团购消费在网上消费后产生实体店消费行为，消费者网上消费选择往往受商家促销等营销策略的引导，商家网上营销策略引导消费者产生新的网上消费需求，这些新的消费在一定程度上拓展了传统的消费活动范围。通过对南京居民团购消费对日常活动范围影响的调查，内城42.7%的居民认为参加团购消费拓展了消费活动范围，外城和郊区这一比例分别达到48.1%和48.6%，说明互动消费方式对郊区居民活动范围的影响高于中心城区。

二、网络消费与城市商业空间组织

网络消费的快速发展，导致零售商业供应链产生新的变化，从而导致消费者、营业者、供应商、制造商等商业活动主体的相互联系和作用方式产生变化，其空间区位选择偏好、空间组织模式等呈现出新的特征，进而使得城市商业空间组织产生新的变化，这种变化包括了以下几个方面（席广亮等，2014）：①部分传统商业空间转向虚实结合的商业空间,如传统的电子街、批发市场、商城等转向线上线下互动的商业空间;②虚拟商业空间的网络化拓展趋势,以网上销售为主的虚拟商业空间,打破传统等级体系的商业空间布局模式,向城市的郊区、居住区等空间延伸,逐渐与居住、办公等空间融合,呈现出网络化布局的态势;③商业供应链向消费者延伸。传统的商业供应链以制造商、各级供应商、零售店之间的物流为主,网络消费的作用,逐渐引导供应链向消费者拓展,形成直接面向消费终端的商业供应链模式,这种变化使得城市内部出现新的物流空间。

(一)实体商业空间对网络商业空间的影响

作为一个新兴的产业部门,电子商务在一个区域的发展受到社会、经济、文化环境和政策等多方面因素的影响。电子商务的发展影响着现有的零售业布局,但是其发展模式更依赖于现有城市结构和传统零售业布局(汪明峰和卢姗,2009)。

史坤博等(2016)以成都市体验性网络团购市场为例,分析了实体商业空间对网络商业市场发展的驱动机制。体验性网络团购是一种将餐饮、娱乐、生活、摄影、旅游酒店等消费性服务业网络购物平台与城市实体店铺相结合的新兴网络购物方式。因其具有消费者需要到店才能完成消费这一特殊特征,正对城市实体商业空间组织结构产生不可忽视的影响,而且也在构建一种新的基于实体空间的虚拟商业地理格局。

首先,实体商业空间格局决定了体验性网络团购市场发展的空间特征。汪明峰和卢姗(2009)认为城市内部电子商务的空间格局不一定沿最优路径演化,而是对传统零售业发展轨迹产生路径依赖。体验性网络团购是一种将网络购物平台与城市实体店铺相结合的购物方式,即任何一条团购信息均有与之对应的实体店铺,因此,实体商业空间格局决定了团购市场发展的空间特征。与传统商业相比,体验性网络团购市场能在信息虚拟化的基础上,借助城市越来越发达的交通可达性和私人小汽车的广泛普及,更快地在商业基础设施发达的区域形成规模集聚。

其次,消费者规模空间影响体验性。体验性网络团购商品不能通过物流形式送达消费者,消费者须到店才能完成消费,这是其相较于传统网络购物形式的独特之处,因此,团购市场的服务范围具有空间局限性。为适应市场需求,获得更大的消费市场份额,团购市场会在消费者规模较大的区域表现出明显的空间集聚现象。成都市的案例研究表明团购市场规模形成了两个较典型的生活型热点区,即以居住人口较为密集的建设路和双楠两个区域为核心的热点区,这说明消费者规模空间会影响团购市场的空间布局。

最后,良好的可达性有利于体验性。体验性网络团购商品所对应的实体店面主要分布在交通便利的区域,实体店通过电子商业形式进行产品推销,消费者在线下进行产品体验,依然受到地理位置和交通条件的约束,城市交通建设与规划布局依然在某种程度上影响居民的网络团购消费行为。可达性较好的区域更易形成较成熟的团购市场。团购市场空间格局的发展更大程度上受制于时间距离,而非空间距离,这与空间距离主导作用下的传统商业格局存在明显的差异。

(二) 网络商业对实体商业空间的影响

伴随电子商务的快速增长,零售业覆盖的空间范围明显扩大,虚拟商圈日渐形成。虚拟商圈是指利用电子商务这一现代化手段进行交易时,零售店或商业中心所能覆盖的顾客空间范围(余金艳等,2013)。传统零售店中规模较大的如"家乐福"商圈范围覆盖可达几十千米最多上百千米,而规模较小的便利店商圈范围仅有二三百米。信息和通信技术的充分运用,使得虚拟商圈理论上可以摆脱现实地理位置的限制,商圈覆盖的范围随网络的普及扩展到世界各地。但现实情况中,则由于网络硬件、物流可达性等影响而无法"无孔不入"。

基于对北京 50 家淘宝网化妆品 C2C 电子商务卖家的调查,余金艳等(2013)分析了电子商务的虚拟商圈突破传统空间限制,迅速扩展的销售地理范围。到货时间在 48~72 h 之内的省级行政区达到 11 个,其中距离北京最远的重庆市空间距离超过 2000 km,买家比例达 2.27%,这是传统零售店商圈范围不可能覆盖到的空间距离。

在城市内部空间结构层面,路紫等(2013)研究了石家庄市体验性网络团购活动的空间特征,总结出新型电子商业业态对城市商业空间组织的影响。第一,电子商业模式作用下的商业网点空间分布仍然具有很强的区位特征,受基础设施作用而在繁华街道集聚,增强了中心的极化。第二,给周边地区商业网点带来新的商机,盘活了周边商业空间,进一步证明电子商务的扩散功能。第三,引发了一种新型商业业态——楼宇经济的崛起,网络团购与楼宇商业形成的良好互动,对城市就业以及通勤都产生长远影响。第四,零售商业正在追逐电子商务所带来的优势,价格体系、经营方式及商业政策都面临极大挑战,需要营造一种可以保证电子商业良好发展的环境。

史坤博等(2016)认为体验性网络团购这种新的商业业态,其空间发展对实体商业空间起到的是一种"修正"作用。在实体商业较发达的区域,基于团购网站的虚拟商业市场发展水平也较高,这一过程对实体商业空间具有再集聚(增强)作用;团购市场的空间发展对消费者规模空间的依赖性降低,这对以消费者规模空间为基础的实体商业空间具有再分散作用;消费者基于团购网站的商品选择过程突破了空间距离的限制,部分传统商业区位要素对团购市场区位发展的影响明显减弱,处于空间区位劣势的商家能够借助团购网站,降低甚至消除这种基于实体空间的区位差异,与其他商家进行较为平等的商业竞争,这能够使在实体空间中相对分散的区位劣势商家形成新的集聚。显然,这种团购市场对实体商业空间发展的"修正"过程就是一种对实体商业空间再分散和再集聚的引导过程。

晏龙旭(2017)对上海中心城区餐饮店铺的区位分析,也得到了类似的结论,将餐饮店铺的区位变化概括为"均质化"和"再集聚"同时并存的特征。在不同空间尺度上,互联网的空间影响存在差异:在城市尺度上,互联网外卖店铺远离城市中心区并在其边缘个别地块再集聚;中观尺度上,呈现远离传统商业中心和主要道路交叉口,并在可达性较低的街道再集聚；微观尺度上，呈现偏离临街区位，向地块内部渗透。其理论解释为：外卖店铺借助互联网平台避免空间竞争，从而降低成本，促使"均质化"发生；而互联网平台直接的"收益分成"会随着"均质化"逐渐稳定，其通过参与分工获得其他收益，构成了"再集聚"的主因。据此推断，随着分工深化，规模化外卖生产企业将会逐渐成为"新都市工业"的开端。在城市规划中，可从关注弱区位地区发展、探索开放街区等空间设计策略、加强土地混合使用的规划管理和设计策略研究等方面予以响应。

第三节 互联网时代的城市商业中心空间演变

商业中心是一种商业集聚形式，是不同业态的商店群和功能各异的文化、娱乐、金融、会展等商业设施在一定的区域范围内集聚在一起形成的，能够满足消费者购物和服务等多种需求，它通常以零售业为主体。在互联网时代，城市商业中心受到新技术的冲击日益显著，其规模、功能及区位等各方面都在剧烈变动之中，成为互联网经济对城市空间影响效应的集中体现。本小节选取中国网上购物市场规模较大的城市上海为例，调查消费者的网上购物行为和商业中心的应对策略，把握互联网时代的城市商业中心变动趋势。

一、网上购物对商业中心体系的影响

从已有的研究文献来看，还没有足够的证据表明网上购物将会完全取代传统零售市场。如前文所述，对网上购物行为和传统购物行为之间的相互关系，学者们就存在着较大的争议。目前还少有研究系统地考察不同规模等级商业中心在互联网时代的变化趋势。汪明峰等（2010）是国内较早关注这一问题的研究，尽管只调查了高校学生的购书行为，但是通过比较网上购物对不同规模的传统书店产生的影响效应，可以从一个侧面理解在新的技术环境中传统商业中心体系的空间演化趋势。

（一）不同类型书店的优势比较

将传统书店按其规模分为3种类型，即：大型书店、中型书店和小型书店。大型书店主要是指一般位于市级商业中心的大型书店总店，如位于上海福州路的上海书城，营业面积超过10000 m^2；中型书店主要是指位于区级商业中心或购物中心的大型书店分店，如上海书城分店、新华书店分店等，营业面积达几百至上千平方米；小型书店主要分布在社区层面，主要是指在大学校园内或邻近地区的小型书店，营业面积较小。表7.3列出了学生对各种规模级别书店比较优势的看法，翻阅书籍是3种类型的书店共有的优势。

表 7.3　不同规模传统书店的优缺点比较

书店类型	比较优势	比较劣势
大型书店	图书种类齐全、翻阅书籍、书店环境优美	距离较远
中型书店	距离近、翻阅书籍、书店环境优美	价格相对较贵
小型书店	距离近、价格便宜、翻阅书籍	图书种类少

资料来源：引自汪明峰等（2010）表 2。

将学生最常选用的购书方式与影响购书方式的因素作对应分析后可知（图 7.4），第一维度的解释能力已达 82%，最常去大型书店购书的学生往往比较看重书店的购书环境；最常去小型书店购书的学生最看重书店的便捷性；选择中型书店作为最常使用的购书方式的学生在选择影响购书方式的因素时，没有明显的共性。使用网上购书方式的学生，认为购书所花费的时间以及图书的价格是他们考虑的最主要因素。

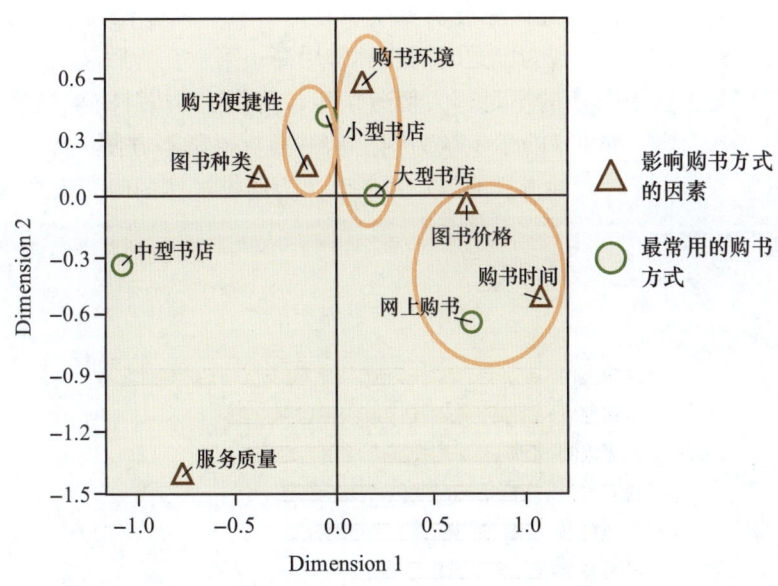

图 7.4　常去书店类型与影响购书方式因素的对应分析

资料来源：引自汪明峰等（2010）图 1

调查显示，学生在网上购买的主要是小说和专业课外读物，因为小说不需要翻阅整本书，而网上提供的专业课外读物的种类较传统书店齐全，又可以提供便捷的查询服务。在大型书店购买专业课外读物和教材的学生比例最高，分别占 25.9% 和 21.4%，因为大型书店所提供的专业课外读物和教材的种类较其他类型书店丰富。在中型书店购买考试辅导书和小说的学生最多，分别占 26.9% 和 20.8%。大部分学生在小型书店购买考试辅导书和教材,分别占了学生总数的 28.0% 和 18.1%,因为小型书店往往就在校内或学校附近,可提供大量与学习相关的书籍。由此可见,学生在购买不同种类的图书时,会选择不同类型的书店。因此,网上购物最有可能抢占中型书店和大型书店的部分市场份额。

与传统购物相比,网上购物有许多明显的优势。第一,网络商店中的商品种类多,没有商店营业面积限制;第二,网上购物没有任何时间限制;第三,网上商品价格相对较低;第四,购物运输成本低,将商品运送过程转嫁给供应商;第五,商品分类细致,购物者容易查找和比较;第六,网上购物没有地域限制,消费者能买到各地的商品。在学生购书调查中(图 7.5),关于网上书店的优势,有 82.8% 的学生认为网上购书能送货上门,无需出行;60.0% 的学生认为网上图书价格便宜;56.3% 的学生认为网上购书没有营业时间限制;49.3% 的学生认为网上能快速查询到想买的书;48.8% 的学生认为网上购书能买到本地没有的书。

网上购物的不足之处在于:第一,网络购物者缺少直接购物体验,可能会存在商品质量问题;第二,信誉度问题;第三,网络安全问题;第四,银行卡网上支付问题,包括消费者开通网上支付业务需要至营业厅办理,商家也需要向银行支付手续费;第五,配送问题,表现为配送时间长和费用高;第六,售后服务问题。在学生购书调查中,关于网上书店的不足,大部分学生认为网上购书只能浏览目录,无法查阅到书的具体内容;56.0% 的学生认为网上购书换货退货不方便;50.5% 的学生认为网上购书服务不周,存在时滞;46.8% 的学生认为图书送达的时间很难确定,查询困难。

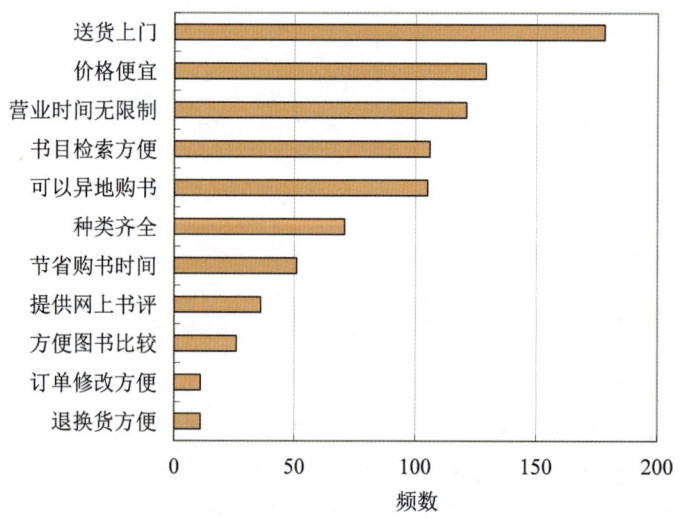

图 7.5 网络书店的比较优势

资料来源:根据汪明峰等(2010)图 3 重绘,样本数量为 218

（二）网上书店对传统书店的替代性分析

调查发现，认为网上书店有可能替代传统书店的学生中，26.7%的学生最常在网上购书，40.0%的学生在大型书店购书，33.3%的学生在小型书店购书（表7.4）。值得注意的是这些学生中没有人在中型书店中购书。如果假设学生总体的购书目的地原来是由大型书店、中型书店和小型书店组成的，那么未来网上书店替代性最强的传统书店类型是中型书店，其次是小型书店，再次是大型书店。

表7.4 认为网上书店能替代传统书店的学生最常去的书店类型

项目			最常去的书店类型				总和
			网上购书	大型书店	中型书店	小型书店	
替代可能性	能	频数	8	12	0	10	30
		比例	26.7%	40.0%	0.0%	33.3%	100.0%
	不能	频数	17	79	32	60	188
		比例	9.0%	42.0%	17.0%	31.9%	100.0%
总和		频数	25	91	32	70	218

资料来源：引自汪明峰等（2010）表5。

比较传统购书者和网上购书者可知，对于最常去的书店类型：首先，选择最常在网上购书的网上购物者占47.9%，而传统购物者仅占1.2%。其次，两者在中型书店购书的比例上差异最大，后者的比例下降为前者的四分之一，为4.2%。两者在小型书店购书的比例也相差一半，前者为37.6%，后者为12.5%。对于大型书店而言，两类学生的表现相差不大。因此，比较传统购物者和网上购物者购书方式的差异可知，网上书店最容易抢占的市场份额是原来由中型书店占据的。

根据上文对各种规模书店的比较，分别对各类型书店的优势进行综合评分。结果如表7.5所示，总分最高的是大型书店（48分），其次是小型书店（47分），再次是网上书店（44分），最后是中型书店（27分）。评分越高表示书店的优势越大，学生也越愿意选择这种购书方式。

表7.5 各类型书店的综合评分比较

项目		网络书店		大型书店		中型书店		小型书店		权重
		评分	总分	评分	总分	评分	总分	评分	总分	
书店优势	图书价格	3	9	1	3	0	0	2	6	3
	图书种类	3	12	3	12	0	0	1	4	4
	书店距离	3	6	1	2	2	4	3	6	2
	购书时间	3	6	0	0	1	2	2	4	2
	购书环境	0	0	3	3	2	2	1	1	1

续表

项目		网络书店		大型书店		中型书店		小型书店		权重
		评分	总分	评分	总分	评分	总分	评分	总分	
书店特点	翻阅书籍	0	0	1	4	1	4	1	4	4
	支付安全	0	0	1	3	1	3	1	3	3
	送货上门	1	2	0	0	0	0	0	0	2
	异地购书	1	1	0	0	0	0	0	0	1
图书种类	教材	0	0	2	2	0	0	1	1	1
	考试辅导书	0	0	0	0	1	4	2	8	4
	专业课外读物	1	2	2	4	0	0	0	0	2
	小说	2	6	0	0	1	3	0	0	3
采用频次		0	0	3	15	1	5	2	10	5
总分			44		48		27		47	—

资料来源：引自汪明峰等（2010）表7。

一方面，网上书店最有可能替代的书店类型是中型书店。因为在各类型书店总分的比较中，只有中型书店的总分低于网络书店，而且两者的总分差距较大。从各项的评分来看，网络书店与中型书店相比，价格低廉、种类齐全、不受距离约束、节省购书时间，小说和专业课外读物的市场份额也比中型书店大。因此，网络书店与中型书店相比最具有比较优势。中型书店相对于其他各种类型的书店而言，都不具备特有的长处，论图书价格和种类比不过大型书店和网络书店，论书店距离和购书时间它又不及小型书店。因此，在这3种类型的书店中，中型书店最有可能被替代。学生对图书种类和价格的要求会使他们逐渐从去中型书店购买转向到网上购买。

另一方面，网上书店不可能完全替代大型书店和小型书店，但可能减少这两类书店的销售额。评分结果表明网络书店的总分低于大型书店和小型书店，但分数差距并不大，因此，网上书店有希望抢占大型书店和小型书店的部分市场份额。综上所述，也可以认为网上书店对各种规模级别书店的替代性从大到小依次是中型书店、小型书店和大型书店。

（三）超越中心地体系

由于网上购物影响消费群体的特定性、网购商品种类的局限性以及传统购物环境的不可替代性等原因，网上购物方式更多的是作为传统购物方式之余的一种补充形式。当然，网上购物也会替代部分传统的购物行为。对于不同规模的传统书店而言，网上购物对中等规模书店的影响最大。因为相比各类规模的书店而言，中型书店的商品种类优势、价格优势和距离便捷优势都不突出，而网上书店在这些方面具有较大的比较优势。因此，网上书店最有可能抢占的是中等规模书店的市场份额，而对大型和小型书店的影响则不显著。

网上书店对不同规模级别的传统书店的影响规律或许可以推广到其他一些零售企业中。以"大卖场—超市—便利店"为例，网上购物对这一系列零售企业中影响最大的是中等规模的超市，因为这类超市既不具有价格竞争优势，又不具有距离便捷优势。就价格而言，大卖场采用薄利多销的手段能够比中等规模的超市吸引更多的顾客。就商品种类而言，大卖场具有明显的优势，而便利店也通过提供各种贴心服务增加其商品种类。从距离因素而言，便利店提供更为方便快捷和周到的服务。此外，大卖场通过班车不断地扩大其服务半径，通过节省时间距离吸引消费者。中等规模的超市由于经营成本高，提供的商品价格无法与大卖场竞争，也不可能提供班车服务。因此，中等规模的超市将不断缩小服务半径，而这会减少顾客数量，导致经营规模的减小，最终向小规模超市或便利店靠拢。网上购物将通过低廉的价格、丰富的商品来源和便捷的购物方式抢占超市的市场份额，而市场份额受影响最大的无疑将会是中等规模的超市。

这一结论或许还可以进一步推广到城市商业中心体系。传统商业地理学理论认为城市商业中心体系符合中心地结构，而当前快速发展的新兴电子商务正在剧烈冲击着传统的商业空间。朱玮等（2014）对上海市域零售业中心体系演变趋势进行模拟的结果，已经表明在网购因素的影响下，到2020年上海市域模拟零售业中心体系规模将大幅缩减。然而，我们对商业中心体系内部的结构变化现状和趋势均了解甚少，而这也将是未来城市经济空间结构研究的一个重要主题。

二、互联网时代的商业中心空间演变

为了进一步理解互联网经济影响下的商业中心，本小节以上海NF商城地区为例，分析网上购物对商业中心的影响效应，以及商业中心的应对和调整策略（林玥希等，2020）。NF商业中心位于上海市西南方闵行区，总面积约 81 hm^2。目前，该商业中心已基本形成了一个以多家大型购物中心为主体的都市休闲生活商贸区，是上海西南地区的重要商业中心之一。在《上海市商业网点规划（2014—2020年）》中，该商业中心被定位为近期重点建设和完善的地区级商业中心。

（一）网上购物对实体商业空间的影响

1. 消费者视角

NF商业中心的消费者具有较高的网购渗透率。2016年对该商业中心消费者的问卷调查显示，消费者网购频率整体呈正态分布，峰值位于"每周至少一次"与"每月至少一次"处，占总体的40.11%和39.84%。同时，消费者网购支出也较高，每月网购消费500元以上的消费者达48.9%，六成以上消费者每月网购支出占总消费比例超过了10%。

对比网购和实体购物，调查显示，网上购物的优势主要在于价格便宜、节省时间、配送货便利以及商品种类丰富（图 7.6）。随着移动通信设备的普及以及物流行业的纵深发展，购物行为不再受时空的限制，人们可以随时随地利用手机在网上购物，一定程度上节省了出行成本和时间成本。此外，一些全品类网络平台也为消费者提供了各类商品信息，消费者只需登录一个平台即可检索到几乎所有的商品，为消费者提供了极大便利。但网上购物的服务、付款安全性与实体购物相比仍处于劣势，消费者对于这两者的评价普遍较低。就实体购物而言，有 98.35% 的消费者认为其服务态度好，79.40% 的消费者认为它的付款安全性更高。因此，进一步强化实体购物的服务优势，为消费者提供更好的购物体验和环境仍是实体零售业的发展重点。

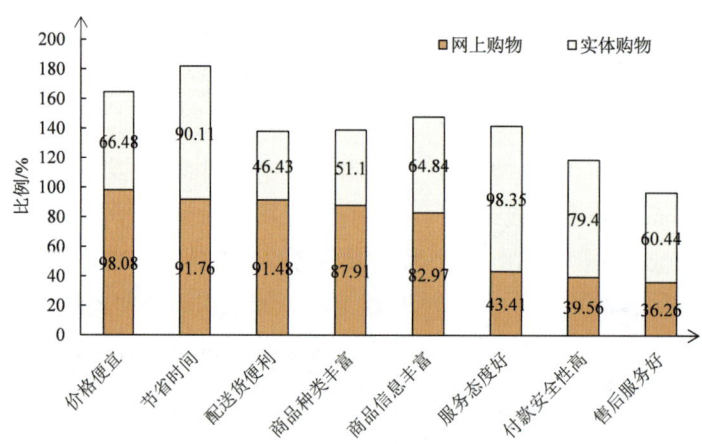

图 7.6　商业中心消费者对网上购物与实体购物的评价比较

资料来源：根据林玥希等（2020）图 2 重绘

2. 商家视角

通过对商家进行深度访谈发现：在电子商务时代，实体商业购物中心的确受到越来越多的冲击。近年来，运营费用持续上涨，包括员工开支和物业租金等，加之销售增长乏力，利润空间遭受挤压，传统零售业的经营压力明显增大。传统商业中心满足的是在没有互联网情景下的大众需求，大而全的零售格局在过去还是比较完美的解决方案，但现在电商以及微商等已非常普遍。据 NF 商业中心一家大型购物中心的负责人介绍："近两年上海市的百货业销量普遍下降，其原因是多方面的，包括运营费用上涨、宏观经济下行及受电商冲击，等等。2013 年上海 54 家百货公司的销售额有 309 亿元，而在 2013 年的'双十一'当天，阿里巴巴交易规模达 350 亿元，可见网络对我们传统的实体百货冲击有多大。"另一家大型购物中心的经理进一步表示："随着电子商务的兴起，对于实体店的冲击愈演愈烈，尤其是零售和服装业所遭到的冲击最厉害。加之房租等实体成本的挤压下，服装和零售行业未来确实不容乐观。但是对于健身、餐饮等服务业的冲击则没那么大，至多是改变了行业的模式，如团购。所以，我们适时调整业态，增加餐饮等服务业的比例。同时，结合"互联网＋"建设智慧商圈也是刻不容缓的。"事实上，商业中心不仅仅只是买卖交易的场所，同时它也是一个公共场所，社会居民的其他需求也要在公共空间中释放，如社交、分享、娱乐等。利用互联网技术手段，根植于商业中心文化特征，建设智慧商圈，提升传统零售企业的市场竞争力变得至关重要。

（二）商业中心的应对及策略调整

商业中心的发展涉及多个主体，包括商家，消费者以及规划管理部门等。网上购物影响消费者到实体店购物频率，消费者的活动目的、出行方式和对商业中心的满意度是影响消费者到商业中心购物的主要因素；商业中心作为实体零售业载体，在消费环境、交通和景观体验等方面是网上购物无法取代的；商业中心的发展同时也受到规划管理区域发展政策的影响。因此，商业中心应对网上购物的冲击，可以从消费者、商家、规划管理者等多个主体的角度提出调整策略。

1. 消费者视角

面对网上购物对实体商业中心的冲击，通过问卷统计发现（图7.7），消费者从多方面认同实体商业的转型。首先，线上线下有机融合，构建智慧商圈。50.9%的消费者认为商业中心应采取线上线下有机融合的方式，来应对网上购物的冲击，智慧商圈建设是实现线上线下有机融合的必备条件。智慧商圈是利用物联网和大数据等先进技术，促进线上经济与实体经济融合，增强商圈服务功能，提升商圈实体服务体验，繁荣商圈经济的智能化信息服务平台。如果将智慧商圈建设项目分为免费Wi-Fi、智慧车库、门户网站、移动APP、手机支付和平安商圈等6个方面，调查发现消费者对这些项目"需要"或"非常需要"的评价平均占比是69.49%，其中对于免费无线网的需求达到92%，移动支付达到77.28%，平安商圈68.26%，智慧车库61.1%。可见，

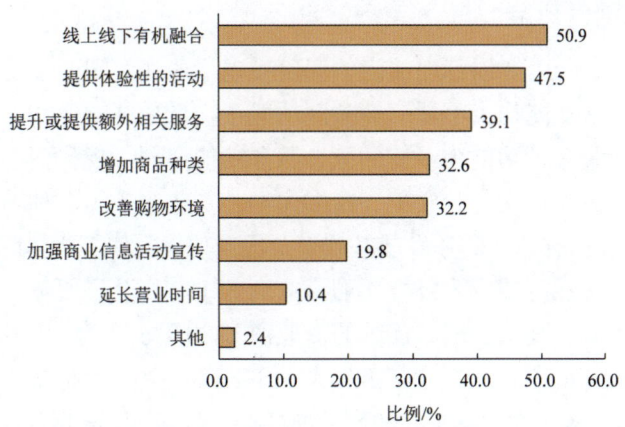

图 7.7 消费者视角网上购物的冲击下商业中心应对策略

资料来源：根据林玥希等（2020）的数据整理绘制

消费者对商业中心这些智慧商圈设施和平台的需求均较大。商业中心可借助无线 Wi-Fi、微信、App、移动支付等智慧设施和平台来实现网上逛商场、网上消费体验、餐饮预订、移动支付、寻找车位及预订、交通路线引导等智能服务，方便消费者活动。

其次，提供体验性活动，满足消费者购物体验。47.5% 的消费者认为，商业中心提供体验性的活动是商业中心应对网上购物的重要途径之一。网上购物会冲击传统零售，但并不能完全取代实体商业，其原因在于网上购物缺乏现实世界中的体验，尤其是商家提供的各种参与式的事件活动，如节假日举办家庭才艺比赛和趣味运动会等。此外，提升或提供额外相关服务也有 39.1% 的消费者关注。改善购物环境，譬如在配套设施方面，大到停车场、洗手间的规划，小到育婴室里灯光颜色和亮度进行人性化设计，则受到了 32.2% 的消费者的关注。其他一些传统发展策略如加强宣传、延长营业时间等也被部分消费者提及。

2. 商家视角

面对网上购物的冲击，商家正在采取各种适宜性策略进行应对。NF 商业中心主要的开发商负责人认为："面对消费结构升级、消费层次分化以及电商的冲击，实体商业中心可以利用互联网技术将线上线下完全打通，实现双向联动，进而提升服务体验、刺激商业中心经济的服务体系。"一家大型购物中心的经理在访谈中表示，已经"适时调整业态，增加餐饮等服务业的比例。同时，结合'互联网+'，建设智慧商圈也是刻不容缓的。"另一家大型商业集团则更全面地概括了商家的应对策略："在调整业态的过程中强化体验式消费，优化消费者服务和商场硬件环境，推进区域的无线网络建设、智能交通引导、智能导购、智慧商业、智能无障碍支付等信息智慧云平台的搭建；同时，部分购物场所应开始探索线上线下融合的经营方式，进一步推进电子商务运用于实体商业；零售企业也应尝试多业态经营以打造立体零售格局，最大限度地发挥经营优势的附加值"。

3. 规划管理部门视角

对 NF 商业中心所属规划管理部门的调研发现，加强商圈的多功能融合是主要的应对策略。首先，从功能构成上看，商务区功能正在从单纯商业功能转变成专业服务功能，进而演变成集多种功能为一体的复合服务功能商圈。现代商务区正逐渐演变成融合商业、商务、休闲、文化、旅游、高端住宅、专业服务等多种功能的城市核心区域。NF 商业中心在已有商业商务发展基础上，提升功能，使零售休闲等商业功能与商务办公协调发展，正在打造成为复合化的商业商务中心、会展服务、文化创意、休闲娱乐和科技研发中心。其次，统一连续的商业商务空间与景观氛围的营造也是商业中心规划建设不可或缺的方面。"十三五"期间 NF 商业中心商业商务工程辅以连廊建设和智慧商圈建设，将各大购物中心和商务办公楼宇打通，促进商业和商务融合发展，既增进零售业态的吸引力，又吸引高端服务业和大型企业后台服务的集聚。此外，还提出加强与周边科技园和商务区之间的联系，促进区域经济的互动发展，吸引高素质人才向周边居住区流动，以促进商业中心的进一步发展和繁荣。

（三）小结

对消费者网上购物特征的梳理发现：网上购物已成为城市居民生活的日常部分，网购数额不断增长，家居用品、服装首饰、餐饮、休闲娱乐均成为网购经常消费性项目。绝大多数消费者认为网购价格便宜、省时便利、配送方便，但部分消费者认为网上购物的付款安全性和售后服务等方面还存在问题。

针对网上购物的冲击，商业中心的应对策略主要集中于以下几点。首先，良好的购物环境是吸引消费者的前提。实体购物场所的内外部空间和人文环境是消费者购物和休闲体验的基础，会直接影响到人流动态和消费意向，这是网上购物所无法取代的。其次，营造情感交互式的消费体验或将成为商业中心转型的突破口。消费者选择网上购物的原因主要是价格便宜、省时省力，缺点是少了购物体验，包括消费过程中服务和售后服务等，这就要求商业中心在未来的发展中强化向体验式商业转变，吸引消费者积极地参与到商业中心文化营造中去。最后，建设智慧商圈是充分利用新技术的积极举措。商业中心可以利用互联网技术将线上线下打通，充分整合两者各自的优势，发展全渠道的"新零售模式"，从而促进实体商业的重新繁荣。

第八章　创新产业空间

创新成为现代城市重要的功能，城市成为创新的机器。伴随城市创新功能的发展，城市各种创新空间逐步形成，成为城市新的经济景观。本章从中国城市的创客空间、创意空间和高新技术产业空间3个角度分别论述了相关概念、发展阶段、空间形成与分布特点以及影响因素，并以北京和上海为例展开了具体的空间分析。从主导趋势来看，创客空间一般位于创新示范区、高新区、高校和科研机构等人才集聚的地方和重要的商业地段；文化创意空间从收入和就业来看呈现向市中心高校文化设施集中区域集聚的趋势；高新技术产业空间主要以开发区和大学园区为载体，在高技术制造业郊区化同时，高技术服务业主要依托中心城区设施完善地段发展。

第一节　城市创新·创意·创业发展态势

当今经济地理学者、区域科学研究者以及政策制定者普遍认为在知识经济全球化的背景下，国家和区域的经济发展高度依赖于创新和知识转化能力（Rodríguez-Poseet and Crescenzi，2008；Malecki，2010；Todtling et al.，2013）。不同国家、区域和城市都视创新为提升竞争力的关键。我国更是提出了自主创新，建设创新型国家的发展战略。

与此同时，伴随着知识经济的发展，城市的职能也在发生着重大转变。由工业社会的生产与交换中心、后工业社会的服务与管理中心逐渐向知识经济下的创新与创意中心转变，提出了所谓的创新城市、创意城市、智慧城市。城市尤其是大都市是创新、创意和创业发生的最活跃的地方（吕拉昌等，2009；吕拉昌和李勇，2010）。

创新创业活动不是简单的线性模型，而是强调反馈与互动的复杂系统过程（贺灿飞等，2014）。基于此，学者们提出了创新系统、创新生态系统等方法，从系统角度去认识创新创业活动（Freeman，1987；Lundvall，1992；Nelson，1993）。在经济全球化、信息化、网络化和知识化强有力地驱动下，中国城市的创新、创意和创业表现出新的特点。基于创新系统视角，全面、正确地把握这些特点有助于认识新时期城市创新发展的规律，制定相应的规划与政策。

一、创新主体多元化

　　创新系统的主要要素是组织和制度。组织是指有意识建立的具有明确目的的正式结构，是活动的参与者或主体（Edquist，2011）。创新系统中的重要组织主要包括企业、科研机构、大学、中介机构、政府部门、风险投资机构等。对于不同的国家创新系统或同一国家创新系统的不同发展时期而言，创新要素及其作用会有所不同。

　　早期中国城市创新活动主要集中于科研机构、国有大型企业和大学。随着市场经济的发展，近年来，民营企业创新活动得到迅速提升，涌现出大量创新型企业。尤其是在信息通信技术（ICT）与互联网领域，一些中国企业开始具备全球创新能力，竞争力十分强。2014年中国创新调查结果显示，最具创新精神的中国企业前十位中有七家是科技和互联网企业，分别是华为、腾讯、阿里巴巴集团、小米科技、联想集团、百度和魅族科技。其次，金融组织创新活动在我国创新创业活动中发挥着越来越重要的作用。最为典型的例子就是近年来在互联网金融、创新型金融机构表现突出的重庆，得益于金融体系的创新发展，其区域经济发展十分迅速。最后，城市公共部门的创新活动日益增强，区别于私企从事的市场驱动型创新，是面向基本的社会需求的社会驱动型创新。这些重要的社会需求主要包括农业、医疗系统和环境净化等。

二、创新网络成为创新的重要方式

　　自20世纪50年代以来，全球范围内企业技术创新模式依次经历了：技术推动和需求拉动的简单线性模式、强调要素间互动和反馈机制的耦合模式、重视企业内部一体化和企业与供应商、顾客之间的外部联系的并行模式和强调企业内、外部联系高度整合的开放式创新模式更迭（司月芳等，2016）。企业创新开始从以自身为中心的创新转向为以网络为中心的创新（Zahra and Nambisan，2011）。这一转变的背景是在全球化、信息化和知识经济时代，一些领域技术革新速度迅速、知识来源广泛，一个企业很难拥有可以在全部领域内领先于其他企业并且面向市场取得重要创新的所必需的全部技能（詹·法格博格等，2009）。因此，网络成为创新的中心。

　　创新网络是"与不同的创新参与者形成的协同群体，共同参与创新的开发与扩散"（连远强，2016）。产、学、研是主要的创新参与者。实证研究表明，不同行业、不同尺度下的产学研合作创新网络规模不断扩展、联系快速增多、连通性逐渐增强。实证研究如：1985~2010年长江三角洲装备制造业产学研合作创新网络（吕国庆等，2014）；1985~2012年间全国装备制造业产学研合作创新网络（王秋玉等，2016）；中国ICT产业产学研合作网络（曹洁琼等，2015）；广西电子信息产业2001~2013年的产学研合作创新网络（刘国巍和阳正义，2015）。实证研究结果证实了中国城市间的创新网络正在迅速发展（牛欣和陈向东，2013；李丹丹等，2015）。上述结果表明，创新网络是微观层面下企业创新和中观层面城市创新的重要方式。

三、服务业创新迅速增加

2015年我国服务业在国内生产总值中的比例上升为50.5%。服务业迅速发展对我国生产率、经济竞争力和生活质量的提高有着重要意义。同时，服务业创新开始得到广泛关注。服务业创新的重要意义除了产生直接的经济效益外还体现在以下两个方面：第一，服务创新会对所有经济部门的服务活动产生重要影响；第二，一些服务部门在整个经济系统的创新过程中发挥着重要作用，如作为其他部门的创新来源、提供创新支持和知识转移的有效中介（詹·法格博格等，2009）。

研究表明我国服务业创新水平在不断提高，但整体水平仍较低，且地域差异大，由东部向西部递减（毕斗斗等，2015）。影响服务业创新的一个关键因素是信息通信技术的应用。ICT在服务企业中的应用十分普遍。ICT促进服务创新体现在（方远平等，2013）：①搜寻具备创新精神的顾客；②提高信息传递效率，降低知识与信息扩散成本，增强企业与客户的交互作用；③提供信息共享平台，推动服务企业间的创新合作。ICT的应用使得企业在组织管理上更具弹性，其灵活性和效率也得到了显著提升。

新一代ICT包括移动技术、物联网、云计算、大数据、社会计算、人工智能正在中国和国际上竞争发展，并催生出创新2.0模式。同时，创新2.0重塑了新一代信息技术形态。当下在我国如火如荼开展的"互联网+"便是对二者相互作用模式和共同演化形态的高度概括（宋刚，2015）。"互联网+"是经济社会发展的新形态、新业态，不仅能够有力推动大众创业、万众创新，还为国家、区域和城市治理、文化创意等产业发展和智慧城市建设等方面带来了新的理念。因此，强调"互联网+"是新时期城市创新创业活动的一大特征。

四、创新动力由"供给驱动"向"需求驱动"转变

理解城市创新活动如何发生及为何发生需要理解潜在的产生创新的创新生态系统。基于创新生态系统视角，弗仑克尔（Frenkel）等（2015）识别了创新的4个维度：文化、市场、环境（包括基础设施）和制度，围绕这4个维度有12个核心过程，4个是需求过程，5个是供给过程，余下3个同时归属于需求和供给过程。他定义需求驱动创新是指那些主要根源于尚未得到满足的存在着明确市场需求的创新。创新者通过一系列不同的机制，如市场研究、个人经验、需要和领先用户要求来识别这些需求驱动要素。相反，供给驱动创新是指主要根源于创新者或政府指令性政策等非市场力量下的创新。

需求驱动创新核心过程包括（Frenkel et al., 2015）：①市场驱动力（主要是来自于消费者和市场的动力）；②标签和意识（消费者和市场教育）；③领先市场（位于技术和创新前沿的关键市场）；④集群战略（根据对某一产品或系列产品需求，通过打造企业集聚区等来促进创新的区域政策）；⑤私营部门需求吸引力（市场经济信号，例如价格、吸引创新投入）；⑥公共部门与私人部门的合作；⑦推动创新的标准和标准化。

我国城市创新已开始从"供给驱动创新"向"需求驱动创新"转变，更加关注需求驱动要素。2014年中国创新调查显示，"越来越多的中国企业在对本地市场及客户需求深入了解的基础上，将创新重点转向技术研发领域，试图以技术创新取得先发优势……更多中国企业采取了'需求搜索者'创新战略……在华外资企业也正在调整创新战略，更贴近客户需求使之更符合中国模式"。上述内容体现了需求驱动创新过程中市场驱动力和领先市场重要性的上升。此外，其他需求驱动要素也均得到了发展，除集群战略在下文中会单独介绍外，在此不一一详述。

虽然城市创新已开始重视需求驱动创新要素，但相比供给驱动创新要素，重视程度仍不够。在提倡经济发展的"供给侧改革"的同时需要强调创新创业的"需求侧改革"。

五、创新空间载体呈现产业集群化特征

产业集群是指一组在地理上靠近的相互联系的公司和关联的机构（王缉慈，2004）。产业集群是创新和经济发展政策制定者关注的焦点。过去20年中，产业集群在创新政策中有着突出的地位。在大多数工业化国家中，各级政府都致力于推动促进产业集群发展的方案和政策。以下因素可以解释集群方法的扩散（Davis et al., 2009）：①产业集群改善了促进经济发展的部门性办法；②集群方法对地方和区域政策制定者具有吸引力，因为它能够提供根植于地方的，突出本地优势的发展途径；③集群战略同样对国家政策制度者具有吸引力,因为集群方法能够使国家政策区域化，避免政策"一刀切"的问题。经济合作与发展组织（OECD）指出，"集群相当于政府实施国家创新系统框架的一种管理系统，能够提供更有针对性和个性化的互补性的横向政策"（OECD，2008）。

基于集群的创新政策十分流行。集群政策在中国国家、区域和城市创新发展中也普遍得到应用。尤其是创新型产业集群，受到各级政府的重视。在城市创新中，产业集群主要分布于各类产业园区之中。近年来，各类高科技园区、文化创意产业园区等园区数量均呈快速上升趋势。就文化创意产业园区而言，到2002年末仅有48个园区建成，2015年，园区数量达到2506个左右，其中以国家命名的文化创意产业各类相关基地、园区就已超过350个。集群尤其是创新型产业集群对城市创新发展愈加重要。

六、创新创业环境持续优化

中国城市创新创业的另一显著特征就是针对创新创业服务有显著增强。这包括两个方面——政府和市场。市场主要是指科技服务业的发展,在上文中已有阐述,这里主要关注政府对创新创业服务的支持。政府对创新创业服务的支持从对各类创业服务机构、众创空间及创新型孵化器的推动和建设可见一斑。数据显示,2008~2018年全国科技企业孵化器数量发展迅速,如表8.1。各级政府推动"大众创业,万众创新",不仅引发了中国创新创业浪潮,还带动了创新创业服务的提升。

表 8.1 2008~2018 年全国科技企业孵化器基本情况

年份	孵化器数量/个	增长率/%	场地面积/万 m²	增长率/%	在孵企业数/个	增长率/%	累计毕业企业数/个	增长率/%
2008	670	—	2315.5	—	44346	—	31764	—
2009	772	15.20	2901.3	25.30	50511	13.90	32301	1.70
2010	896	16.10	3043.9	4.90	56382	11.60	36485	13.00
2011	1034	15.40	3472.1	14.10	60936	8.10	39562	8.40
2012	1239	19.80	4375.8	26.00	70217	15.20	45160	14.10
2013	1468	18.50	5379.3	22.90	77677	10.60	52146	15.50
2014	1748	19.10	6877.8	27.90	78965	1.70	61944	18.80
2015	2533	44.91	8680.0	26.20	102170	29.39	74853	20.84
2016	3255	28.50	10732.8	23.65	133286	30.46	89694	19.83
2017	4063	24.82	11967.4	27.90	177542	33.20	110701	23.42
2018	4849	19.35	13192.9	11.50	206024	16.04	139396	25.92

资料来源:《中国火炬统计年鉴 2019》。

第二节 创客空间

一、创客空间的含义

"创客空间"最早出现于欧美一些发达国家,如 1984 年德国成立的"Chaos Computer Club"、2006 年美国成立的创客空间"TechShop"、2008 年美国成立的

"Noisebridge"、麻省理工学院的"Fab Lab",等等。2010 年以后,"创客空间"才在中国蓬勃发展,如"3W 咖啡""创新工场""柴火创客空间""新车间"等。国内外"创客空间"产生背景各异,但都基于知识经济发展的潮流与趋势。

欧美"创客空间"缘起于 3 个方面的背景:一是缘于"车库维修",车库内每个有想法的人可以利用现成的工具任意加工和改造机械零件,也可以设计加工自己的产品。车库因其低成本成为草根大众创新活动的舞台。二是缘于欧美"黑客"(Makerspace 或 hackerspace)。起初这些"黑客空间"以攻击或破解软件、芯片、智能信息工具等技术安全漏洞,逐渐演变成了纯粹的乐趣,聚集在一起,交流技术,进行技术再创新。三是缘于欧美"实验室"。学生在教师的指导下可以在实验室进行课堂知识的实践活动,实验室也逐渐成为许多人聚集在一起分享知识、共同学习、完成创意的真实空间。

不同的学者对"创客空间"的认识有不同的含义。克里斯·安德森(2012)对"创客"和"创客空间"的描述是,"创客"是指利用互联网、3D 打印机和各种桌面设备与工具将自身各种创意转变为实际产品的人,而"创客空间"是指配备"创客"所需设备和资源的开放的工作场所,"创客"在"创客空间"里完成其产品。凯特琳·巴格利(Bagley,2012)认为"创客空间"是为创客们提供实现创意和交流、互动和创新及创意思路和产品化相结合的场所。2010 年"创客"传到中国以后内涵更为丰富,学者众说纷纭,孙江山等(2015)认为"创客空间"是配备"创客"所需设备和资源的开放的工作场所。根据国内外学者对"创客空间"的理解,"创客空间"的含义可以总结为以下几点。

(1)"创客空间"可以是加工制造创意产品的厂房、实验室等实体空间,在互联网时代,"创客空间"也可以是投融资平台、网上社交平台等虚拟空间,也可以是虚实结合的空间。

(2)"创客空间"是一个开放共享的空间,每个"创客"都可以在这里知识交流,相互学习。每个有想法的人都可以在这里展示自己,并把自己的劳动成果转化为报酬。

(3)"创客空间"是以"创客"或客户为中心,以创业者或拥有创意的人为中心,提供加工厂房、实验室、孵化机构、培训机构、投资平台、商业服务机构等,帮助创业者实现理想。

(4)"创客空间"已经由兴趣爱好者创新的聚集地向实现创业的催化转变,并且由产业链上的一环"创新空间"逐渐向产业链条上多环的"创新空间"转变,呈现"系统"空间形式发展趋势。

二、创客空间的形成

城市"创客空间"的形成是城市发展的必然产物,城市经济发展经过工业经济、后工业经济,现进入知识经济的发展阶段,城市的功能由"物"的生产与管理,转向"创新""创意"的生产,创客空间就是知识经济下创新的"工厂"与"车间"。

对于具体的城市,创客空间的形成与城市区域背景、经济发展阶段、产业特点有密切的关系。具体有以下几个方面。

(1)良好的区位条件。良好的区位有利于城市创新创业要素集聚,邻近大学、研究机构,具有良好的生活设施,具有创新创业的文化氛围。

(2)两种动力结合。城市创客空间是市场选择的结果,不是政府规划的结果,政府可以顺应市场的潮流,有机地将市场机制与政府的机制结合起来,推动城市创新创业生态系统的建设。

(3)吸引与培育创新创业人才。良好的城市创新创业生态,取决于能否吸引创新创业的"种子"以及培育"种子",深圳之所以成为我国的创新城市中的领先者,源于改革开放以来吸引与培育了大量的创新创业的人才,城市年轻的人口年龄结构、"移民"城市、多元文化、创新制度与氛围是其成功的秘密所在。

(4)创新创业者、投资人以及创业服务机构构成的良好的循环系统。生态系统的核心是物质、能量的循环,城市创新创业生态系统核心在于形成资本流、人才流的有效循环,从而形成价值增值服务。创业者通过创业服务机构提供的场地、人脉、技术培训等,与投资人面对面交流,获得投资人资金支持以及技术、产品、市场等方面的指导,形成了创业团队。投资者通过创业服务机构寻找到满意的项目,与创业服务机构形成长期合作关系,创业服务机构将投资人与创业者联系起来,形成有效的"创投金三角",创业、创新在这样的循环发展壮大。

(5)需要一个良好的中观环境。创新创业的要素集聚在城市的街区或社区,这种社区具有良好的创新服务设施,创新要素建立起链接关系,相互服务,互动发展。

中关村创业大街前身是海淀图书城,北临北四环,西靠苏州街,1992年是北京首屈一指乃至全国闻名的购书场所。2000年以后,受到周边大型书店和网络书店的冲击,伴随中关村西区建设,图书城步行街转型为以图书文化产业为主,文化休闲类商业、服务业为辅的特色商业街。2011年随着车库咖啡、3W咖啡等相继进入,越来越多的创新型孵化器在这里聚集。2013年,中关村核心区提出打造"一城三街"发展构想,开始建设创业大街。海淀置业集团投入资金,腾退街区房产,并借助清控科创公司在创业服务、产业促进和国际合作等方面的优势资源,共同组建成立北京海置科创科技服务有限公司,对街区进行运营管理。此后,一系列知名创业服务机构,创业者、投资人等聚集,创新创业形成气候。2014年6月12日,创业大街正式开街,开街时间虽然不长,车库咖啡、3W咖啡、Binggo咖啡、飞马旅、36氪、言几又、创业家、联想之星、天使汇、JD+智能奶茶馆等将近40家创客创业平台相继入驻创业大街,孵化出了大批创业团队,成为城市创业生态发展的一道风景线。

三、中国城市创客空间的分布：以北京众创空间为例

"众创空间"是随着许多新型孵化器的出现而诞生的新词，然而，国内学术界对"众创空间"的概念、界定等都没有明确规定。根据 2015 年 3 月国务院《关于发展众创空间推进大众创新创业的指导意见》，"众创空间"是指：顺应网络时代创新创业特点和需求，通过市场化机制、专业化服务和资本化途径构建的低成本、便利化、全要素、开放式的新型创业服务平台。

当前，"众创空间"成为商界和媒体界探讨非常热的话题，尤其在国家提出建设创新型国家的目标和"大众创业，万众创新"的"双创"新动能下，各个"众创空间"如雨后春笋般涌现。工商界和媒体界把"众创空间"界定为传统孵化器和新型孵化器（图 8.1）。传统孵化器主要指一些提供技术服务的孵化器公司；新型孵化器主要指"创客空间""创业咖啡厅""创新工场""投融资机构"等一些为创业者提供服务的创新创业平台，简单地说就是为草根创业者提供门槛更低、更方便的成长和服务创新创业的地方。

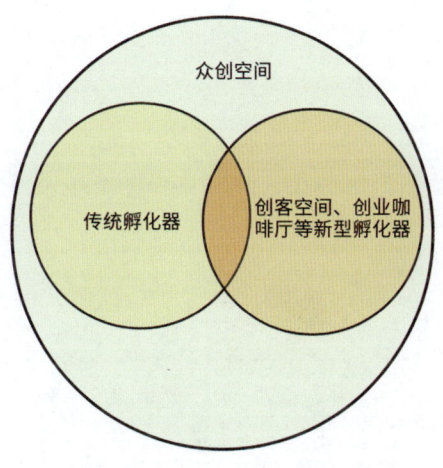

图 8.1 "众创空间"结构示意图

资料来源：作者自绘

国内学者对"众创空间"的研究大多是对传统孵化器的研究。林德昌等（2010）研究了科技企业孵化器服务创新影响因素，认为孵化器服务创新的影响因素主要有资源、政策环境、运营模式；周建华和段浪（2011）研究了城市科技企业孵化器网络形成与演变，他们认为城市科技企业孵化器网络的形成与演变是一个动态的连续发展过程，要经历生成期、发展期、稳定期 3 个发展阶段。

北京市依托国家自主创新示范区、国家高新区、科技企业孵化器、高校和科学研究院所等丰富的科技创新创业资源，成为全国"众创空间"发展最快的城市之一。孟

国力等（2016）应用核密度估计分析法和 Ripley's K 函数分析法相结合研究北京市"众创空间"的区位的分布特点并应用因子分析法对影响"众创空间"区位选择的因子进行分析。

首先，北京市总的孵化器分布格局和特点。北京市总的孵化器主要分布在北京市城区内，尤其是北京城区北部二环至城区北部五环之间呈"块"状分布，分布密度最大的地方位于海淀区中关村创业大街，被称为"北京市众创空间集聚区"，而北京城区二环以内以及五环至六环之间多呈点状分布（图 8.2）。"众创空间"的分布既有重要的商业地段、企业集聚区，又有离城区较远的五环外的一些地方。

其次，北京市的传统孵化器也是主要分布在城区，传统孵化器的分布特点和北京市总的孵化器的分布特点相似，但分布的"块"状形状比总的孵化器的"块"状形状和点状密度都要小（图 8.3）。这也说明了北京市"众创空间"仍以传统孵化器为主，传统孵化器在"众创空间"里所占比例较大。

最后，北京市的新型孵化器的分布格局（图 8.4）。北京城区内的新型孵化器主

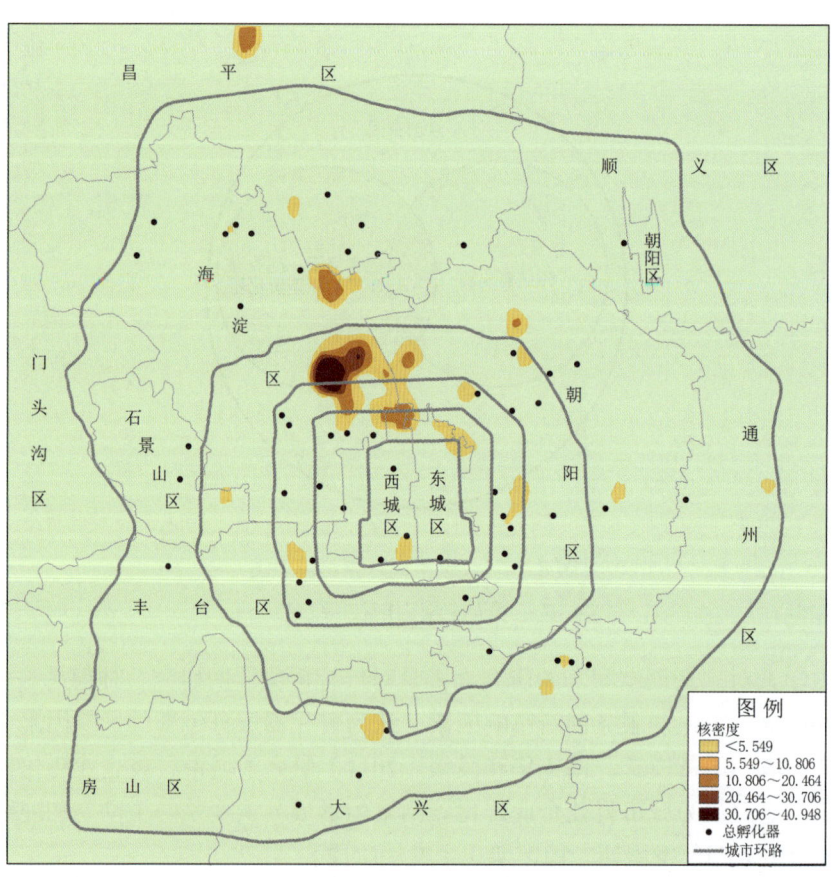

图 8.2　北京市总的"众创空间"位置分布示意图

资料来源：作者自绘

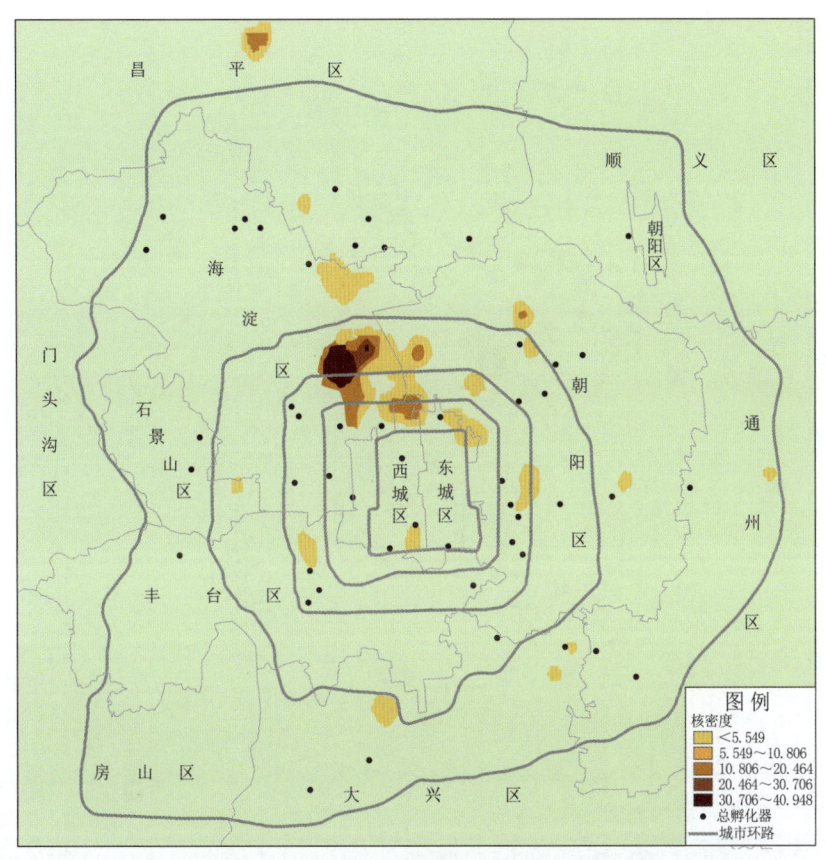

图 8.3　北京市传统孵化器位置分布示意图

资料来源：作者自绘

要位于中关村大街，其他地区的新型孵化器虽然分布零散，主要分布于北京市望京等重要商业地段。新型孵化器在中国起步比较晚，自从 2010 年以来，北京的新型孵化器已有 70 多家。新型孵化器不同于传统孵化器，传统孵化器多以技术公司的形式存在，而新型孵化器多是为创业者提供服务的平台机构。其区位要求一般是位于大学、科研机构等人才集聚的地方，故其区位的选择倾向于创造性人才集聚的地方，北京中关村大街是目前比较理想的选择地方，这一地区集聚了北大、清华等全国知名的高校，中科院等研究机构，是中国人才最集中的地区。

可见，北京市"众创空间"主要位于北京市城区北部三环至城区北部五环内，尤其是中关村大街。中关村大街是北京市"众创空间"最集聚的地方；不同形式的"众创空间"集聚特点不同。新型孵化器的服务对象是创新创业者，一般位于创新示范区、高新区、高校和科研机构等人才集聚的地方和重要的商业地段，如中关村创业大街。传统孵化器的区位选择空间范围远远大于新型孵化器的区位选择空间范围。这种现象是受到企业业态、人才环境、资金环境、集聚环境、土地价格等因子综合作用的结果。

中国城市经济空间

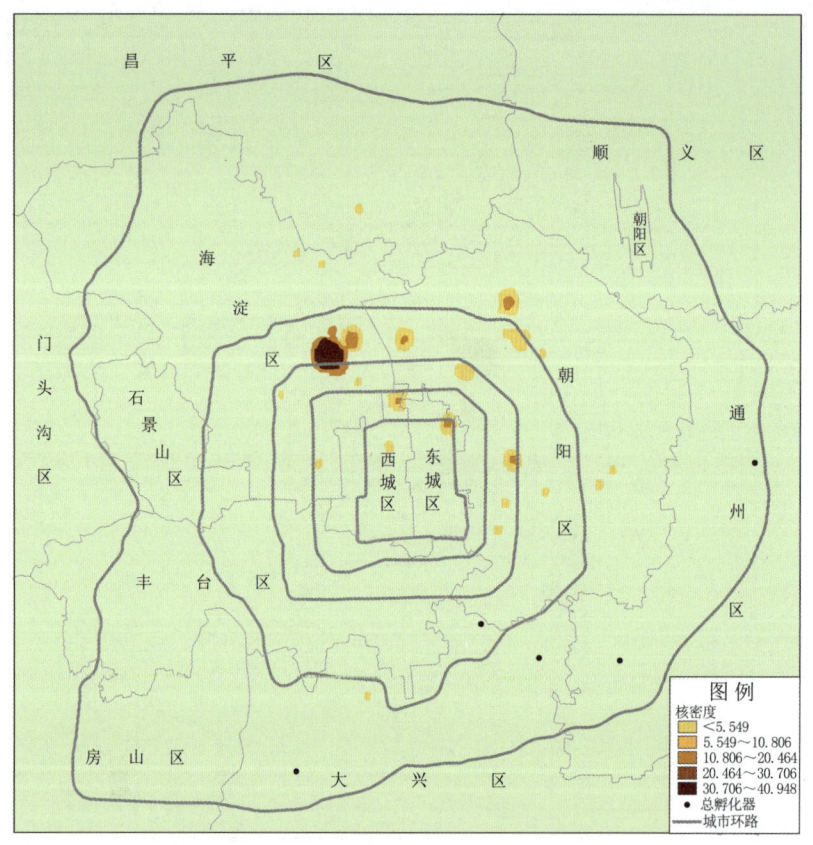

图 8.4　北京市新型孵化器位置分布示意图

资料来源：作者自绘

第三节　文化创意产业空间

文化创意产业是一个新兴产业，据有关数据显示，创意产业在全世界创造的产值每日可达 220 亿美元，且以每年 5 个百分点的速率向上攀升，美国的文化创意产业产值已经超过汽车产业，日本的动漫产业已经成为本国的第三大产业，英国文化创意产业的产值仅次于金融业。从文化创意产业产值占 GDP 的比例来看，美国接近 30%，日本 20%，韩国 15%，欧洲 10%~15%，中国仅为 3% 左右（中华人民共和国知识产权局，2007），差距明显。目前，中国正处在经济转型阶段，是文化创意产业发展的井喷期，国家出台了一系列政策促进其发展。本节在论述我国文化创意产业形成与发展基础上，重点以北京为例分析我国城市文化创意产业的空间分布特征。

一、中国文化创意产业的形成与发展

不同国家对文化创意产业命名和阐释有差别，处于不同发展阶段的内涵和产业分

类也有变化。文化创意产业的概念最初产生于英国。美国官方将此类产业活动称为"版权产业",德国法兰克福学派将其命名为"文化产业",还有国家称之为"内容产业"等。联合国教科文组织(UNESCO)对于文化创意产业给了一个较为权威的定义:"来源于创意或文化的积累,通过知识产权的形成与运用,具有创造财富与就业机会潜力,并促进整体生活环境提升的行业"。统一的国际分类标准尚未建立,也没有整齐划一的统计方法和口径,数据难以获取、国与国之间的可比性不大,跨国尺度的文化创意产业较难比较。中国首次提出文化创意产业概念是2000年通过的"十五"规划;党的十六大提出"发展文化产业";2012年发布《国家"十二五"时期文化改革发展规划纲要》明确了"文化产业"和"文化创意产业"的关系,并表明新兴文化产业就是文化创意产业(张蔷,2013)。最新修订的国家统计局《文化及相关产业分类2012》将相关产业分为10大类,分别是新闻出版发行服务、广播电视电影服务、文化艺术服务、文化信息传输服务、文化创意和设计服务、文化休闲娱乐服务、工艺美术品的生产、文化产品生产的辅助生产、文化用品的生产、文化专用设备的生产。"十三五"规划中出现了"创意文化产业"的最新提法,其不等于"文化创意产业",两者之间内容上有重合部分,但就政策发展来看,前者的外延更为广泛,既包括所有文化创意产业门类,也包括所有产业中创意程度高的部分。

自新中国成立以来,伴随着我国经济体制改革、社会发展方式转换、国民生活幸福指数提升,中国文化产业经历了从无到有、从小到大、从浅到深的发展过程,发展速度之快、势头之迅猛为全世界所关注,我们以体制、文化产业的发展为依据对中国文化创意产业发展划分为四个阶段,分析各阶段的发展特征。

(一)1949~1978年:文化事业阶段

新中国成立之初,国民经济百废待兴,1956年毛泽东主席正式提出繁荣文化事业基本方针——"百花齐放""百家争鸣"的"双百方针",为新中国的文化事业发展提出了方针指引。由于中国的计划经济体制,文化相关活动和行为并不是市场行为,因而称之为"文化事业",政府是文化事业的唯一主导者,这一阶段由国家牵头成立了新闻出版总署、广播事业局等机构,在全国范围内文化机构的格局形成,文化事业在文化机构的计划与安排下进行,文化事业取得较大发展,也奠定了文化产业发展的基础。

(二)1978~1991年:文化事业市场化阶段

改革开放以后,伴随经济体制改革,文化多方面的需求,这一时期,除政府部门和民间组织主导的文化创意相关活动和产业外,文化相关活动实现市场化,至此完成了"文化事业"向"文化产业"的转变,以娱乐和广告为主业的民营企业逐渐兴起并快速发展,成为中国现今文化创意企业发展的起点和文化市场兴起的标志。20世纪80年代,音乐和影视也开始有所发展,以四大名著为题材拍摄的电视剧至今仍是经典。另一方面,文化相关的国家部门的管理方式开始向企业化过渡,实现半市场化。1985年,国民生产统计体系中把文化产业划归到第三产业中。但总的来，中国文化产业在这一时期尚处于探索阶段，对国民经济总体上影响不大。

这一时期，文化创意相关产业和活动并没有完全市场化，在空间分布上，主要还是集中在政治决策倾斜的地区和市场化程度高的地区，据资料显示，截至1990年，京、津、沪、黑、吉、辽、皖、苏、浙、闽、川、粤等19个省、市、自治区的城镇有歌厅、舞厅、卡拉OK厅共6966家，台球厅37201家，电子游戏厅17039家（王蒙，1994）。文化创意产业的空间布局总体上集中于东南部省市地区，分散分布，中西部地区鲜少分布，相关产业尚待发展。

（三）1992~2000年：文化创意产业快速发展阶段

随着中国经济的全面建设，人民生活水平的提高，对文化相关产品的需求越来越大。1992年，党的十四大明确提出要建设有中国特色的社会主义市场经济体制，由计划经济向市场经济转变，充分发挥市场的资源配置作用，并对文化产业制定了改革措施。到90年代末期，文化产业市场化的比例已经高于国有占比近3倍，真正实现了文化产业市场化；同时，文化产业所涉及的行业种类也日益丰富，图书出版、文艺演出等形式慢慢出现。这一时期，中国的中心城市北京、上海、广州等，文化产品市场取得了一定的发展。

在上述诸因素的作用下，1992年以来，中国文化产业的格局发生了根本性的变化。在中国初步形成了北京、上海、广州为极点的文化创意产业三角形的空间形态。以90年代最具代表性的互联网产业为例，据相关调查，1999年中国上网计算机146万台，上网总人数400万，从用户的地域分布看，居前三位的是北京、广东、上海，分别占21.02%、11.77%和8.71%（张国良，2001）。

（四）2001年至今：文化创意产业科学合理发展阶段

自中国正式加入世界贸易组织之后，文化产业开始面向国际，包括影视、报刊等文化产品引入和输出日益频繁，文化产业的规模不断扩大，实力不断增强。2005年，文化产业已在中国17个城市成为支柱产业（何建明，2011）。动漫游戏、网络等文化产业的新种类也随着经济的发展而崛起。这个阶段是文化创意产业科学合理发展阶段。在这个时期中国众多创意产品、营销、服务逐渐在市场上形成了规模，并形成了一股巨大的创意经济浪潮。

21世纪以来，中国文化创意产业在空间上形成：三核心、六集群、创意产业园分布于全国各地。3个文化创意产业核心是指北京、上海、广州3个城市；形成了六大产业集群：京津文化创意产业集群、长江三角洲文化创意产业集群、珠江三角洲文化创意产业集群、中部文化创意产业集群、川陕文化创意产业集群以及滇海文化创意产业集群。各类文化创意产业园也如雨后春笋般在全国范围内出现。

"十三五"期间，中国文化创意产业将获得高水平的发展，"一带一路"的宏观发展倡议，覆盖 40 多个国家与地区，将加强中国文化产业与这些国家的互通互联，形成开放包容、合作共赢的发展模式。大数据时代全面到来，中国将更频繁地参与到国际市场的交易和竞争之中，参与文化创意产业国际分工，实现中国文化创意产业的国际化发展。

二、中国城市文化创意产业的空间特征：以北京为例

地方文化创意产业近年来的兴起和发展，得益于各级政府政策的推动，北京把发展文化创意产业纳入城市规划和发展战略之中，把文化创意产业集聚区作为城市功能转换的突破口（高红岩，2010）。

北京的文化创意产业集聚区主要分布于城市中心区域。从空间布局来看，这些文化创意产业园区均位于六环以内，又以四环、五环附近数量居多，2019 年北京市正式发布了 33 家首批北京市文化创意产业园区名单（图 8.5），基本集中于这一区域。这主要是因为，这一区域既能降低生产成本，又能充分利用快速交通网络、信息网络的便利，亦能接近文化创意产品的消费市场。

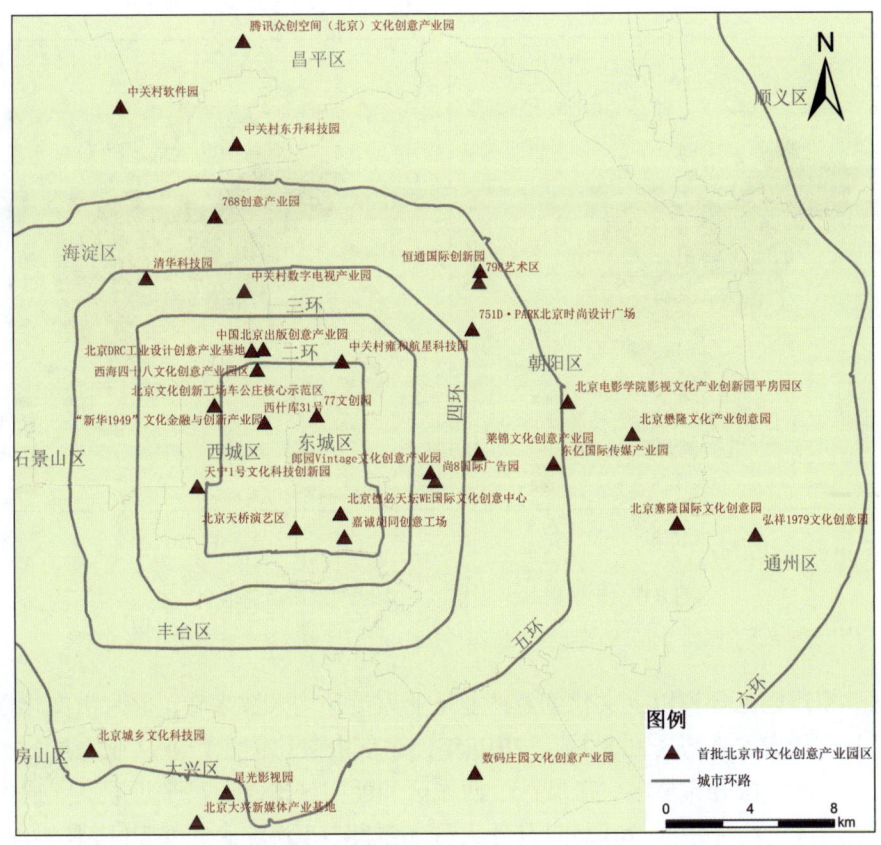

图 8.5　北京市首批 33 家文化创意产业园区

资料来源：根据北京市正式发布的 33 家首批北京市文化创意产业园区名单自绘

但不同类型的文化创意产业的区位，除受行业属性影响外，成本因素也是重要考量的因素。北京的一些文化产业区由于城市产业更新以及成本因素，也选择在城市相对边缘地区布局。例如，位于北京市东五环附近的 798 艺术区，以及位于北京市东六环附近的弘祥 1979 文化创意园等。

从北京市辖区规模以上文化创意产业总收入来看，文化创意产业分布呈现明显的主城区与外围郊区的"核心-外围"结构（图 8.6）。2010 年，海淀区文化创意产业总收入数最高，在软件、动漫、游戏、出版、旅游、设计等领域具有较强的竞争优势，涌现了一批知名企业，集聚了包括清华大学、北京大学、中国人民大学等著名高校和科研院所的高端人才，为海淀区文化创意产业的发展提供了有力支撑。同时，与三环以内的东城区、西城区相比，海淀区处于北京西部生态发展带，区内大部分土地位于四环以外，具有优美的自然风光和相对适宜的土地价格，更能够吸引创意人才的集聚。但远离城市主中心的偏远郊区，如怀柔、延庆、密云、顺义、通州、房山区等，由于缺乏足够的文化资源、人才、产业配套等条件，文化创意产业产值较低。2017 年，海淀区继续保持文化创意产业总收入第一的地位，而东城区和丰台区的产业总收入均下滑一档，表明在生产成本、基础设施、交通网络等方面的影响下，海淀区的产业优势愈发增强。

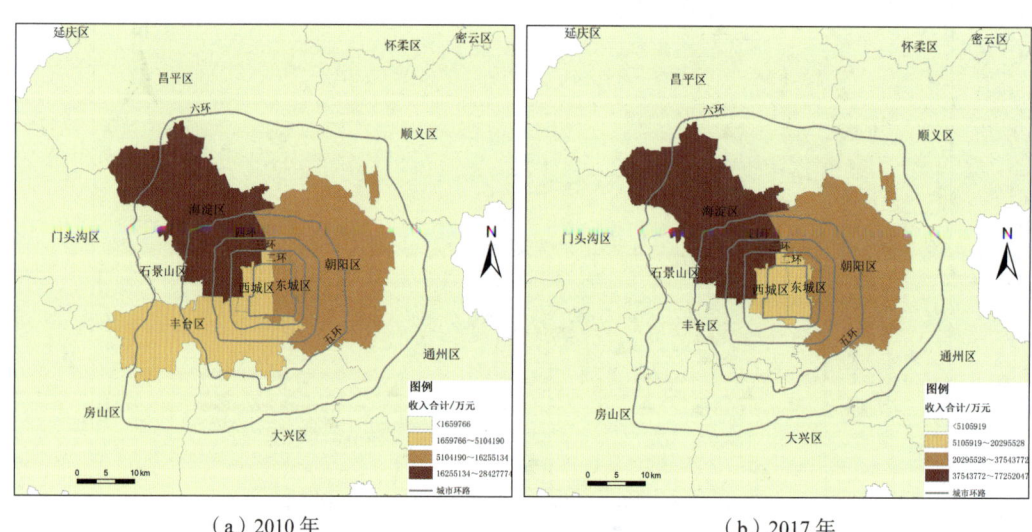

（a）2010 年　　　　　　　　　　（b）2017 年

图 8.6　北京市辖区规模以上文化创意产业总收入

资料来源：根据《北京区域统计年鉴 2011》和《北京区域统计年鉴 2018》数据自绘

从北京市辖区规模以上文化创意产业从业人员平均人数来看，北京市文化创意产业呈现明显的集聚态势（图 8.7）。2010 年，北京市文化创意产业从业人员分布相对较为均匀，海淀区分布最多，东城区、西城区和朝阳区次之，昌平、顺义、通州、丰台和石景山区也均有分布。2017 年，从业人员主要集中于海淀区和朝阳区，其他各区（包括东城区和西城区）的从业人员平均数均下滑一个等级，表明文化创意产业从业人员近年来有明显集聚态势。从产业发展来看，目前海淀区已初步形成"清华科技园""中

第八章　创新产业空间

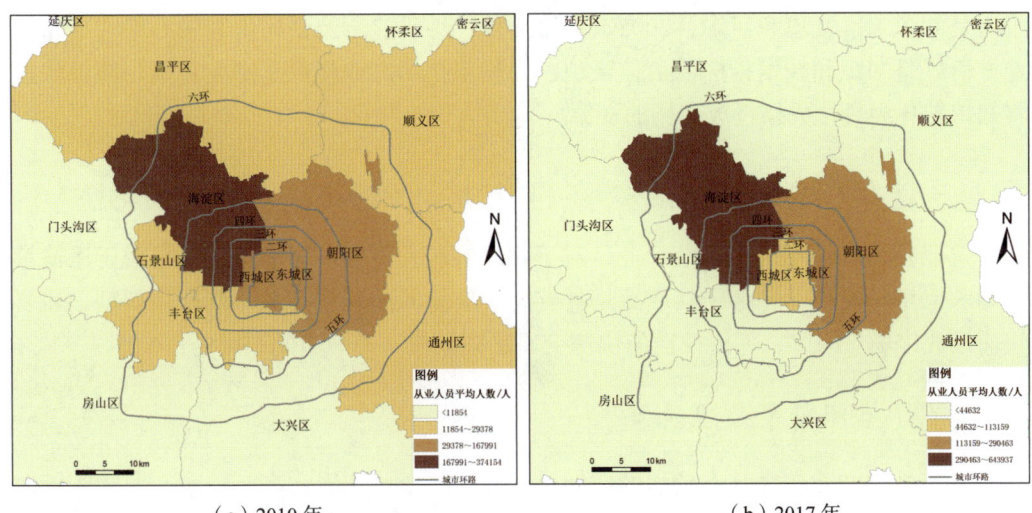

（a）2010 年　　　　　　　　　　　　　　（b）2017 年

图 8.7　北京各市辖区规模以上文化创意产业从业人员平均人数

资料来源：根据《北京区域统计年鉴 2011》和《北京区域统计年鉴 2018》数据自绘

关村数字电视产业园""中关村东升科技园""768 创意产业园""中关村软件园"等大型文创产业园区，集群效应明显，朝阳区已初步形成"莱锦文创园""恒通国际创新园""798 艺术区"等文创产业园。在产业集群带动效应、科教人才资源保障、宜居条件等综合作用下，海淀区和朝阳区的发展优势愈发加强。

第四节　高新技术产业空间

知识经济时代，以知识作为关键性生产原料，以知识为核心的高新技术产业成为国家社会经济发展的制高点。中国高新技术产业园区从 20 世纪 50 年代起步以来，80 年代以后获得迅速发展，1988 年 8 月，中国国家高新技术产业化发展计划——火炬计划开始实施，创办高新技术产业开发区和高新技术创业服务中心被明确列入火炬计划的重要内容。至 2015 年国务院先后共批准建立了 127 个国家高新技术产业开发区，中国高新技术产业开发区得到了超常规的发展，成为中国产业高端发展的有力支撑。本书在总结我国城市高新技术产业空间特点的基础上，以上海为例具体分析城市内部高新技术产业空间分布的特征。

一、中国城市高新技术产业空间的特点

（一）分布于知识、技术密集区

高新技术产业不同于传统产业，其产品对物质资源的依赖程度低，其中最关键的

投入是知识（巨文忠和伊彤，2005）。而高校、科研院所及公司研究中心集中分布的地方恰好是知识和技术指向的最佳区位，为高新技术产业提供了专业化强、能够快速将知识转化为科技成果投放市场的资源。

（二）对外联系密切，快速交通便利

高新技术产业不同于传统产业，对于物质资源和能源的需求量较少，对于运输量的要求也相对较小。但由于其产品是具有高附加值的高科技产品，其产品新型，需要快速投放市场，因此，邻近便捷的快速交通是高新技术产业空间布局的重要因素。

（三）空间集聚效应显著

高新技术产业布局具有较强的空间指向性，从整体来看，高新技术产业整体倾向于知识技术密集区域，即高校、科研院所以及企业研究机构所在地。此外，由于高新科技产品生产往往不是由一个企业单独完成，各生产环节由不同企业进行专业化生产，形成垂直分离的生产体系，最终的高新技术产品需要各生产环节的企业进行合作，地理空间上的集聚不仅加强了各生产环节企业之间的联系，同时能够降低运输成本，缩短产品生产时间，提高生产效率，扩大经济效益。

（四）产业链各环节分布于不同地区

高新技术产业完整的产业链包含研发、生产、销售和管理几大环节，由于各环节所需的条件不同，因而分布地呈现一定的差异。其中，高新技术产品的研发需要大量的知识、技术、信息、研发人才支撑，因此研发中心大多分布于中心城市高校及科研单位附近，以便获取丰富的资源，由于信息化的发展，研发中心国际化趋势越来越显著。高新技术产品进入标准化生产阶段之后，地租、劳动力以及交通成为高新技术产业空间布局的重要影响因素，因此地租相对便宜、廉价劳动力供给充足、拥有便利快捷交通以及较好的配套设施的区域成为高新技术产品生产的分布地，这些地区大多为中心城市外围、交通便利和基础设施较好的中小城市或专业镇以及政府规划的产业园。高新技术产品的销售需要庞大的市场、发达的信息网络以及便利快速的交通运输，大中型城市及部分区域门户城市成为高科技产品销售的主要分布地。高新技术产业的管理部门即总部的区位选择往往倾向于接近行政中心、金融机构集聚、高端人才汇集以及具有便捷快速交通和发达信息网络的经济中心和世界性城市（李国平和卢明华，2002），如北京、上海。

（五）以园区和产业带为主，不同的发展阶段具有不同的空间组织形式

高新技术产业空间是由高新技术企业集聚而形成，空间组织在不同的发展阶段呈

现不同的形式。高新技术产业最早的空间组织形式以大学科技园为主，因为大学具有很强的研究能力，而企业具有生产能力，企业要想获得长期的发展必须要有持续的创新能力，大学科技园能够提供源源不断的相对廉价的科技人才、租金及相关服务，因此"大学+企业"的大学科技园模式成为早期高新技术产业的空间组织形式。大学科技园中的高新技术产业主要以小型企业为主（宋秀坤和王铮，2002）。随着地区发展依靠创新驱动，城市高科技园迅速发展和一些大型企业研究中心的入驻，大学科技园空间不能满足园区内企业的进一步发展，于是在距离中心城市和大学不远的地区形成边缘城市和专业化镇（王铮等，2006）。主要由政府主导建设，具有便捷的交通设施以及良好的基础环境。多个边缘城市和专业化镇沿着交通线不断发展，进而在空间上形成带状即高新技术产业带。

二、中国城市高新技术产业空间分布特征：以上海为例

改革开放40多年来，在计划经济向市场经济转轨的背景下，上海市高新技术产业空间分布格局发生了巨大变迁。从企业空间分布格局来看，上海高技术制造业和高技术服务业呈现不同特征。

上海高技术制造业从中心城区向郊区分散的趋势明显，并呈现出郊区再集聚的特征（图8.8）。1977年，上海市高技术制造业高度集中在现黄浦、静安、杨浦、徐汇、长宁等中心城区，只有少量零星分布在郊区（县），这种分布格局既与当时城市规模有关，也受计划经济时代"生产性城市"的城市性质的影响。改革开放后，经济快速发展引致的城市规模迅速扩张，闵行、宝山、嘉定等郊县先后撤县设区并入上海市，上海高技术制造业逐渐向郊区扩散。进入21世纪，由于产业过度分散、用地紧张等问题逐渐凸显，上海市政府积极推动制造业向重点园区集中，高技术制造业逐渐在奉贤、松江、宝山、嘉定等区的重点产业园区聚集。目前，高技术制造业在郊区出现了再集中的发展态势。

上海高技术服务业呈现出规模迅速扩张与集聚主导并存的空间格局（图8.9）。改革开放40多年来，上海市高技术服务业空间格局也发生了巨大变化，改革开放初期，上海高技术服务业的规模较小，中心城区由于创新环境与条件最为适宜，智力资源与创新资源在数量与质量的绝对优势地位，使得上海市高技术服务业集中分布在中心城区的少数区域特别是现在的黄浦区。从1997年以后的近20年，伴随上海的改革开放及经济快速发展，上海市高技术服务业规模迅速扩大，但仍集聚在黄浦、静安、杨浦、徐汇、长宁等中心城区。此后直至2017年，高技术服务业规模继续扩张，但逐渐向周边郊区重点区域有序扩散。中心城区基础设施便利、人力资源丰富、商业及休闲娱乐配套完善，同时满足创新对面对面交流便利性的需要，因此仍然是高技术服务业主要集聚载体，一般依托原有的科技园或工业园区基础，或以城市街区、大型楼宇为组织主体而出现。譬如，杨浦区汇集了杨浦知识创新区，徐汇区有枫林生命科学园、漕河

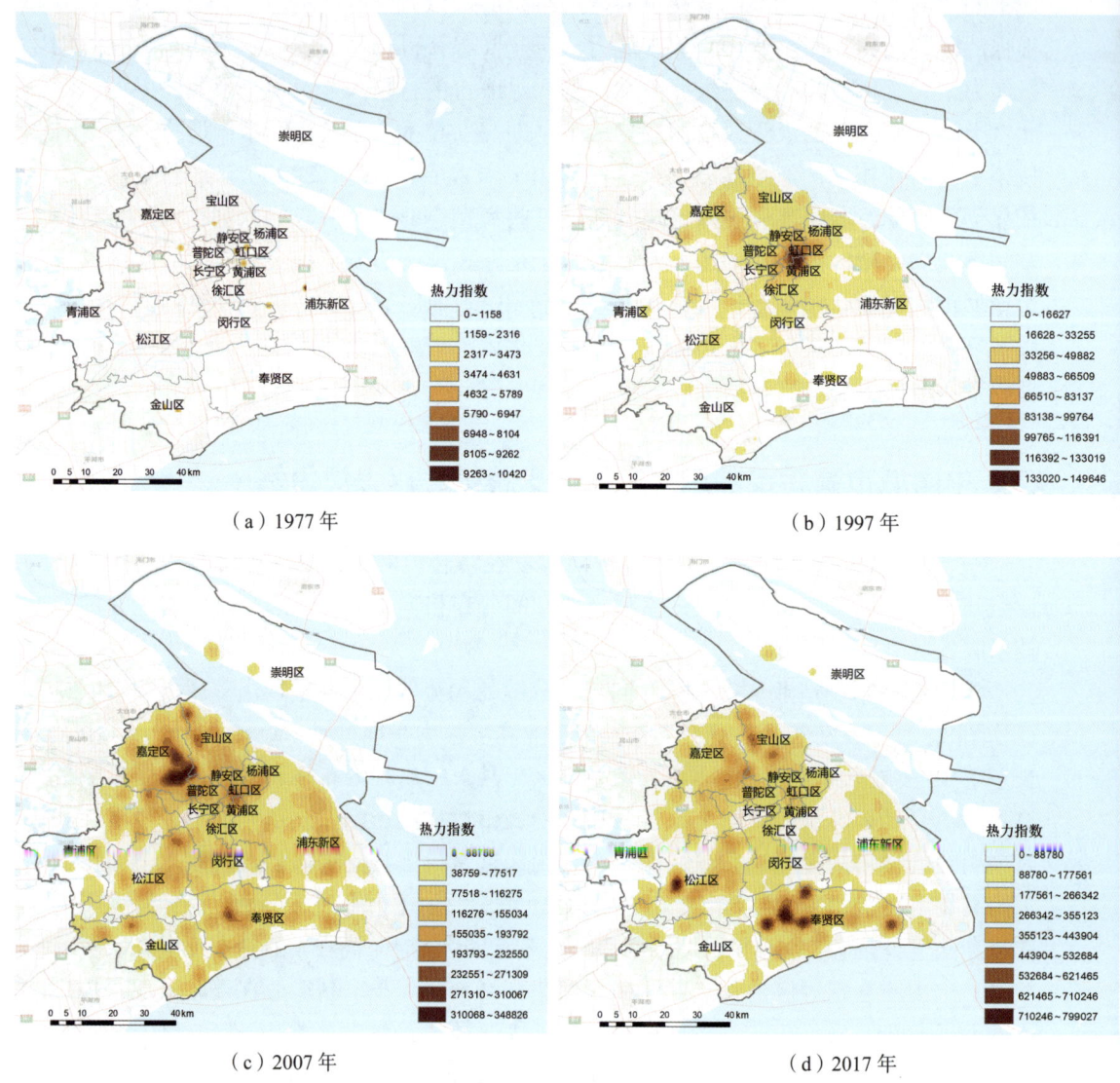

图 8.8 上海高技术制造业空间分布演变格局

资料来源:作者自绘,数据来自企查查网站(https://www.qichacha.com/)企业名录数据,企业位置通过百度API获得

泾高科技园区等重要研发资源集聚区。

上海的高新技术企业主要以高新技术产业开发区为重要载体(图8.10)。在原本积累雄厚的工业区基础上,上海形成了以上海张江高新技术产业开发区为核心,其他16个分园为依托的高新技术产业集聚区,突出了研发和生产融合的特征。此外还有国家级高新区——上海紫竹高新技术产业开发区以及上海未来岛高新技术产业园区、漕河泾新兴技术开发区。依托良好的人才和政策优势,这些高新技术产业开发区已成为大的跨国公司投资建厂的理想环境,撑起了全国以电子信息、生物工程、新材料、新

第八章　创新产业空间

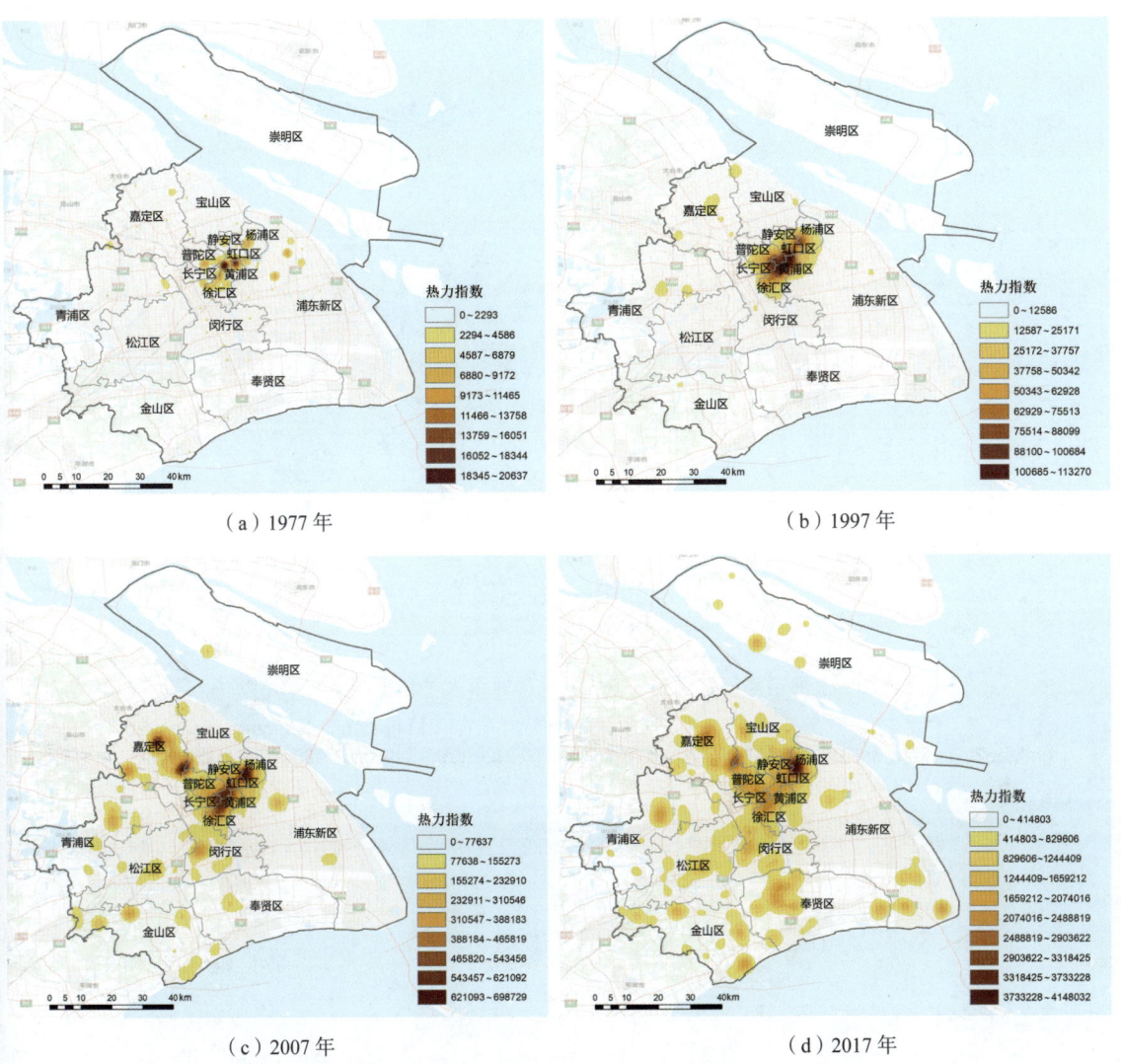

(a) 1977年　　　(b) 1997年

(c) 2007年　　　(d) 2017年

图8.9　上海高技术服务业空间分布演变格局

资料来源：作者自绘，数据来自企查查网站（https://www.qichacha.com/）企业名录数据，并通过百度API获得企业坐标

能源为主导的高新技术产业的"半壁江山"。

上海市高新技术产业开发区中的一批园区是依托大学建设的国家级大学科技园，凸显了科教结合和产学研一体化的特色。最典型的是上海张江高新技术产业开发区所属的复旦大学、上海交通大学、同济大学、华东师范大学等13个国家级大学科技园。此外，上海紫竹高新技术产业开发区与上海交通大学（闵行校区）、华东师范大学（闵行校区）毗邻，借助高校的科研成果，具有较强的技术人才优势，形成多个小型高科技产品生产和贸易分区。

图 8.10　上海市高新技术产业开发区与国家级大学科技园分布示意图

资料来源：作者自绘，信息来源于上海张江国家自主创新示范区官网（https://hjtj.zjsfq.gov.cn/map/map/getMap?token=awMnKD8YzLeIA8rUQDxmIhT4IjIbPv8okj7HU2iEKob4Ss0BgLB%2FscFcP1%2FP45kl）

参考文献

安成谋. 1990. 兰州市商业中心的区位格局及优势度分析. 地理研究, 8(1): 28~34

毕斗斗, 方远平, 谢蔓, 等. 2015. 我国省域服务业创新水平的时空演变及其动力机制——基于空间计量模型的实证研究. 经济地理, 35(10): 139~148

毕秀晶, 汪明峰, 李健, 等. 2011. 上海大都市区软件产业空间集聚与郊区化. 地理学报, 66(12): 1682~1694

蔡安宁. 2015. 北京城市功能空间重构研究. 北京: 北京师范大学博士学位论文

曹洁琼, 其格其, 高霞. 2015. 合作网络"小世界性"对企业创新绩效的影响——基于中国ICT产业产学研合作网络的实证分析. 中国管理科学, (s1): 657~661

曹贤忠, 张化文. 2013. 芜湖市生产性服务业空间集聚特征研究. 现代城市研究, (4): 110~116

柴彦威, 马静, 相云柯, 等. 2010. 天津滨海新区化工产业的空间重构与发展途径. 城市发展研究, 17(6): 16~21.

柴彦威, 翁桂兰, 沈洁. 2008. 基于居民购物消费行为的上海城市商业空间结构研究. 地理研究, 27(4): 897~906

陈爱贞, 刘志彪. 2014. 自贸区: 中国开放型经济"第二季". 学术月刊, (1): 20~28

陈晨, 王法辉, 修春亮, 等. 2013. 长春市商业网点空间分布与交通网络中心性关系研究. 经济地理, 33(10): 40~47

陈丹, 杨永春, 李恩龙, 等. 2018. 移动智能设备的使用对北京市居民多任务购物行为和商业微区位的影响. 中国科学: 地球科学, 48(3): 353~365

陈红霞. 2019. 北京市生产性服务业空间格局演变的影响因素分析. 经济地理, 39(4): 128~135.

陈家祥. 2006. 以循环经济理念构筑现代化工园区——以南京化工园为例. 经济地理, 26(3): 438~442

陈前虎, 徐鑫, 帅慧. 2008. 杭州城市生产性服务业空间演化研究. 城市规划, 32(8): 48~52

陈忠暖, 陈颖, 甘巧林, 等. 1999. 昆明市城市商业地域结构探讨与调整对策刍议. 人文地理, 14(4): 21~25

崔功豪, 武进. 1990. 中国城市边缘区空间结构特征及其发展: 以南京等城市为例. 地理学报, 45(4): 399~411

董鉴泓. 2004. 中国城市建设史(第三版). 北京: 中国建筑工业出版社

樊秀峰, 康晓琴. 2013. 陕西省制造业产业集聚度测算及其影响因素实证分析. 经济地理, 33(9): 115~119+160

方远平, 谢蔓, 林彰平. 2013. 信息技术对服务业创新影响的空间计量分析. 地理学报, 68(8): 1119~1130
冯健, 周一星. 2003. 1990年代北京市人口空间分布的最新变化. 城市规划, 27(5): 55~63
干劲天. 2001. 都市农业与城郊农业的内在联系与转变接点. 北京市农业管理干部学院学报, (4): 37~38
高超, 金凤君. 2015. 沿海地区经济技术开发区空间格局演化及产业特征. 地理学报, 70(2): 202~213
高红岩. 2010. 文化创意产业的政策创新内涵研究. 中国软科学, (6): 80~86
高玫. 2012. 我国中心城市现代服务业发展现状与路径选择. 企业经济, (12): 108~111
高汝熹, 陈志洪, 张国安. 2001. 上海教育产业发展预测. 上海综合经济, (8): 26~31
顾朝林. 1996. 中国高技术园类型及发展方向. 经济地理, 16(1): 9~13
顾朝林, 于涛方, 李王鸣. 2008. 中国城市化格局、过程、机理. 北京: 科学出版社
郭金华. 2016. 中国老龄化的全球定位和中国老龄化研究的问题与出路. 学术研究, (2): 61~67
何建民. 2011. 上海旅游业培育成战略性支柱产业的要求、路径、潜力与对策研究. 旅游学刊, 26(5): 30~39
何深静, 刘玉亭. 2008. 房地产开发导向的城市更新——我国现行城市再发展的认识和思考. 人文地理, (4): 6~11
贺灿飞, 郭琪, 马妍, 等. 2014. 西方经济地理学研究进展. 地理学报, 69(8): 1207~1223
侯学刚, 彭再德. 1997. 上海城市功能转变与城市地域空间结构优化. 城市规划, (4): 8~11
胡丹, 申玉铭. 2009. 北京市生产性服务业的增长及其空间结构. 地理科学进展, 28(2): 264~271
胡婉旸, 郑思齐, 王锐. 2014. 学区房的溢价究竟有多大: 利用"租买不同权"和配对回归的实证估计. 经济学(季刊), 13(3): 1195~1214
华杰媛, 孙斌栋. 2015. 中国大都市区多中心空间结构经济绩效测度. 城市问题, (4)4: 31~38
华正伟. 2011. 文化创意产业集群空间效应探析. 生产力研究, (2): 9~10
黄亮, 杜德斌. 2014. 创新型城市研究的理论演进与反思. 地理科学, 34(7): 773~779
黄如桐. 1994. 资本主义工商业社会主义改造的历史回顾. 当代中国史研究, (2): 83~94
蒋海兵, 张文忠, 余建辉. 2015. 杭州生产性服务业的时空格局演变. 经济地理, 35(9): 103~111
蒋丽. 2014. 广州市生产性服务业空间分布及成因研究. 经济地理, 34(3): 106~113
蒋丽, 吴缚龙. 2013. 2000—2010年广州人口空间分布变动与多中心城市空间结构演化测度. 热带地理, (2): 147~155
金毅, 智源中国, 中欧商业评论. 2016. 中国重点城市商圈分析与商家选址参考. 北京: 化学工业出版社
巨文忠, 伊彤. 2005. 高技术产业分布的影响因素及特征. 中国社会科学院院报, 2005-6-23(2)
克里斯·安德森. 2012. 创客: 新工业革命. 北京: 中信出版社
雷家骕, 等. 2012. 技术创新管理. 北京: 机械工业出版社
李百浩, 彭秀涛, 黄立. 2006. 中国现代新兴工业城市规划的历史研究——以苏联援助的156项重点工程为中心. 城市规划学刊, 164(4): 84~92
李丹丹, 汪涛, 魏也华, 等. 2015. 中国城市尺度科学知识网络与技术知识网络结构的时空复杂性. 地理研究, 34(3): 525~540
李国平, 卢明华. 2002. 北京高科技产业价值链区域分工研究. 地理研究, 21(2): 228~238

李加林, 许继琴, 李伟芳, 等. 2007. 长江三角洲地区城市用地增长的时空特征分析. 地理学报, (4): 437~447

李健, 宁越敏. 2011. 全球生产网络的浮现及其探讨: 一个基于全球化的地方发展研究框架. 上海经济研究, (9): 20~27, 54

李丽琴. 2017. 南宁市城市商业空间格局及优化研究. 南宁: 广西师范学院硕士学位论文

李丽雅. 2006. 我国大城市地区现代都市农业与农村可持续发展研究. 华东师范大学博士学位论文

李普峰, 李同昇. 2009. 西安市生产性服务业空间格局及其机制分析. 城市发展研究, 16(3): 87~91

李强. 2014. 中国服务业统计与服务业发展统计年鉴. 中国统计出版社

李伟, 黄正东. 2018. 基于POI的厦门城市商业空间结构与业态演变分析. 现代城市研究, (4): 56~65

李文彬, 陈浩. 2012. 产城融合内涵解析与规划建议. 城市规划学刊, (7): 90~103

李小建. 2008. 经济地理学. 北京: 高等教育出版社

李小云, 田银生. 2011. 国内城市规划应对老龄化社会的相关研究综述. 城市规划, (9): 52~59

李振泉, 李诚固, 周建武. 1989. 试论长春市商业地域结构. 地理科学, 9(2): 133~141+195

连远强. 2016. 国外创新网络研究述评与区域共生创新战略. 人文地理, (1): 26~32

梁珍, 王录仓, 史凯文. 2018. 兰州市生产性服务业空间集聚特征研究. 资源开发与市场, 34(5): 660~664

廖敏清. 2013. 基于空间句法的长沙城市商业中心空间布局研究. 长沙: 湖南大学硕士学位论文

林德昌, 廖蓓秋, 陆强, 等. 2010. 科技企业孵化器服务创新影响因素研究. 科学学研究, 28(6): 920~925

林耿, 许学强. 2004. 广州市商业业态空间形成机理. 地理学报, 59(5): 754~762

林玥希, 汪明峰, 马同翠. 2020. 网上购物对实体零售的影响——基于上海南方商城商业中心的调查. 世界地理研究, 29(3): 568~578

刘畅, 李新阳, 杭小强. 2012. 城市新区产城融合发展模式与实施路径. 城市规划学刊, (7): 104~109

刘国巍, 阳正义. 2015. 区域产学研合作创新网络结构对知识扩散的影响——基于广西2000~2013年电子信息专利数据. 科技进步与对策, 32(23): 36~42

刘厚俊, 沈剑平, 孙炤. 2003. 开发区发展的理论基础与战略选择. 科技与经济, (1): 28~32

刘佳. 2011. 西安城市中心区生产性服务业分布与办公楼发展研究. 西安: 陕西师范大学硕士学位论文

刘敏. 2015. 中国CBD发展现状与对策分析. 特区经济, (9): 109~110

刘念雄. 1998. 北京城市大型商业设施边缘化的思考. 北京规划建设, (2): 39~41

刘曙华. 2012. 生产性服务业集聚对区域空间重构的作用途径和机理研究——以长江三角洲地区为例. 北海: 华东师范大学博士学位论文

刘志高, 张薇. 2018. 中国大都市区高新技术产业分叉过程及动力机制——以武汉生物产业为例. 地理研究, 37(7): 1349~1363

柳坤, 申玉铭, 刘辉. 2012. 中国三大城市群服务业规模结构及演化特征. 地理科学进展, 31(10): 1289~1294

卢锋. 2004. 产品内分工. 经济学(季刊), 4(1): 55~82

陆锡明. 2003. 大都市一体化交通. 上海: 上海科学技术出版社

路紫, 王文婷, 张秋奕, 等. 2013. 体验性网络团购对城市商业空间组织的影响. 人文地理, 28(5): 101~104

吕国庆, 曾刚, 郭金龙. 2014. 长三角装备制造业产学研创新网络体系的演化分析. 地理科学, 34(9): 1051~1059

吕拉昌, 李永洁, 刘毅华. 2009. 城市创新职能与创新城市空间体系. 经济地理, 29(5): 710~713

吕拉昌, 李勇. 2010. 基于城市创新职能的中国创新城市空间体系. 地理学报, 65(2): 177~190

罗小龙等. 2015. 开发区的第三次创业——从产业园区到城市新区. 北京: 中国建筑工业出版社

马仁锋. 2012. 大都市创意空间识别研究——基于上海市创意企业分析视角. 地理科学进展, 31(8): 1013~1023

迈克尔·波特. 2002. 国家竞争优势. 李明轩, 邱如美译. 北京: 华夏出版社

《迈向21世纪的上海》发展战略研究总课题组. 1995. 迈向21世纪的上海——上海经济社会发展战略(1995—2010年). 毛泽东邓小平理论研究, (6): 11~29

米瑞华, 石英. 2014. 基于常住人口分布的城市主副中心识别方法——以西安市为例. 陕西师范大学学报(自然科学版), (3): 97~102

宁越敏. 1984. 上海市区商业中心区位的探讨. 地理学报, 39(2): 163~172

宁越敏. 2000. 上海市区生产服务业及办公楼区位研究. 城市规划, 24(8): 9~12

宁越敏, 黄胜利. 2005. 上海市区商业中心的等级体系及其变迁特征. 地域研究与开发, 24(2): 15~19

宁越敏, 李健. 2007. 上海城市功能的转型: 从全球生产系统角度的透视. 世界地理研究, 16(4): 47-54

宁越敏, 彭再德. 1999. 上海城市地域空间结构优化研究//谢觉民主编. 人文地理笔谈: 自然、文化、人地关系. 北京: 科学出版社

宁越敏, 张务栋, 钱今昔. 1994. 中国城市发展史. 合肥: 安徽科学技术出版社

牛欣, 陈向东. 2013. 城市间创新联系及创新网络空间结构研究. 管理学报, 10(4): 575~582

潘蓉, 杨毅栋, 贺俏毅, 等. 2012. 杭州城市商业空间布局及发展策略研究. 规划师, 28(9): 84~88

祁敬宇. 2007. 北京CBD金融发展的SWOT分析. 北京市经济管理干部学院学报. 22(3): 33~41

秦波. 2012. 企业区位选择与城市空间重构. 北京: 中国建筑工业出版社. 60~61

秦波, 焦永利. 2010. 北京住宅价格分布与城市空间结构演变. 经济地理, 30(11): 1815~1820

秦贤宏, 魏也华, 陈雯, 等. 2013. 南京都市区人口空间扩张与多中心化. 地理研究, 32(4) : 711~719

邱琳, 方创琳. 2013. 北京市生产性服务业空间集聚综合测度. 地理研究, 32(1): 99~110

饶传坤, 蔡异翔. 2016. 杭州市大型零售商业设施的空间扩展特征. 经济地理, 36(2): 117~124

沈宏婷, 陆玉麒. 2011. 开发区转型的演变过程及发展方向研究. 城市发展研究, 18(12): 69~73

沈荣. 2015. 轨道交通建设下宁波城市商业格局的演变与重构. 商业研究, (9): 16~18

石崧, 王周杨, 石婷婷. 2014. 中国(上海)自由贸易试验区产业体系探索与空间布局研究. 上海城市规划, (4): 23~27

石巍. 2012. 多中心视角下的上海城市空间结构研究. 上海: 华东师范大学硕士学位论文

史坤博, 杨永春, 白硕, 等. 2016. 成都市体验性网络团购市场发展的空间特征. 地理研究, 35(1): 108~122

司月芳, 曾刚, 曹贤忠, 等. 2016. 基于全球—地方视角的创新网络研究进展. 地理科学进展, 35(5): 600~609

宋刚. 2015. "互联网+"=新一代ICT+创新2.0. 中国计算机学会通讯, 11(6): 1~6

宋泓明. 2005. 北京商务中心区与国际金融业发展. 北京: 中国社会科学出版社

宋秀坤, 王铮. 2002. 上海的高新技术企业区位. 科学学研究, 20(1): 52~56

孙斌栋, 陈浩. 2016. 城市空间结构对地价的影响——基于多中心的视角. 城市问题, (4): 31~38

孙斌栋, 李琬. 2016. 城市规模分布的经济绩效——基于中国市域数据的实证研究. 地理科学, 36(3): 328~334

孙斌栋, 潘鑫. 2008. 城市空间结构对交通出行影响研究的进展——单中心与多中心的论争. 城市问题, (1): 35~37

孙斌栋, 石巍, 宁越敏. 2010. 上海市多中心城市结构的实证检验与战略思考. 城市规划学刊, 2010, (1): 58~63

孙斌栋, 涂婷, 石巍, 等. 2013. 特大城市多中心空间结构的交通绩效检验. 城市规划学刊, (2): 63~69

孙斌栋, 王旭辉, 蔡寅寅. 2015a. 特大城市多中心空间结构的经济绩效——中国实证研究. 城市规划, 39(8): 39~45

孙斌栋, 魏旭红. 2014. 上海都市区就业—人口空间结构演化特征. 地理学报, 69(6): 747~758

孙斌栋, 魏旭红, 等. 2016. 中国城市区域的多中心空间结构与发展战略. 北京: 科学出版社. 79~80, 150

孙斌栋, 魏旭红, 王婷. 2015b. 洛杉矶学派及其对人文地理学的影响. 地理科学, 35(4): 402~409

孙江山, 吴永和, 任友群. 2015. 3D打印教育创新: 创客空间、创新实验室和STEAM. 现代远程教育研究, (4): 96~103

孙娟, 彭坤焘. 2016. 双创背景下高新区扩展现象剖析与政策建议. 城市规划, 40(12): 33~41

孙铁山, 王兰兰, 李国平. 2012. 北京都市区人口——就业分布与空间结构演化. 地理学报, 67(6): 829~840

孙铁山, 王兰兰, 李国平. 2013. 北京都市区多中心空间结构特征与形成机制. 城市规划, (7): 28~32; 41

孙智群, 柴彦威, 王冬根. 2009. 深圳市民网上购物行为的空间特征. 城市发展研究, 16(6): 106~112

谭芳芳, 金晓青. 2006. 中国现阶段电子商务B2C类型物流配送模式的经济学分析: 以B2C网上书城为例. 南方经济, (1): 41~49

田金平, 刘巍, 李星, 等. 2012. 中国生态工业园区发展模式研究. 中国人口·资源与环境, 22(7): 60~66

田文, 刘厚俊. 2006. 产品内分工下西方贸易理论的新发展. 经济学动态, (5): 69~75

汪明峰, 卢姗. 2009. B2C电子商务发展的路径依赖: 跨国比较分析. 经济地理, 29(11): 1861~1866

汪明峰, 卢姗. 2011. 网上零售企业的空间组织研究——以"当当网"为例. 地理研究, 30(6): 965~976

汪明峰, 卢姗. 2012. 替代抑或补充: 网上购物与传统购物出行的关系研究. 人文地理, 27(3): 44~49

汪明峰, 卢姗, 邱娟. 2010. 网上购物对城市零售业空间的影响: 以书店为例. 经济地理, 30(11): 1835~1840

汪明峰, 卢姗, 袁贺. 2013. 网上购物对不同区位消费者行为的影响——市区和郊区的比较. 城市规划, 37(11): 84~88

汪明峰, 宁越敏. 2006. 城市的网络优势——中国互联网骨干网络结构与节点可达性分析. 地理研究, 25(2): 193~203

汪明峰, 宁越敏, 胡萍, 等. 2008. 生态产业园区的循环经济发展框架——以宁波化工区为例. 地理科学,

28(5): 624~630

王宝铭. 1995. 对城市人口分布与商业网点布局相关性的探讨. 人文地理, 10(1): 36~39

王道军. 2013. 上海自贸区建立的基础与制度创新. 开放导报, (5): 30~33

王桂新, 魏星. 2006. 上海从业劳动力分布变动与城市空间重构. 人口研究, 30(5): 64~71

王慧. 2003. 开发区与城市相互关系的内在肌理及空间效应. 城市规划, 27(3): 20~25

王慧, 田萍萍, 刘红, 等. 2007. 西安城市CBD体系发展演进的特征与趋势. 地理科学, 27(1): 31~39

王缉慈. 1998. 高新技术产业开发区对区域发展影响的分析构架. 中国工业经济, (3): 54~57

王缉慈. 2004. 关于发展创新型产业集群的政策建议. 经济地理, 24(4): 433~436

王静. 2010. 近代天津城市商业空间探析. 消费导刊, (6): 38~39

王蒙. 1994. 文化市场一议. 群言, (6): 35~36

王乾, 徐昀, 宋伟轩. 2012. 南京城市商业空间结构变迁研究. 现代城市研究, (6): 83~88

王秋玉, 曾刚, 吕国庆. 2016. 中国装备制造业产学研合作创新网络初探. 地理学报, 71(2): 251~264

王若屹. 2016. 兰州市主城区商业网点布局研究. 兰州: 兰州财经大学硕士学位论文, 2016

王士君, 浩飞龙, 姜丽丽, 等. 2015. 长春市大型商业网点的区位特征及其影响因素. 地理学报, 70(6): 893~905

王卫华. 2013. 北京市CBD发展现状评估与优化思路. 北京: 北京财贸职业学院学报, 29(2): 40~45

王兴平. 2005. 中国城市新产业空间发展机制与空间组织. 北京: 科学出版社

王旭辉, 孙斌栋. 2011. 特大城市多中心空间结构的经济绩效——基于城市经济模型的理论探讨. 城市规划学刊, (6): 20~27

王永顺. 2005. 加快发展科技服务业提升创新创业服务水平. 江苏科技信息, (8): 1~2

王铮, 赵晶媛, 刘筱, 等. 2006. 高技术产业空间格局演变规律及相关因素分析. 科学学研究, 24(2): 227~232

魏旭红. 2015. 特大城市多中心空间结构演化与作用机制——以上海都市区为例. 上海: 华东师范大学硕士学位论文

魏旭红, 孙斌栋. 2014. 我国大都市区就业次中心的形成机制——上海研究及与北京比较. 城市规划学刊, (5): 65~71

吴文钰, 马西亚. 2006. 多中心城市人口模型及模拟: 以上海为例. 现代城市研究, (12): 39~44

吴郁文, 谢彬, 骆慈广. 1988. 广州市城区零售商业企业区位布局的探讨. 地理科学, 8(3): 8~217

吴元波, 吴聪林. 2009. 上海新型城市郊区化模式: 政府主导型与市场主导型选择. 济南大学学报(社会科学版), 19(4): 7~12

仵宗卿, 戴学珍, 戴兴华. 2003. 城市商业活动空间结构研究的回顾与展望. 经济地理, 23(3): 327~332

席广亮, 甄峰, 汪侠, 等. 2014. 南京市居民网络消费的影响因素及空间特征. 地理研究, 33(2): 284~295

肖雁飞, 刘友金, 沈玉芳. 2007. 上海创意产业区空间创新特点和趋势研究——一个"新经济空间"的视角. 现代城市研究, (12): 40~44

谢晖. 2003. 城市规划与房地产开发的协调机制研究. 经济地理, 23(3): 393~400

谢守红, 宁越敏. 2006. 广州市人口密度分布及演化模型研究. 数理统计与管理, 25(5): 518~522

熊国平. 2005. 90年代以来中国城市形态演变研究. 南京：南京大学博士学位论文

熊国平, 杨东峰, 于建勋. 2010. 20世纪90年代以来中国城市形态演变的基本总结. 华中建筑, 28(4): 120~123

修春亮. 1998. 对中国城市中心商务区演变规律的初步研究. 人文地理, 13(4): 49~52

徐瑞华, 杜德斌. 2004. 上海外资R&D中心区位研究. 经济地理, 24(5): 625~628

徐思彦, 李正风. 2014. 公众参与创新的社会网络：创客运动与创客空间. 科学学研究, (12): 1789~1796

徐晓燕, 叶鹏. 2008. 消费时代城市公共空间的异化. 规划师, 24(2): 72~74

许学强, 周素红, 林耿, 等. 2002. 广州市大型零售商店布局分析. 城市规划, (7): 23~28

许学强, 周一星, 宁越敏. 2010. 城市地理学. 北京：高等教育出版社

薛娟娟, 朱青. 2006. 北京市零售商业空间分布研究. 商业研究, (14): 32~35

阎川. 2005. 合作与分权——论开发区"圈地"现象与健康城市化. 城市规划, 29(12): 54~57

阎宏, 孙斌栋. 2015. 多中心城市空间结构的能耗绩效——基于我国地级及以上城市的实证研究. 城市发展研究, 22(12): 13~19

阎小培. 1999. 信息产业与城市发展. 北京：科学出版社

晏龙旭. 2017. "均质化—再集聚"：互联网影响下餐饮业空间布局新特征——基于上海内环开放数据的研究. 城市规划学刊, (4): 113~119

杨吾扬. 1994. 北京市零售商业与服务业中心和网点的过去、现在和未来. 地理学报, 49(1): 9~17

杨俊宴, 吴明伟. 2006. 城市CBD空间形态量化研究——中国CBD发展量化研究之二. 城市规划, 30(2): 18~25

杨林生, 李海蓉, 李永华, 等. 2010. 医学地理和环境健康研究的主要领域与进展. 地理科学进展, 29(1): 31~44

叶昌东, 周春山. 2013. 中国特大城市空间形态演变研究. 地理与地理信息科学, (3): 70~75

尹春, 孙斌栋, 何舟, 林杰. 2018. 城市建成环境对通勤时耗的影响及规划启示. 城市规划, 42（8）: 83-89

尹洪妍. 2008. 国外生态城市的开发模式. 外国城市, (12): 90~92

于璐, 郑思齐, 刘洪玉. 2008. 住房价格梯度的空间互异性及影响因素——对北京城市空间结构的实证研究. 经济地理, (3): 406~410

余金艳, 刘卫东, 王亮. 2013. 基于时间距离的C2C电子商务虚拟商圈分析——以位于北京的淘宝网化妆品零售为例. 地理学报, 68(10): 1380~1388

詹·法格博格, 戴维·莫利, 理查德·纳尔逊. 2009. 牛津创新手册. 柳卸林, 郑刚等, 译. 北京：知识产权出版社

张国良. 2001. 新闻媒介与社会. 上海：上海人民出版社. 101~145

张京祥, 吴缚龙, 马润潮. 2007. 体制转型与中国城市空间重构——建立一种空间演化的制度分析框架. 城市规划, 32(6): 55~60

张理茜. 2008. 中国西部城市CBD发展研究. 兰州：兰州大学硕士学位论文

张玲. 2006. 商务与商业分离背景下城市中心区景观空间解析. 西安：西安建筑科技大学硕士学位论文

张蔷. 2013. 中国城市文化创意产业现状、布局及发展对策. 地理科学进展, 32(8): 1227~1236

张清正, 李国平. 2015. 中国科技服务业集聚发展及影响因素研究. 中国软科学, (7): 77~93

张庆, 罗鹏飞. 2015. 杭州市生产性服务业集聚区的产业特征与规划应对. 规划师, 31(5): 18~24

张旺, 申玉铭. 2012. 京津冀都市圈生产性服务业空间集聚特征. 地理科学进展, 31(6): 742~749

张文忠, 李业锦. 2005. 北京市商业布局的新特征和趋势. 商业研究, (8): 170~172

张小思, 韩增林. 2011. 大连城市商业网点空间布局探讨. 经济研究导刊, (16): 129~133

张小英, 巫细波. 2016. 广州购物中心时空演变及对城市商业空间结构的影响研究. 地理科学, 36(2): 231~238

张晓平, 刘卫东. 2003. 开发区与中国城市空间结构演进及其动力机制. 地理科学, 23(2): 142~149

张英佳, 李雪铭, 夏春光. 2014. 中国地级市房地产开发与人居环境耦合发展空间格局. 地理科学进展, 33(2): 232~240

张幼文. 2014. 自贸区试验与开放型经济体制建设. 学术月刊, (1): 11~19

张志斌, 公维民, 张怀林, 等. 2019. 兰州市生产性服务业的空间集聚及其影响因素. 经济地理, 39(9): 112~121

张志斌, 潘晶, 李小虎. 2013. 近30年来兰州市人口密度空间演变及其形成机制. 地理科学, 33(1): 36~44

赵波. 2014. 自贸区产业外溢背景下的上海浦东新区空间对接研究. 上海城市规划, (4): 56~60

赵晨, 申明锐, 张京祥. 2013. "苏联规划"在中国: 历史回溯与启示. 城市规划学刊, 207(2): 109~118

赵丹, 张京祥. 2015. 消费空间与城市发展的耦合互动关系研究——以南京市德基广场为例. 国际城市规划, 37(3): 53~58

赵群毅, 谢从朴. 2008. 都市区生产者服务业企业区位因子分析——以北京为例. 经济地理, 28(1): 38~43

赵群毅等. 2009. 北京都市区生产者服务业地域结构. 地理研究, 28(5): 1401~1413

赵梓渝. 2014. 19世纪以来长春商业格局发展研究. 长春: 东北师范大学硕士学位论文

甄峰, 刘慧, 郑俊. 2008. 城市生产性服务业空间分布研究: 以南京为例. 世界地理研究, 17(1): 24~1

郑国. 2006. 北京市制造业空间结构演化研究. 人文地理, 21(5): 84~88

郑国, 王慧. 2005. 中国城市开发区研究进展与展望. 城市规划, 29(8): 51~58

中国知网. 2015年中国科技统计年鉴. http://data.cnki.net/yearbook/Single/N2015040007. [2018-10-20]

中华人民共和国知识产权局. 2007. 各国版权及创意产业发展现状. http://www.360doc.com/content/09/0805/18/202434_4690306.shtml. 2008-10-21

钟坚. 2001. 世界硅谷模式的制度分析. 北京: 中国社会科学出版社

钟睿. 2018. 开发区转型发展视角下的产城融合内涵解析——以苏州工业园区为例. 上海城市规划, (2): 123~128

周春山, 罗彦, 陈素素. 2004. 近20年来广州市人口增长与分布的时空间演化分析. 地理科学, 24(6): 641~647

周建华, 段浪. 2011. 城市科技企业孵化器网络形成与演变研究. 经济地理, 31(3): 443~452

周明长. 2005. 新中国建立初期重工业优先发展战略与工业城市发展研究(1949~1957). 成都: 四川大学硕士学位论文

周翔. 2015. 上海市土地利用/覆被变化及其碳排放效应研究. 上海: 华东师范大学硕士学位论文

参考文献

周孝, 冯中越. 2016. 北京生产性服务业集聚与京津冀区域协同发展. 经济与管理研究, 37(2): 44~51

朱玮, 陈懿慧, 王德. 2014. 基于多代理人模拟的上海市域零售业中心体系研究. 上海城市规划, (1): 109~115

Aguilera A, Mignot D. 2004. Urban sprawl, polycentrism and commuting. A comparison of seven French urban areas. Urban Public Economics Review, 1(2004): 93~113

Bagley C. 2012. What is a makerspace? creativity in the library. http: //www. alatechsource. org/blog/2012/12/what-is-a-makerspace-creativity-in-the-library. Html. [2016-9-12]

Bugliarello G. 2004. Urban knowledge parks, knowledge cities and urban sustainability. International Journal of Technology Management, 28(3-6): 388~394

Cervero R, Landis J. 1991. Suburbanization of jobs and the journey to work. Working Paper, No83. The University of CaliforniaTransportationCenter, Berkeley

Chakrabarti R, Scholnick B. 2002. International expansion of e-retailers: Where the Amazon flows. Thunderbird International Business Review, 44(1): 85~104

Cohen R. 1981. The New International Division of Labour, Multinationa Corporations and Urban Hierarchy//Dear M, Scott A. eds. 1981. Urbanization and Urban Planning in Capitalist Society. London: Methuen, 287~315

Currah A. 2002. Behind the web store: The organisational and spatial evolution of multichannel retailing in Toronto. Environment and Planning A, 34(8): 1411~1441

Davis C H, Creutzberg T, Arthurs D. 2009. Applying an innovation cluster framework to a creative industry: The case of screen-based media in Ontario. Innovation, 11(2): 201~214

Dicken P. 2003. Global Shift: Reshaping the Global Economic Map in the 21st Century. 4th edition. London: Sage

Edquist C. 2011. Systems of innovation: perspectives and challenges. African Journal of Science, Technology, Innovation and Development, 2(3): 14~43

Evans G. 2009. Creative cities, creative spaces and urban policy. Urban studies, 46(5-6): 1003~1040

Evans P B, Wurster T S. 1997. Strategy and the new economics of information. Harvard Business Review, 75(5): 71~82

Freeman C. 1987. Technology policy and economic performance: lessons from Japan. London: Pinter

Frenkel A, Maital S, Leck E, et al. 2015. Demand-driven innovation: An integrative systems-based review of the literature. International Journal of Innovation and Technology Management, 12(2): 1~31

Fujita M, Ogawa H. 1982. Multiple equilibria and structural transition of nonmonocentric urban configurations. Regional Science and Urban Economics, 12(2): 161~196

Gao L, Norton M J T, Zhang Z, To C K. 2009. Potential niche markets for luxury fashion goods in China. Journal of Fashion Marketing and Management, 13(4): 514~526

Giuliano G, Small K A. 1993. Is the journey to work explained by urban structure?. Urban Studies, 30(9): 1485~1500

Gordon P, Richardson H W. 1997. Are compact cities a desirable planning goal?. Journal of the American planning association, 63(1): 95~106

Gordon P, Richardson H W , Jun M J. 1991. The commuting paradox: evidence from the top twenty. Journal of the American Planning Association, (4): 416~420

Gordon P, Wong H L. 1985. The cost of urban sprawl: some new evidence. Environment and Planning A, 17: 661~666

Jun, M J, Hur J W. 2001. Commuting costs of "leap-frog" new town development in Seoul. Cities, (3): 151~158

Lee B, Gordon P. 2007. Urban spatial structure and economic growth in US metropolitan areas. Paper presented at the 46th Annual Meetings of the Western Regional Science Association, at Newport Beach, CA

Levinson D M, Kumar A. 1994. The rational locator: why travel times have remained stable. Journal of the American planning association, 60(3): 319~332

Lundvall B Å. 1992. National systems of innovation: towards a theory of innovation and interactive learning. London: Pinter

Ma K R, Banister D. 2007. Urban spatial change and excess commuting. Environment and Planning A, 39(3): 630~646

Mahizhnan A. 1999. Smart cities: the Singapore case. Cities, 16(1): 13~18

Malecki E J. 2010. Global knowledge and creativity: new challenges for firms and regions. Regional Studies, 44(8): 1033~1052

Meijers E J, Burger M. 2010. Spatial structure and productivity in US metropolitan areas. Environment and Planning A, 42(6): 1383~1402

Miles I, Kastrinos N, Bilderbeek R, et al. 1995. Knowledge-intensive business services: their role as users, carriers and sources of innovation. Report to the EC DG XIII Sprint EIMS Programme, Luxembourg

Murphy A. 2003. (Re)solving space and time: Fulfilment issues in online grocery retailing. Environment and Planning A, 35(7): 1173~1200

Naess P, Sandberg S L. 1996. Workplace location, modal split and energy use for commuting trips. Urban Studies, (3): 357~380

Nelson R R. 1993. National innovation systems: a comparative analysis. London: Oxford university press

OECD. 2008. Competitive Regional Clusters. National Policy Approaches. Paris: Organisation for Economic Cooperation and Development

Rodríguez-Pose A, Crescenzi R. 2008. Research and development, spillovers, innovation systems, and the genesis of regional growth in Europe. Regional studies, 42(1): 51~67

Saskia S. 2001. The Global City: New York, London, Tokyo. Princeton: Princeton University Press

Sassen S. 1991. The Global City. Princeton: Princeton University Press

Sassen S. 1994. Cities in a World Economy. Thousand Oaks: Pine Forge Press

Schwanen T, Dieleman F M, Dijst M. 2004. The impact of metropolitan structure on commute behavior in the Netherlands: a multilevel approach. Growth and Change, 35(3): 304~333

Scott A J. 2001. Global City-Region: Trends, Theory, and Policy. New York, NY: Oxford University Press

Sterr T, Ott T. 2004. The Industrial Region as a Promising Unit for Eco-Industrial Development. Journal of Cleaner Production, 12(8~10): 947~965

Sultana S. 2002. Job/housing imbalance and commuting time in the Atlanta metropolitan area: exploration of causes of longer commuting time. Urban Geography, 23(8): 728~749

Sun B, Han S, Li, W. 2020. Effects of the polycentric spatial structures of Chinese city regions on CO_2 concentrations. Transportation Research Part D, 82, 102333

Sun B, He Z, Zhang T, Wang R. 2016. Urban spatial structure and commute duration: An empirical study of China. International Journal of Sustainable Transportation, 10(7): 638~644

Sun B, Li W, Zhang Z, Zhang T. 2019. Is polycentricity a promising tool to reduce regional economic disparities? Evidence from China's prefectural regions. Landscape and Urban Planning, 192, 103667

Todtling F, Asheim B, Boschma R. 2013. Knowledge sourcing, innovation and constructing advantage in regions of Europe. European Urban & Regional Studies, 20(20): 161~169

Vandersmissen M H, Villeneuve P, Thériault M. 2003. Analyzing Changes in Urban Form and Commuting Time. The Professional Geographer, 55(4): 446~463

Weltevreden J W J, Atzema O A L C. 2006. Cyberspace meets high street: Adoption of click-and-mortar strategies by retail outlets in city centers. Urban Geography, 27(7): 628~650

Weltevreden J W J, Atzema O A L C, Frenken K, van Oort F. G. 2008. The geography of Internet adoption by independent retailers in the Netherlands. Environment and Planning B: Planning and Design, 35(3): 443~460

Wrigley N. 2000. The globalization of retail capital: Themes for economic geography//Clark G L, Gertler M, Feldman M. The Oxford Handbook of Economic Geography. Oxford, UK: Oxford University Press, 292~313

Wrigley N, Currah A. 2006. Globalizing retail and the "new e-conomy": The organizational challenge of e-commerce for the retail TNCs. Geoforum, 37(3): 340~351

Wrigley N, Lowe M, Currah A. 2002. Retailing and e-tailing. Urban Geography, 23(2): 180~197

Zahra S A, Nambisan S. 2011. Entrepreneurship in global innovation ecosystems. Ams Review, 1(1): 4~17

Zhang T, Sun B, Li W. 2017. The economic performance of urban structure: From the perspective of Polycentricity and Monocentricity. Cities, 68: 18-24.

索 引

B

北京CBD   11, 112, 114, 115, 116
便利店   128, 129, 155

C

产城融合   64, 65, 66, 72, 112
产业升级   50, 55, 57, 58, 64, 67
超市   11, 119, 127
传统   1, 15, 98, 121, 139, 149, 169
创客空间   18, 19, 160, 164, 166, 167
创新城市   160, 168
创新网络   161, 162
创新型孵化器   164, 166

D

单中心   28, 29, 45, 46, 47, 77, 113
电子商务   16, 96, 109, 119, 140, 155
多中心   8, 11, 12, 29, 44, 45, 47, 79, 114
多中心的商业分布格局   121, 131

F

分散   12, 26, 27

G

改革开放   6, 32, 49, 118
高新区   14, 50, 56, 57, 160
购物中心   124, 126
古代   1, 2

H

互联网   141, 142, 149, 150, 157, 165

J

集聚   6, 9, 26, 27, 101
计划经济   4, 31, 83, 119, 171
交通绩效   45, 47
金融业   9, 103, 116
近代   1, 3, 4
经济绩效   14, 27, 44, 45, 47, 48
经济空间   1, 5, 12, 26, 33, 46

K

开发区   7, 50, 51, 65, 66, 69
科学研究和技术服务业   100, 103, 107
空间郊区化   98, 109

索 引

空间结构　1, 5, 20, 29, 36, 136

Q

圈层分布　9, 95, 97
全球城市　79, 86, 93, 94
全球生产网络　7, 54, 55, 71

S

商业中心　140, 150, 155, 159
商业中心体系　16, 150, 155
生产链　55, 85, 87, 89, 91
生产性服务业　79, 93, 95, 98, 101, 108
生产性服务业集聚效应　96
生态工业园区　60, 61, 62
生态绩效　46, 47
实体商业空间　17, 148, 149, 155

W

网络团购　148, 149

网上购物　16, 17, 131, 140, 144, 152, 159

X

向心集聚　9, 26, 29, 38, 95
新城　8, 12, 14, 42, 66, 70, 78,
虚拟商圈　149

Z

增长极　7, 20, 39, 43, 52, 54, 66
制造业　8, 72, 79, 93, 110, 160
制造业生产链　8, 92
智慧商圈　17, 157, 158, 159
中央商务区　6, 10, 29, 39, 111, 113, 130
众创空间　18, 164, 167
专卖店　118, 128, 130
转型　49, 52, 55, 64
自贸区　51, 63, 64,
租赁与商务服务业　10, 103, 105